George Walther

Sag, was du meinst, und du bekommst, was du willst

George Walther

Sag, was du meinst, und du bekommst, was du willst

Mit Power Talking zum Erfolg

Deutsch von Thomas Stegers

ECON Verlag
Düsseldorf · Wien · New York · Moskau

Titel der amerikanischen Originalausgabe: Power Talking. Originalverlag: G. P. Putnam's Sons, New York. Übersetzt von Thomas Stegers.

Die Deutsche Bibliothek – CIP-Einheitsaufnahme

Walther, George: Sag, was du meinst, und du bekommst, was du willst; Mit Power Talking zum Erfolg / George Walther. Dt. von Thomas Stegers. – Düsseldorf; Wien; New York; Moskau: ECON Verlag 1992. Einheitssacht.: Power Talking <dt>. ISBN 3-430-19487-3

 Lektorat: Wolfgang Drescher. Gesetzt aus der Times, Linotype. Satz: Lichtsatz Heinrich Fanslau, Düsseldorf. Papier: Papierfabrik Schleipen GmbH, Bad Dürkheim. Druck und Bindearbeiten: Bercker Graphischer Betrieb GmbH, Kevelaer. Printed in Germany. ISBN 3-430-19487-3.

Dieses Buch ist meiner Tochter Kelcie Paige gewidmet.
Welchen Weg du auch immer gehen magst –
die Zustimmung eines Menschen wird dir gewiß sein.

Inhalt

Einleitung

Zwei Angestellte in angrenzenden Büros: Beide teilen ihren Vorgesetzten mit, daß sie den monatlichen Lagebericht nicht rechtzeitig abgeschlossen haben.
Angestellter A sagt:
»Also, John, um ehrlich zu sein, mir ist diese Woche soviel dazwischengekommen. Es fällt mir nicht leicht, es zu sagen, aber ich habe den Bericht nicht mehr rechtzeitig abschließen können. Es ist nicht mein Verschulden. Es ging einfach nicht anders. Sie kennen das ja. Ich fürchte, ich habe ihn nicht vor Mitte nächster Woche fertig.«
Angestellter B sagt: »John, mein monatlicher Lagebericht ist noch nicht fertig. Wir können meine Gliederung der Highlights jetzt zusammen durchgehen, den vollständigen Bericht hätten Sie dann auf jeden Fall vor Donnerstag vormittag. Ich übernehme die Verantwortung für den Verzug. Ich war der Meinung, andere Projekte hatten Vorrang.«
Welcher Angestellte hat bessere Karriereaussichten?

Sie und Ihr Bekannter fahren dasselbe Automodell. Eines Tages ist bei beiden Wagen ein seltsames Geräusch unter der Motorhaube zu vernehmen. Ihr erster Gang am Montag morgen führt Sie beide zu Ihrer jeweiligen Autowerkstatt in der Nähe.
Händler A sagt:
»Was soll ich Ihnen sagen? Unsere Serviceabteilung macht erst um neun Uhr oder so auf. Heute ist Montag. Ich kann Ihnen leider nicht behilflich sein, ich bin nur in der

Gebrauchtwagenabteilung. Sie müssen später noch mal anrufen. Tut mir leid!«
Händler B sagt:
»Ich bin Ihnen gerne behilflich. Die Serviceabteilung macht um neun Uhr auf. In der Zwischenzeit kann ich Ihnen beim Ausfüllen des Auftragsformulars behilflich sein. Dann haben Sie alles bereit, wenn die Werkstatt öffnet.«
Welcher Händler wird sich wohl eher zufriedene Kunden schaffen, Kunden, die ihn darüber hinaus auch noch an Freunde und Bekannte weiterempfehlen?

Sie haben beschlossen, die Verwaltung Ihrer privaten Finanzen mit Hilfe Ihres Computers zu erledigen. Sie suchen zwei Softwarehändler auf, um herauszufinden, welches Buchführungsprogramm am besten für Ihre Zwecke geeignet ist.
Verkäufer A sagt: »Das Problem besteht darin, daß es so viele verschiedene Programme gibt, daß es fast unmöglich ist, festzustellen, welches nun gerade für Sie zugeschnitten ist. Ich möchte nicht, daß Sie am Schluß mit einem falschen Programm dastehen. Wollen wir doch mal sehen, was das beste Programm für Sie ist, das ich Ihnen anbieten kann.«
Verkäufer B sagt: »Das wird eine Herausforderung sein, ein Programm zu finden, das Ihren Bedürfnissen am besten entspricht, und ich helfe Ihnen gerne dabei. Ich möchte sicherstellen, daß wir eine Software auswählen, mit der Sie auch wirklich restlos zufrieden sind. Unterhalten wir uns doch erst einmal darüber, was Sie von dem Programm erwarten, und ich empfehle Ihnen dann das beste, das ich anzubieten habe.«
Welcher Verkäufer wird das Rennen Ihrer Meinung nach machen?

In all diesen Fällen hat A jeweils dieselbe Information vermittelt wie B. Nur Sie, als der Vorgesetzte, der Autobenutzer oder Softwarehändler, haben unterschiedlich auf das Gesagte reagiert.

Der große Unterschied liegt darin, *wie* sich A und B ausgedrückt haben. Beide benutzen eine allgemeinverständliche Sprache, beide gebrauchen ungefähr dieselbe Anzahl von Wörtern, keiner scheint irgendwie intelligenter als der andere zu sein. Und doch unterscheidet sich die Wirkung dessen, was die beiden vermitteln, auf dramatische Weise.

Im Alltag werden Sie von Ihren Mitmenschen nach dem beurteilt, was Sie sagen, wie Sie reden. Unsere Beispiele sind eindeutig: Person B wird schneller aufsteigen, mehr berufliche Erfolge haben, mehr Kunden zufriedenstellen, sich engerer Freundschaften erfreuen und höhere Verkaufsraten erzielen als A.

Power Talking bringt Ihnen die Sprache des Erfolgs bei. Üben Sie die Wörter und Sätze, die Sie in diesem Buch lesen, ein, und Sie werden größere berufliche Erfolge verzeichnen, Ihre Beziehungen zu Freunden und Kollegen werden sich harmonischer gestalten, Sie werden ein glücklicheres Familienleben haben, sich physisch und psychisch ausgeglichener fühlen, und – ja, auch das – Sie werden mehr Geld verdienen.

Zu lernen, sich deutlicher, mit mehr *Power,* auszudrücken, ist nicht dasselbe, wie sich eine Fremdsprache anzueignen. Wir brauchen keine neuen Vokabeln lernen. Die Wörter und Begriffe, die Sie für die Sprache des Erfolgs benötigen, kennen Sie bereits. Es kommt darauf an, wie Sie alltägliche Ausdrücke im Zusammenhang verwenden, und daß Sie nur die benutzen, die wirklich zählen.

Dieses Buch stellt einige Methoden vor, wie Sie die Theorie des positiven Denkens im praktischen Leben umsetzen können. Sie brauchen nicht einmal diese Einführung bis zu Ende zu lesen, um ersten Nutzen zu ziehen.

Ich habe 50 typische Ausdrucksweisen zusammengetragen, die Sie gleich übernehmen können, wenn Sie sicherstellen wollen, daß die Dinge so laufen, wie Sie es wollen. Sie können mit jedem beliebigen Kapitel beginnen, mit dem ersten oder dem letzten, oder immer wieder mal hier und da reinschauen und sich Ausdruck für Ausdruck aneignen, ganz wie Sie wollen. Stoßen Sie auf einen kraftlosen Ausdruck, ohne Power, den Sie als einen zu Ihrer eigenen alltäglichen Sprachgewohnheit gehörigen erkennen, dann lesen Sie das betreffende Kapitel. Vielleicht finden Sie ja die beliebte Redewendung »Ich werd's versuchen« oder »Das könnte ein Problem sein« oder »Um Ihnen die Wahrheit zu sagen«, und Sie müssen sich eingestehen: »Das sage ich doch andauernd. Was soll daran schlecht sein? Wieso soll ich bei diesem Ausdruck angeblich etwas verschweigen? Was soll ich statt dessen sagen?« Lesen Sie dieses Kapitel jetzt gleich, und Sie werden verstehen, warum.

Die 50 Kapitel sind in Themenbereiche zusammengefaßt, die sich auf je ein Merkmal beziehen, durch das sich erfolgreiche, glückliche Menschen auszeichnen. *Power Talker* zum Beispiel erholen sich schneller von offensichtlichen Rückschlägen und gehen gestärkt aus ihnen hervor. Das entsprechende Kapitel enthält einige Beispiele für Ausdrücke des »Wieder-auf-die-Beine-Kommens«, die Sie gebrauchen können, wenn die Dinge mal nicht so laufen, wie Sie sich das vorgestellt haben.

Jedes Kapitel behandelt eine bestimmte, häufig gebrauchte Redewendung (oder auch Floskel) und erzählt jeweils eine kleine Anekdote oder Geschichte über Erlebnisse mit Kunden, Zuhörern aus meinem Publikum, mit Freunden oder meiner Familie. Nach der Variante, die ich empfehlen würde, folgt dann jeweils die Erklärung dafür.

Am Ende eines jeden Kapitels findet sich schließlich eine knappe Zusammenfassung, eine Lektion mit dem Motto »Was Sie sofort tun können«. Dort finden Sie kraftlose Redewendungen, die Ihnen vielleicht in Fleisch und Blut übergegangen sind und die Sie ganz unabsichtlich verwenden, neben den starken Varianten aus der Sprache der Power Talker.

Fangen wir also an. Stöbern Sie in dem Buch herum. Suchen Sie sich eine kraftlose Redewendung, die Sie selbst häufig

gebrauchen. Vielleicht ist es »Ich muß . . .« Lesen Sie das erste Kapitel, und verbannen Sie diese Floskel aus Ihrem Wortschatz – sofort! Ab heute sagen Sie statt dessen nur noch: »Ich darf . . .«, und halten Sie es auch in Zukunft so. Dann suchen Sie sich die nächste Redewendung aus, die Sie interessiert. Es macht nichts, wenn Sie die Kapitel nicht in der richtigen Reihenfolge lesen. Aber lesen Sie sie alle.
Sie werden umgehend Resultate erzielen. Dauerhafte Veränderungen in Ihrem Leben dadurch zu erreichen, daß Sie Ihre Redeweise ändern, ist nicht leicht – aber furchtbar schwierig ist es wiederum auch nicht. Fangen Sie jetzt gleich mit einer Redewendung an. Entrümpeln Sie Ihre Sprache von allen kraftlosen Ausdrücken, und fangen Sie an, mit Power zu reden.

Power Talker haben eine positive Erwartungshaltung

Die hervorragendste Eigenschaft von Power Talkern besteht darin, positive Erwartungen zu wecken – in sich selbst und bei anderen. Sicher sind Sie mit den Grundideen des »positive thinking« vertraut, wie sie Dr. Norman Vincent Peale in seinem Klassiker *Die Kraft positiven Denkens* beschreibt. Er drückt es so aus: »Wenn Sie Ihre Gedanken ändern, verändern Sie Ihr Leben.« Aber es reicht nicht, still in der Ecke zu hocken und »positiv« zu denken – dadurch allein wird sich Ihr Leben nicht verändern. Sie müssen positiv mit anderen Menschen in Kontakt treten. Ich schließe mich Dr. Peales Aufforderung zum positiven Denken an und empfehle Ihnen, noch einen Schritt weiter zu gehen.

Power Talker gehen über positives Denken hinaus – sie sprechen auch positiv. Achten Sie mal darauf, was für einen himmelweiten Unterschied es ausmacht, wenn jemand sagt: »Ich kann mir einfach keine Namen merken« und wenn er sagt: »Ich bin dabei, mein Gedächtnis zu trainieren.«

Kürzlich wurde mein Haus umgebaut, und mir fiel auf, daß die Handwerker, die bei Feierabend immer sagten: »Ich will versuchen, wenn's eben geht, morgen wiederzukommen«, in den seltensten Fällen tatsächlich zurückkehrten. Diejenigen dagegen, die sagten: »Ich gebe Ihnen morgen vor fünf Uhr Bescheid«, hielten sich an ihr Versprechen. Das kommt daher, daß die Erwartungen, die geweckt werden, nicht nur auf mich, den Zuhörer, eine Wirkung haben. Sie wirken auch auf den Sprecher selbst zurück. Eine Verpflichtung einzugehen erhöht in den Augen des anderen Ihre Verläßlichkeit, und

es hilft Ihnen dabei, den Termin in Ihrem Kopf zu programmieren und sich auch daran zu halten.
Der Leiterin eines öffentlichen Versorgungsbetriebes in San Francisco fiel eines Tages auf, daß ihre Angestellten mit den üblichen Begrüßungsformeln im Laufe des Tages meist nur ihre miese Arbeitsmoral zum Ausdruck brachten. Sie hörte, wie sich die Mitarbeiter ihres Unternehmens auf den Fluren mit »Hallo, na, wie geht's?« begrüßten, und die gängige Antwort lautete »Na ja, es muß« oder »Noch vier Tage, dann ist Wochenende« oder irgendwas in dieser Richtung. Sie vermutete, daß sich durch solche Bemerkungen die Stimmung bei jedem erst recht verschlechterte.
Bei der nächsten Personalversammlung erläuterte sie ihre Theorie und führte ein Prämiensystem ein, um positive Reaktionen hervorzurufen. Sie ernannte einzelne Mitarbeiter, die als »geheime Grüßer« fungieren sollten, damit die Kollegen nie wußten, wann ihr Gruß »bewertet« wurde oder nicht. Diese Geheimgrüßer fragten ihre Mitarbeiter, wie es ihnen gehe, und merkten sich die positiven Reaktionen. Diejenigen, die nach Meinung der Geheimgrüßer am meisten zu einer positiven Atmosphäre beitrugen, wurden aufgeschrieben und am Ende des Arbeitstages mit einer kleinen Anerkennung belohnt. Das Ergebnis?
»Was für ein Unterschied! Fast über Nacht. Sobald den Leuten aufgegangen war, welchen Effekt ihre Begrüßungsformeln und die entsprechenden Antworten hatten, hörte ich nur noch ›Toll!‹ oder ›Mir geht's echt gut heute, und selbst?‹ Sie fingen an zu glauben, was der andere sagte, und fühlten sich dadurch tatsächlich besser. Den Unterschied in der Arbeitsmoral können Sie leicht nachprüfen.«
In den folgenden Abschnitten werden Sie Menschen kennenlernen, die positive Erwartungen in sich und bei anderen wekken, die positiv denken, positiv reden und positiv handeln. Sie sprechen ihre eigene Sprache, die ihnen auf dem Weg zum Erfolg behilflich ist. Diese Sprache können Sie auch!

1. Ich möchte gern

Ihre Kollegin ist in der Mittagspause in die Kantine gegangen, ohne den Telefondienst mit Ihnen abzusprechen. Sie arbeiten durch, damit Sie etwas früher Feierabend machen können. Das Telefon Ihrer Kollegin auf dem Nachbarschreibtisch läutet und läutet und läutet. Entnervt heben Sie schließlich selbst ab.
Sagen Sie sich laut vor:
»Sie müssen schon eine Nachricht hinterlassen. Meine Kollegin wird sie erst in einer Stunde lesen können.«
Und jetzt sagen Sie folgendes:
»Ich kann gerne eine Nachricht aufnehmen. Ich sorge dafür, daß meine Kollegin sie vor 13.30 Uhr bekommt.«
Was wird bei dem Anrufer einen vorteilhafteren Eindruck hinterlassen? Was verschafft Ihnen ein besseres Gefühl, wenn Sie eine Nachricht aufnehmen?

»Guten Abend. Vielen Dank für Ihren Anruf beim Telefonservice der General Electric. Ich bin Frau Cooley, was kann ich für Sie tun?«
Der Kundenservice von General Electric bedient sich im Ausbildungsprogramm seiner Angestellten der von mir entwickelten Power-Talking-Techniken. Von Zeit zu Zeit rufe ich dort ganz gern unter falschem Namen an, um zu überprüfen, ob die Mitarbeiter in der Telefonzentrale die neu erlernten Techniken auch konsequent anwenden.
Als meine Frau und ich beschlossen, eine Tiefkühltruhe zu kaufen, rief ich – anonym natürlich – Sonntag abends zu später Stunde die Zentrale an, um mir vor meinem Besuch bei einem Händler einige Produktinformationen zu holen. Als erstes erkundigte ich mich nach dem Energieverbrauch:
»Welcher Typ ist energiesparender, der Schrank oder die Truhe?«

Nach der Stimme zu urteilen, schien Frau Cooley nicht alt genug zu sein, um in ihrem Leben schon selbst einige Kühltruhen erworben zu haben, und ich war etwas skeptisch, was ihre Kenntnisse betraf.

»Eine gute Frage. Ich bin noch in der Ausbildung, und ich würde gerne gemeinsam mit Ihnen die Leistungsfähigkeit einiger Modelle vergleichen.«

Sie würde GERNE? Ich bin eher Leute gewohnt, die sich ungefähr so ausdrücken:

»Also, ich bin noch nicht lange hier, ich kann Ihnen da nichts Sicheres sagen. Ich müßte mir erst mal die Unterlagen zu einigen Modellen raussuchen und sehen, ob ich die Unterschiede rausfinden kann.«

Bei Frau Cooley hörte es sich nicht so an, als sei es eine Last für sie, vielmehr vermittelte sie mir das Gefühl, es mache ihr tatsächlich Spaß, die Antwort selbst herauszufinden.

General Electric vertreibt auch eine Serie Tiefkühltruhen unter der Markenbezeichnung »Hotpoint«, und ich bat noch um zusätzliche Informationen über diese Modelle. »Ich sehe gern mal bei den Hotpoint-Modellen für Sie nach«, sagte Frau Cooley. Was war in sie gefahren? Es war zwei Uhr morgens in Louisville, von wo aus sie meinen Anruf entgegennahm. Wie konnte sie mir da GERNE helfen?

Sie besprach nach und nach die verschiedenen Leistungsmerkmale mit mir und bot zum Schluß noch an, den nächsten Vertragshändler in meiner Nähe rauszusuchen, damit ich die Modelle vergleichen konnte.

Mir ist bekannt, daß General Electric gute Produkte auf den Markt bringt, und ich weiß es zu schätzen, jederzeit Informationen einholen zu können, wann es mir gefällt, selbst mitten in der Nacht. Die ausgesprochen sympathische Art und Weise, mit der Frau Cooley und ihre Kolleginnen auf die Fragen der Anrufer eingehen – das ist das Tüpfelchen auf dem i.

Der Telefonservice dieser Firma ist ein herausragendes Beispiel für das Engagement eines Unternehmens, wie man seine Kunden mit umfassender, genauer Information versorgt und freundlichen, menschlichen Kontakt herstellt. Einer der Beweggründe für General Electric, diesen Service einzurichten, lag darin, sich ein »menschenfreundliches Image« zuzulegen für Verbraucher, die das Unternehmen bis dahin als kalten, bürokratischen Konzern wahrgenommen hatten.

Was mir während meiner Gespräche mit Frau Cooley am meisten auffiel, war etwas ganz Einfaches: ihr konsequenter Gebrauch von Sätzen wie »Ich sehe gern mal nach, ob ...« oder »Ich beschaffe Ihnen die Information gern«. In beiden Fällen teilte sie mir nicht bloß mit, daß sie die gewünschte Information hatte oder sie mir besorgen würde, sondern daß sie das auch *gerne* tat. Stellen Sie sich vor, Sie teilten sich mit Frau Cooley eine Acht-Stunden-Schicht. Vorausgesetzt, Sie nähmen zwölf Anrufe in der Stunde entgegen und jeder enthielte durchschnittlich drei Bitten um Auskunft, dann hätten Sie die Wahl zwischen »Ich muß mal nachsehen ...« und »Ich sehe gerne mal nach« genau 288mal am Tag. Nachdem Sie sich 288mal »Ich muß« hätten sagen hören im Verlauf einer einzigen Schicht – wie würden Sie sich da anschließend wohl fühlen? Erschöpft, gereizt, ausgelaugt, ausgenutzt? Wäre es nicht anders, wenn Sie sich statt dessen nur noch sagen hörten: *»Ich sehe gerne mal nach«?*

Es macht tatsächlich sehr viel aus, wie Ihnen die Ausbilder und das Management von General Electric bestätigen werden. Auch nach Tausenden von Anrufen ist das Personal der Telefonzentrale noch bemerkenswert begeistert bei der Sache, gut gelaunt und gleichzeitig absolut professionell. Ein Grund für die ausgezeichnete Arbeitsmoral ist der Schwerpunkt, den die Ausbildungsabteilung auf Power Talking legt. Vom ersten Tag der Ausbildung an werden die neuen Mitarbeiter darauf getrimmt, genauestens Auskunft zu geben, und das in optimistischer und positiver Weise.

Im Verlauf eines durchschnittlichen Tages kommen wir alle vielerlei Bitten um Auskunft nach. Eine einfache Verände-

rung in der Wortwahl kann den gesamten Tonfall unserer Antwort umkehren. Mit einem »Ich sehe gern mal eben die Daten für Sie nach« vermitteln Sie dem anderen nicht bloß eine angenehme, kooperative Einstellung, Sie selbst werden sich ebenfalls besser fühlen.
Ob als Verantwortlicher für das Trainingsprogramm der Mitarbeiter in Ihrer Firma oder Verwaltung oder bloß daran interessiert, Ihre eigenen Verhandlungen mit Freunden, Vorgesetzten oder Kunden ergiebiger zu gestalten: Nutzen Sie die Vorteile, die sich aus dem Gebrauch positiver Sätze wie »Ich helfe Ihnen gerne« anstelle so beschwerlicher wie »Ich muß erst . . .« ergeben.

Lektion

Was Sie sofort tun können:
Jedesmal, wenn Sie einen Satz mit »Ich muß« beginnen wollen, ersetzen Sie ihn durch einen anderen Satz, der zum Ausdruck bringt, daß Sie es gerne tun. Achten Sie auf den Unterschied, den das in Ihrer Stimmung hervorruft, und in der Bereitschaft anderer, mit Ihnen zusammenzuarbeiten.
Anstatt zu sagen:
»Ich fürchte, ich muß erst nachschlagen und werde Sie dann zurückrufen.«
Sagen Sie lieber:
»Ich würde das gern nachprüfen und rufe Sie dann zurück.«
Anstatt zu sagen:
»Ich muß erst Ihre Akte holen.«
Sagen Sie lieber:
»Ich hole mir gern eben Ihre Akte.«
Anstatt zu sagen:
»Ich muß . . .«
Sagen Sie lieber:
»Ich möchte gern . . .«

2. Wollen Sie es nur versuchen, oder wollen Sie es wirklich tun?

Ihre Garage ist seit Monaten ein einziges Durcheinander. Auf der Arbeitsplatte liegen nicht benötigte Werkzeuge herum, die Sammelbehälter für den wiederverwertbaren Abfall quellen über, und der Fußboden ist schmutzig. Ihre Frau bittet Sie – zum x-ten Male –, die Werkstatt an diesem Wochenende endlich sauberzumachen.
Sagen Sie sich laut vor:
»Okay, okay, ich versuche, es noch vor dem Spiel am Sonntag zu schaffen.«
Und jetzt sagen Sie folgendes:
»Sonntag nachmittag ist die Werkstatt tipptopp.«
Welches Versprechen wird Sie eher motivieren, Taten folgen zu lassen?

Jeff Salzmann ist Koautor von *Real World 101* und *Career Tracking,* beides wertvolle Anleitungen, wie man seinen Erfolg im Geschäftsleben beschleunigt. Er berichtete mir von einer Begegnung mit einem Rechtsanwalt, die ihm den Unterschied zwischen »Ich werd's versuchen« und »Ich werd's tun« deutlich veranschaulichte.
Als Jeff noch am Anfang seiner Karriere in der Werbebranche stand, wurde einer seiner Kunden verklagt. Der Anwalt des Klägers verlangte von Jeff eine eidesstattliche Erklärung. »Das Spiel«, hob Jeff hervor, »besteht darin, sich so unerreichbar wie möglich zu machen, um zu verhindern, daß die gegnerische Seite ihr Beweismaterial zusammentragen kann.« Der Anwalt fragte, ob ihm der Montag für einen Termin bei ihm recht sei. An dem Tag sei er beschäftigt, sagte Jeff. Wie wäre es mit Dienstag? »Oje, den ganzen Tag voll belegt.« Der Anwalt hatte schnell durchschaut, daß Jeff ausweichend reagierte; er schlug gleich eine härtere Gangart ein

und stellte eine direkte Frage: »Also gut, Jeff, wann wollen Sie Ihre eidesstattliche Erklärung abgeben?« Jeff konnte nicht vorschützen, immer und ewig verhindert zu sein, also schlug er vor: »Ich versuche, Freitag in zwei Wochen zu kommen.« Der Anwalt verlangte eine verbindliche Zusage als Antwort. »Ich habe also Ihr Wort, daß Sie Freitag in zwei Wochen Ihre Erklärung abgeben?« Jeff überlegte. »Jetzt hat er mich am Wickel. Wenn ich eine bindende Zusage mache und mein Wort gebe, hat er das Spiel gewonnen.« Natürlich hielt sich Jeff an seine einmal gegebene Zusage, aber das war ihm eine Lehre. Immer wenn ihm seit diesem Telefongespräch jemand mit einem unverbindlichen »Ich werd's versuchen« kommt, kontert er mit: »Ich habe also Ihr Wort, daß Sie es wirklich tun?«

Derjenige, der am meisten davon profitiert, wenn Sie sagen: »Ich werde es tun«, sind Sie selbst. Wenn Sie eine feste Zusage machen, ist es wahrscheinlicher, daß Sie der Zusage Taten folgen lassen, als wenn Sie sagen: »Ich werd's versuchen.« Das ist bloß eine Kurzform von »Ich kann mal schauen, vielleicht schaffe ich es ja, aber ich kann nichts versprechen – warten wir lieber ab und sehen, wie sich die Dinge entwickeln«. Oder wie es Ken Blanchard und Norman Vincent Peale in *Positiv führen: Ohne krumme Touren zum Erfolg* ausdrücken. »›Etwas versuchen‹ ist bloß die geräuschvolle Umschreibung dafür, daß man nichts unternimmt.«

Lektion

Was Sie sofort tun können:

Sagen Sie sich selbst und anderen, was Sie tun werden, nicht, was Sie versuchen zu tun.

Anstatt zu sagen:

»Ich werd' versuchen, die Marktforschungsanalyse bis Mitte nächster Woche abzuschließen.«

Sagen Sie lieber:

»Ich werde die Marktforschungsanalyse spätestens Mittwoch nachmittag fertig haben.«
Anstatt zu sagen:
»Ich will versuchen, dreimal die Woche meinen Ballwurf zu trainieren, um mich auf die Softball-Entscheidungsspiele nächsten Monat vorzubereiten.«
Sagen Sie lieber:
»Ich trainiere dreimal die Woche meinen Ballwurf und bin nächsten Monat fit für die Entscheidungsspiele.«
Anstatt zu sagen:
»Ich werd's versuchen.«
Sagen Sie lieber:
»Ich werd's tun.«

3. Sagen Sie, was Sie tun wollen

Sie treffen gerade Vorbereitungen für eine kurzfristig anberaumte Geschäftsreise, und der Leiter des Reisebüros rät Ihnen, sich das Hotelzimmer mit Ihrer Kreditkarte bestätigen zu lassen.
Sagen Sie sich laut vor:
»Ich möchte nur verhindern, daß Sie die Reservierung verlieren, für den Fall, daß sich der Flug verzögert und das Hotel davon ausgeht, daß Sie nicht mehr kommen.«
Und jetzt sagen Sie folgendes:
»Ich möchte sicherstellen, daß Ihr Zimmer für Sie freigehalten wird, falls Sie etwas später als erwartet eintreffen.«
Welche Version klingt hilfsbereiter? Welche suggeriert eine optimistischere Einstellung?

Im Beruf eines Bilanzbuchhalters bekommt man eine Menge interessanter Entschuldigungen zu hören. Ich habe mal eine erfahrene Sachbearbeiterin für Außenstände betreut, sie hieß Sharon und arbeitete in der Kreditabteilung einer Ford-Niederlassung in Detroit. Sie schlug sich mit einem Kunden namens Leon D. herum, der beharrlich behauptete, er sei verstorben, und sogar seine Unterschrift unter einen Brief gesetzt hatte, der sein Ableben bestätigte!
Sharon zeigte mir die ausführlichen Protokolle über die zurückliegenden Gespräche mit Leon D. Sein Fall war wirklich ziemlich bedrückend. Er hatte sich einen fabrikneuen Ford-Pickup zugelegt und den Kauf mit Hilfe seines Händlers finanziert. Kurz nachdem der Kredit gewährt worden war, wurde bei Leon ein bösartiger Gehirntumor diagnostiziert, der sein Denkvermögen trübte. Sharon hatte sich die Diagnose vom Krankenhaus bestätigen lassen und dabei erfahren, daß die Krankheit lebensgefährlich war. Es war völlig unmöglich, ein vernünftiges Gespräch mit Leon zu führen, also

wandte sich Sharon an seine Frau, die ihr erzählte, er stehe unter medikamentöser Behandlung, trinke reichlich und verhielte sich völlig irrational.
Ich hörte mit, als Sharon Leons Frau auf der Arbeit anrief.
»Guten Tag, Frau D. Hier spricht Sharon von der Ford-Kreditabteilung. Ich rufe an, weil die überfälligen Raten für den Pickup Ihres Mannes immer noch nicht überwiesen sind, und nun zeigt mir der Computer an, daß seine Versicherung wegen Nichtzahlung gekündigt ist. Ich muß Ihnen leider mitteilen, daß ich keine andere Möglichkeit sehe, als den Wagen einzuziehen, wenn Sie nicht bereit sind, mir in der Sache entgegenzukommen.«
Sharon hatte Leon schon vorher mit dem Einzug des Wagens gedroht, woraufhin er den Pickup versteckt hatte. Mitarbeiter der Firma fuhren zu seinem Haus, konnten aber das Auto nicht ausfindig machen. Wenn Frau D. schon die Zahlungen nicht überwies, hoffte Sharon wenigstens von ihr zu erfahren, wo ihr Mann den Ford abgestellt hatte.
Leider zeigte sich Frau D. nicht sehr hilfsbereit.
»Machen Sie nur, was Ihre Pflicht ist. Ich kann nicht mit ihm reden. Er ist total übergeschnappt. Ich habe nicht die geringste Einflußmöglichkeit. Nehmen Sie ihm den Wagen weg, wenn es das ist, was Sie wollen.«
Sharon bedrängte sie weiter und beschrieb die möglichen Konsequenzen.
»Frau D., ein Einzug wirft kein gutes Licht auf Ihre Kreditwürdigkeit, und er wird auf Jahre in Ihrer Akte bleiben. Sie wollen doch nicht wegen Zahlungsverzug angeklagt werden?«
Frau D. wußte, daß sie im juristischen Sinn nicht haftbar war.
»Jetzt hören Sie mal, junge Frau. Ich habe den Kaufvertrag nicht unterschrieben, für Leons unverantwortliches Verhalten kann man mich also nicht haftbar machen. Ich werde auch nichts unternehmen, was Ihnen weiterhilft, egal, was pas-

siert. Leon wird sowieso sterben, sagt der Arzt. Ich habe nicht das Geld, um irgendwelche Schulden zu zahlen, weder die bei Ihnen noch sonst irgendwem. Ich kann ja kaum die Raten fürs Haus aufbringen. Aber Leon hat eine Versicherungspolice. Und wenn er stirbt, ist die meine einzige Hoffnung, daß ich das Haus behalten kann. Den Wagen fahre ich überhaupt nicht, und ich habe ihn auch nicht gekauft, was geht der also mich an?«

Sie hatte alle Karten auf den Tisch gelegt, Sharon wußte nicht, was sie entgegnen sollte.

»Scheint, als hätten Sie genug Probleme am Hals, Frau D. Ich würde es ungern sehen, daß mit einem Einzug des Wagens und einer Versäumnisklage alles noch schlimmer würde, aber wenn Sie mir nicht entgegenkommen, lassen Sie mir an diesem Punkt keine andere Wahl.«

Nach dem Telefongespräch sprach ich mit Sharon über den Unterschied zwischen »Ich würde es ungern sehen . . .« und »Ich will . . .« Die Menschen mögen nun mal keine schlechten Neuigkeiten – ja, sie blenden sie schlicht aus. Sie erreichen einen Punkt, wo sie glauben, es könnte einfach nicht sein, daß es noch dicker käme. Sharons Ansatz hatte genau diesen Effekt bei Frau D. hervorgerufen.

Mit der negativen Strategie »Wenn Sie jetzt nichts unternehmen, wird es nur noch schlimmer« hatte sie keinen Erfolg. Ich machte Sharon den Vorschlag, es einmal mit der positiven Strategie zu versuchen: »Ich möchte« statt »Ich würde es nur ungern sehen, wenn . . .« oder – noch schlimmer – »Ich sag's ja nicht gern, aber . . .«

In der Woche darauf rief Sharon wieder bei Frau D. an.

»Frau D., ich verstehe die unangenehme Situation, in der Sie sich wegen der Gesundheit Ihres Mannes und seines unmöglichen Verhaltens befinden. Ich will erreichen, daß sich die Lage für Sie verbessert, nicht verschlimmert. Sie haben völlig recht, Sie sind in keiner Weise rechtlich verpflichtet, mir dabei zu helfen, den Wagen zu finden, damit wir ihn einziehen

können. Ich will Ihnen helfen, ein eventuelles Problem zu verhindern. Aufgrund des entfallenen Versicherungsschutzes bei Ihrem Mann, seiner Krankheitsgeschichte und seinem Trinkverhalten ist es sehr wahrscheinlich, daß man Sie belangen wird, sollte Ihr Mann den Wagen fahren und jemanden verletzen oder, Gott behüte, jemanden töten. Ich möchte Ihnen helfen, damit Sie Ihr Haus behalten und sicher sein können, die Versicherungsprämie in voller Höhe ausgezahlt zu bekommen. Was ich dabei tun kann, ist, verhindern, daß Leon jemanden verletzt. Wenn Sie mir sagen, wo sich der Wagen befindet, sorge ich dafür, daß er stillschweigend verschwindet, und niemand erfährt von unserem Gespräch. Es tut mir leid. Es muß schlimm sein für Sie im Augenblick, aber ich möchte, daß es Ihnen bessergeht.«
So hatte Frau D. die Sache noch nicht gesehen. Sie willigte sofort ein, Sharon zu verraten, wo Leon den Wagen versteckt hatte, und bat sie, ihn so schnell wie möglich abschleppen zu lassen.
Als Vorsichtsmaßnahme rief Sharon noch die örtliche Polizeibehörde an und erklärte, daß ihre Firma den Wagen einziehen werde. Der Polizei war Leon wohlbekannt, und sie hielt ihn für besonders gemeingefährlich. Der Polizeichef bestand darauf, Sharon und dem Mitarbeiter, der den Pickup beschlagnahmen sollte, drei Streifenwagen als Begleitung mitzugeben. Ford verhinderte so einen eventuellen Unfall mit dem Wagen und hat Frau D. und möglichen unschuldigen Opfern eine Menge Kummer erspart. Der Ansatz von Sharon, ihr »Ich will...« half ihr dabei, das Beste aus einer schlimmen Situation zu machen.

Immer wenn Sie jemanden motivieren wollen, das zu tun, was Sie von ihm verlangen, dann richten Sie die Aufmerksamkeit auf das positive Endergebnis, nicht auf das negative Potential. Sagen Sie Ihrem Gegenüber, was Sie für ihn tun wollen, nicht, was Sie ihm nur ungern antun würden.

In Ihrem Alltag bieten sich zahllose Gelegenheiten für diese kleine Veränderung in der Wortwahl. Sie haben sich vorgenommen, mit Ihrer Frau die Schulaufführung Ihrer Tochter zu besuchen, und machen sich nun Sorgen wegen der knappen Zeitplanung. Sie erhalten mehr positive Aufmerksamkeit, wenn sie sagen:
»Wir wollen lieber etwas eher Feierabend machen heute. Ich *möchte* sichergehen, daß wir rechtzeitig da sind, damit wir Emilys Auftritt in der Schulaufführung auch richtig *genießen*.«
Statt:
»Es ist besser, wenn du heute früher Schluß machst. Ich würde es *nur ungern* sehen, wenn du im Stau steckenbliebest und Emilys Auftritt in der Schulaufführung *versäumen* würdest.«

Sie unterhalten sich mit einem Kaufinteressenten über ein Sonderangebot, das Ende des Monats ausläuft. Sie üben einen positiveren Einfluß auf den Kunden aus, wenn Sie sagen:
»Ich *möchte* sichergehen, daß wir Ihren Auftrag noch vor Freitag bearbeiten können, damit Sie in den *Genuß* des Sonderbonus kommen, den wir in diesem Monat anbieten.«
Statt den negativen Ansatz zu wählen:
»Ich sähe es *nur ungern,* wenn Sie den Sonderbonus *verlieren* würden, den wir in diesem Monat anbieten. Also sorgen Sie dafür, daß Ihr Auftrag nicht zu spät kommt.«
Immer wenn Sie die Konstruktion »nur ungern« benutzen, richten Sie die Aufmerksamkeit auf den möglicherweise drohenden negativen Ausgang einer Sache, den Sie ja gerade verhindern wollen. Das Image, das Sie vermitteln, wird dagegen positiv sein, wenn Sie die guten Ergebnisse hervorheben, die sie erzielen wollen.

Was Sie sofort tun können:
Benutzen Sie »Ich will ... dieses und jenes erreichen«, um die positiven Resultate zu beschreiben, die Sie sich vorgestellt haben, statt zu sagen, was Sie »nur ungern ...« als Ergebnis sähen.
Anstatt zu sagen:
»Wir fahren besser etwas eher zum Flughafen. Ich möchte nur ungern den Flug versäumen, nur weil wir im Verkehr steckengeblieben sind.«
Sagen Sie lieber:
»Fahren wir lieber etwas eher los. Ich will sicher sein, daß wir auch rechtzeitig zum Flughafen kommen.«
Anstatt zu sagen:
»Ich gebe Ihnen nur ungern eine falsche Auskunft.«
Sagen Sie lieber:
»Ich möchte Ihnen helfen, damit Sie die richtige Auskunft bekommen.«

4. »Ich habe noch nicht« vs. »Ich kann«

Ihr Chef bittet Sie, eine Lotus-Matrixanalyse vorzubereiten und die Rentabilität der gegenwärtigen Produktion Ihrer Firma zu analysieren. Sie haben noch keine Erfahrung mit Lotus 1-2-3 oder irgendeiner vergleichbaren Matrix-Software.
Sagen Sie sich laut vor:
»Ich kann die Matrixanalyse nicht durchführen, ich beherrsche nicht mal Lotus 1-2-3.«
Und jetzt sagen Sie folgendes:
»Ich habe vorher noch keine Matrixanalyse gemacht. Ich kann damit anfangen, indem ich mir Lotus 1-2-3 aneigne.«
Bei welchem Angestellten hört es sich eher danach an, als würde er noch weiter aufsteigen, als wäre er bereit, sich neue Fähigkeiten anzueignen, und als würde er sich zunehmend als eine Bereicherung für die Firma erweisen?

Als Beth, meine neue Friseuse, sich daranmachte, mir die Haare mit Pfefferminzschampon einzuseifen, fing sie mit der typischen Eröffnungsfrage an, die man neuen Kunden stellt, um warm mit ihnen zu werden.
»Na, George, in welcher Branche sind Sie denn tätig?«
Die meisten Menschen sind noch nie einem professionellen Rhetoriker begegnet, ihre Reaktion erstaunte mich daher nicht sonderlich, als ich ihr von meiner Arbeit erzählte.
»Was meinen Sie damit? Sie verdienen sich mit Reden halten Ihr Geld? O Gott. Ich kann keine großen Worte machen. So, von Angesicht zu Angesicht, ist es was anderes, das fällt mir leicht, aber eine Rede zu halten, das wär' unmöglich. Bei einem Lehrer mußte ich alle meine mündlichen Buchbesprechungen aufschreiben, weil ich vor der ganzen Klasse keinen Ton rauskriegte. Ich habe sogar mal einen Rhetorikkurs besucht, aber den hab' ich nicht bestanden. Nein, ich kann keine Reden halten.«

Immer wenn sie seit ihrer ersten mündlichen Buchbesprechung vor versammelter Mannschaft etwas sagen sollte, wiederholte Beth, so daß sie selbst und alle Umstehenden es hören konnten: »Ich kann keine Rede halten.« Sie hat es immer wieder verkündet, bis es sich in ihrem Kopf festgesetzt hatte und sie selbst völlig überzeugt war, daß es stimmte.
Dabei redete Beth ununterbrochen während des Haarewaschens, -schneidens und -legens. Ich weiß also, daß sie reden kann. Wären noch fünfzig andere Kunden im Raum gewesen und hätten auf ihren Haarschnitt gewartet, alle in Hörweite, aber außer Sichtweite, hätte Beth eine Rede gehalten – ohne es zu wissen.
Um genau zu sein, hätte sie wahrscheinlich gesagt:
»Ich habe nie gern Reden gehalten.« Oder sogar:
»Ich halte nicht gern Reden, hab' sie früher schon immer vermasselt und hab' keine Lust, es jemals wieder zu versuchen. Ich würde vor Angst sterben, wenn ich mir vorstellte, ich müßte mich vor eine Gruppe Menschen hinstellen und eine Rede halten.«
Das mag ja alles wahr sein, aber wenn Beth behauptet, sie könne nicht vor einer Gruppe reden, dann ist das ungenau, und sie legt sich dabei selbst eine Fessel an.
Es gibt nur sehr wenig, was ich oder Sie absolut nicht tun können. Ich habe noch nie an dem alljährlichen Iditarod-Hundeschlittenrennen in Alaska teilgenommen, mag mich nicht gerne allzulang Temperaturen unter Null aussetzen und versuche möglichst, Schmerzen und Leiden aus dem Wege zu gehen. Trotzdem kann ich, wenn ich will, an einem Hundeschlittenrennen quer durch Alaska teilnehmen. Natürlich wären jahrelanges Training Voraussetzung, ein ausführliches und anspruchsvolles Programm zur Verbesserung der physischen Kondition, eine finanzkräftige Unterstützung und noch viele andere vorbereitende Maßnahmen – und ich *kann* an dem Iditarod-Rennen teilnehmen. Ich will nicht, und ich garantiere Ihnen, daß ich nicht teilnehmen werde, aber ich kann.

Immer wenn Ihnen jemand sagt (oder er sich selbst): »Dies oder jenes kann ich nicht«, wirft er eine Tür hinter sich zu, die zu brachliegenden Talenten führt. Als ich dieses Buch schrieb, habe ich mich oft bei dem Gedanken ertappt: »Das schaffst du nie.« Nicht selten habe ich morgens über meinem Tagebuch gehockt, in dem ich meine Fortschritte notierte, und dachte bei mir:

»Ich kann nicht mehr als zweieinhalb oder drei Stunden konzentriertes Arbeiten pro Tag rausholen. Bei diesem Tempo kriege ich das Manuskript unmöglich bis zum vom Verleger gesetzten Abgabetermin fertig.«

Wie Sie sehen, oder besser, lesen können, habe ich das Buch doch rechtzeitig abgeschlossen. Die korrekte Aussage hätte also lauten müssen:

»Über drei Stunden Arbeit an einem Stück als Tagespensum bin ich bis jetzt noch nicht hinausgekommen. Ich werde das Manuskript rechtzeitig abgeben, das heißt, ich muß auf sechs Stunden am Schreibtisch täglich kommen. Ab heute kann ich damit anfangen, mir meinen Stundenplan so einzurichten, daß mehr freie Zeit zum konzentrierten Arbeiten dabei herausspringt.«

Wenn jemand sagt: »Das kann ich nicht«, legt er sich nur eine nicht zutreffende und kontraproduktive Selbstbeschränkung in einer Sache auf, die er wahrscheinlich sehr wohl leisten könnte. Der Ausdruck *kann nicht* ist eine Art Vorhersage, die garantiert in Erfüllung geht. Zu sagen, man könne etwas nicht erreichen, ist dasselbe, als wenn man sagte, man werde es nie erreichen. Da Ihr Verstand Sie gerne im Recht sieht, wird er alles anstellen, um zu garantieren, daß Ihre Selbsteinschätzung korrekt war, als Sie feststellten: »Das kann ich nicht.« Der Verstand funktioniert hier als schlagkräftiger Saboteur und untergräbt Ihre Effektivität, damit Sie Ihre selbstgesteckten Ziele nicht erreichen, und wenn Sie es noch so sehr versuchen.

Lektion

Was Sie sofort tun können:
Wenn Sie Ihre Talente beschreiben, vor sich selbst oder jemand anderem, dann streichen Sie den Ausdruck »Ich kann nicht« aus Ihrem Vokabular.
Anstatt zu sagen:
»Ich kann ja auf dem Golfplatz nicht mal die festgesetzte Schlagzahl erreichen.«
Sagen Sie lieber:
»Ich habe die Schlagzahl noch nicht erreicht, und ich trainiere weiter.«
Anstatt zu sagen:
»Es hat keinen Sinn, sich neue Häuser anzusehen. Wir können uns ja nicht einmal eine Eigentumswohnung leisten! Wir werden bis an unser Lebensende in Mietwohnungen hausen.«
Sagen Sie lieber:
»Bei unserer augenblicklichen finanziellen Situation können wir uns in zwei bis drei Jahren ein Haus leisten. Der Markt wird sich beruhigen, und wir sparen solange auf die Anzahlung. In der Zwischenzeit stimmen wir unseren Haushalt darauf ab.«
Anstatt zu sagen:
»Ich kann das nicht.«
Sagen Sie lieber:
»Ich habe das noch nicht gemacht – und ich kann es.«

5. Nicht hilflos dastehen

Nachdem Sie sich seit Monaten mit andauernder Müdigkeit herumgeschlagen haben, diagnostiziert Ihr Arzt bei Ihnen eine seltene Knochenmarkserkrankung. Nach Abschluß einer aufwendigen Behandlung, die Hunderte von Transfusionen umfaßt, gesteht Ihnen der Arzt, die Medizin könne nichts weiter für Sie tun, um Ihr Leben zu verlängern.
Sagen Sie sich laut vor:
»Das war's dann wohl. Wenn die Ärzte mir keine Hoffnung mehr geben, kann ich gleich abtreten. Was hat das alles noch für einen Sinn? Ich habe Schmerzen, und sterben muß ich ohnehin. Ich gebe auf.«
Und jetzt sagen Sie folgendes:
»Das akzeptiere ich nicht. Mein Zustand ist nicht hoffnungslos. Ich kann und ich werde meine Lebensqualität verbessern, wenn nicht, wenigstens mein Leben verlängern.«
Wer hört sich wie ein Patient an, der kaum eine Verbesserung seines Zustandes erleben wird? Wer hat dagegen eine reelle Chance?

Michael Ballard war erfolgreicher Sachbearbeiter für Kundenwerbung in Ontario, Kanada, und verkaufte Geschenkartikel durch das Vertriebsnetz der Hallmark-Papierwarengeschäfte in seinem Bezirk. Er wurde krank, und sein Arzt stellte eine Darmentzündung, allgemein auch als Kolitis bekannt, fest. Einige der unerfreulichen Auswirkungen sind emotionaler Natur: Angst, Panik, das Gefühl der Peinlichkeit. Es stärkt nicht gerade das Selbstvertrauen, wenn man weiß, daß einem jederzeit das gewisse Mißgeschick »passieren« kann. Das schlimmste war der wohlmeinende Rat eines Mediziners, der zu ihm sagte: »Es gibt nichts, was man da tun könnte. Sie müssen sich mit Ihrer Lage abfinden.«
Kolitis kann zu besonders schwerwiegenden Folgeerschei-

nungen führen: Oft handelt es sich nur um eine Vorstufe von Krebs. Schon bald wurde bei Michael unweit der Leber Darmkrebs festgestellt. Die Ärzte warnten, die Lymphknoten könnten als nächstes befallen werden, und bei Krebspatienten sei das in der Regel der Anfang vom Ende.
Nach dieser niederschmetternden Diagnose kam die Wende in Gestalt eines neuen Arztes, Dr. Konok. Er stellte eine Tafel neben das Krankenbett und hielt Michael einen ernsten Vortrag, malte die in Mitleidenschaft gezogenen Organe auf, zeigte seinem Patienten, was die Chirurgen tun würden und wo die Chemotherapie ansetzen sollte. Nach einer sorgfältigen, auf die Fakten beschränkten Erklärung von Michaels augenblicklichem Zustand kam er auf die Prognose zu sprechen. Er warf das Stück Kreide in die Luft und sagte:
»Ich kann Ihnen nur die Vorgaben nennen, die in den medizinischen Lehrbüchern stehen, aber Sie müssen wissen, daß Sie Ihre *eigenen* Vorgaben geben. Ich kann nicht garantieren, daß Sie sich selbst dazu bringen können, Ihr Leben zu verlängern. Ich kann jedoch eine absolute Garantie dafür geben, daß Sie ein erfüllteres Leben leben, wenn Sie sich dazu entschließen. Wenn Sie mit der Chemotherapie beginnen, werden Sie Nebenwirkungen an sich beobachten. Betrachten Sie die als einen Schritt zum Heilungsprozeß, haben Sie eine weitaus größere Lebenserwartung, als wenn Sie in ihnen einen Teil des Krankheitsprozesses sehen. Ich behandle Ihren Körper vom Hals an abwärts, Sie sind für den Teil vom Hals an aufwärts zuständig.«
Michaels Behandlung wurde fortgesetzt mit drei Operationen. Nach der dritten, angeblich letzten im Verlauf der Behandlung wurde ihm mitgeteilt, daß die Eingriffe vergeblich waren. Das Krebsgeschwulst breitete sich weiter aus.
Michael hatte in seinem Berufsleben nach dem Muster des positiven Denkens auch das Gebot »positiv sprechen« beherzigt. Jetzt aber, als er vor die größte Bewährungsprobe seines Lebens gestellt wurde, benutzte er eine negative Sprache,

akzeptierte die Einschätzung der Ärzte, daß seine Lage »hoffnungslos« sei. Und als sie zu ihm sagten: »Da kann man nichts machen«, glaubte er ihnen.
An diesem Tiefpunkt angelangt, beschloß Michael Ballard, daß dieselben Techniken, die ihm Erfolg im Wettbewerb mit anderen Verkäufern beschert hatten, die beste Hoffnung darstellten, auch sein Leben, sein Überleben, erfolgreich zu meistern.
Zwischen den Behandlungsphasen bei sich zu Hause kaufte er neue Laufschuhe, die er anzog, als sich sein Zustand besserte. Er hörte »positive« Musik, *The Rainbow Connection* und die Titelmusik aus dem Film *Rocky.* Er lief ums Haus herum in den neuen Sportschuhen und las sich seine Lieblingsstellen aus *The Best of Success* laut vor. Michael schaffte es.
Heute beschreibt der Arzt die Gesundheit seines Patienten Michael Ballard als »geradezu bedenklich fit. Kleine Hindernisse überspringt er mit einem Satz, große mit einem Anlauf.«
Seit acht Jahren zeigen sich keine Anzeichen von Krebs, und Michael hat sich entschieden, um der Ausgeglichenheit seines Lebens willen auch keine mehr zuzulassen.

Michael Ballard hat mittlerweile den Beruf gewechselt. Er leitet heute Seminare über die »Kraft der Sprache« und ihre Nutzbarmachung für Patienten, die von einer Krankheit genesen. Er ist damit beschäftigt, Ärzten und Krankenschwestern bewußtzumachen, wie destruktiv sich ihre Sprache auf besorgte Patienten auswirken kann – und wie ungeheuer hilfreich sie sein kann, wenn man sie positiv nutzt.
Er sagt auch, daß die Techniken und speziellen Begriffe, die er gebraucht, nicht bei jedem wirken. Oft bemerken Patienten:
»Michael, ich kann dem nicht zustimmen, was Sie gesagt haben. Es stimmt für mich einfach nicht.«
Er antwortet dann immer:

»Na gut, drücken Sie es mit Ihren eigenen Worten aus, aber behalten Sie den Sinn bei. Wiederholen Sie die *positiven* Bestätigungen, die in Ihren Augen stimmen. Und wenn Sie sonst nichts sagen, wiederholen Sie nur: ›Doch, ich kann.‹ Lassen Sie sich von keinem, ob medizinisch ausgebildet oder nicht, einreden, Ihr Zustand sei hoffnungslos. Sie können Ihre Lebensqualität *immer* verbessern, selbst wenn sich die Lebenserwartung nicht ändern sollte.«

Wenn Sie von einer schlimmen Krankheit bedroht sind, bitte, geben Sie nicht auf. Sie können kämpfen. Ihre positiven Erwartungen werden Ihre Lebensqualität verbessern.

Lektion

Was Sie sofort tun können:

Wenn Sie sich krank fühlen, dann ergänzen Sie die umsichtige ärztliche Betreuung durch eigene Maßnahmen. Benutzen Sie Ihre Sprache, um eine positive Haltung zu fördern, und stärken Sie so die natürlichen Widerstandskräfte Ihres Körpers.

Anstatt zu sagen:

»Ich kann dagegen nicht ankommen. Mein Zustand ist hoffnungslos. Das hat der Arzt selbst gesagt.«

Sagen Sie lieber:

»Ich kann meine Lebensqualität verbessern, und ich werde Sie verbessern. Der Arzt hat keine Ahnung, wie stark ich bin.«

Anstatt zu sagen:

»Mein Zustand ist hoffnungslos, daran kann ich nichts ändern.«

Sagen Sie lieber:

»Ich kann meine Lebensqualität verbessern.«

6. Lieber »wenn« als »ob«

Ihr Sohn ist nicht gerade begeistert vom Fach Französisch in der Schule und tut sich schwer damit, jeden Tag die Hausaufgaben zu erledigen. Sie versuchen ihn mit einer Belohnung zu motivieren.
Sagen Sie sich laut vor:
»Vorausgesetzt, du schaffst bis heute abend deine Hausaufgaben, dann darfst du dir eine Riesenportion von dem Vanilleeis nehmen, das ich extra eingekauft habe.«
Und jetzt sagen Sie folgendes:
»Wenn du heute abend deine Hausaufgaben fertig hast, gönnen wir uns alle eine Riesenportion von dem Vanilleeis, das ich eingekauft habe.«
Was hört sich eher danach an, als würden Sie wirklich von ihm erwarten, daß er seine Hausaufgaben macht? Was hört sich so an, als wären Sie sich der Sache nicht so ganz sicher?

Wahrscheinlich ist Ihnen in den Geschäften, in denen Sie vorwiegend einkaufen, auch aufgefallen, daß viele Händler in letzter Zeit umweltbewußter geworden sind. Einige Supermärkte in meiner Gegend zeichnen sogar alle Produkte, die Verpackung aus recyceltem Material benutzen oder die biologisch abbaubar sind, mit einem speziellen Aufkleber aus. Manche Geschäfte bieten einen geringen Preisnachlaß von der Gesamtrechnung an, wenn man seine eigene Einkaufstasche mitbringt. Bei manchen steht draußen ein Sammelbehälter für Plastiktaschen zum Recyceln. Plastiktüten stellen eine Bedrohung für die Umwelt dar, da sie eine lange Lebensdauer haben. Plastik wiederzuverwerten bedeutet deshalb, den Wald zu schonen und Öl zu sparen.
Mein Safeway-Laden um die Ecke gibt Kunden Rabatt, die ihre Papiertüten recyceln, trifft aber keine ähnlichen Vorkehrungen für Kunststoffprodukte. Eines Tages beschloß meine

Frau, das zu ändern. Sie sagte zu dem Kassierer: »Meine Anerkennung für Ihre Bemühungen, Papierrecycling zu fördern. Wann stellen Sie einen Sammelbehälter für Plastiktaschen auf?«
Kein »Meinen Sie nicht, Sie könnten auch«, kein »Haben Sie demnächst vor«, kein »Es wäre doch von Vorteil«. Nein. »WANN WERDEN SIE?«
Der Kassierer antwortete:
»Gute Frage. Ich werde noch heute, vor Feierabend, mit unserem Filialleiter darüber reden. Sie haben recht, wir sollten auch eine Sammelaktion für Plastiktüten starten. Es dürfte nicht allzulange dauern, dann haben wir die Behälter.«
Der Safeway-Laden von Coal Creek Village hat jetzt auch einen Sammelbehälter für Plastiktüten. Wenn Ihr Supermarkt noch keinen hat, dann stellen Sie bei Ihrem nächsten Einkauf die *Wann*-Frage, keine *Ob*-Frage.

Wenn Citibank, US West, die Bank of America oder die Telefongesellschaft AT&T die Effektivität ihrer Inkassoabteilung verbessern wollen, bestellen sie sich Bill Arnold, Direktor des International Collection Training Institute, ins Haus. Seine Aufgabe besteht darin, den Teilnehmern seiner Seminare beizubringen, wie man positive Erwartungen auf andere projiziert. Achten Sie mal auf den Unterschied zwischen
»Ich mache Ihnen einen Vorschlag: Vorausgesetzt, Sie haben bis Ende der Woche Ihr Konto ausgeglichen, streiche ich die letzten Mahngebühren«
und
»Reichen Sie mir Ihren Scheck auf 67.50 Dollar bis Ende der Woche ein, streiche ich die letzten Mahngebühren. Wann kommen Sie vor Freitag vorbei, damit ich Ihr Konto ausgleichen kann?«
Bill geht gleich über die typische Frage hinaus, die meistens lautet: »Wäre es Ihnen möglich, die Forderung bis Ende der Woche zu tilgen?« Er projiziert die positive Erwartung, daß

der Schuldner zahlt, auf diesen selbst. Es ist seine Absicht, die Sache zu einem endgültigen Abschluß zu bringen, nicht herauszufinden, ob die Zahlung erfolgt.
Entgegnet ihm der Schuldner dann: »Moment mal, ich habe nicht gesagt, ich würde bis Ende der Woche zahlen«, vollzieht Bill eine Kehrtwendung, um ihm den Grund für seine positive Erwartung zu nennen:
»Richard, ich weiß, daß Sie ein ehrlicher und verantwortungsbewußter Mensch sind.«
»Natürlich bin ich das.«
»Und Sie wollen doch sicher Ihren Zahlungsverpflichtungen nachkommen, oder?«
»Sicher will ich das.«
»Also, Sie wollen sie doch auch bis Ende der Woche eingelöst haben.«
»Ja, aber ich habe im Augenblick nicht genug Geld.«
Wieder geht Billy über die übliche Ob-Frage hinaus und projiziert eine positive Erwartung auf sein Gegenüber. Statt zu fragen:
»Also gut, wann, meinen Sie, haben Sie genug Geld, um das Konto auszugleichen?«,
geht er davon aus, daß der Schuldner seine Schulden so schnell wie möglich loswerden will. Er sagt:
»Wie hoch wird die fehlende Restsumme sein, wenn Sie die fällige Zahlung diese Woche entrichten?«
Mit anderen Worten, Bill geht nicht mit der Frage heran, ob der Schuldner zahlen wird, er überspringt sie und stellt gleich die nächste Frage, wann er zahlen wird. Und wenn der Schuldner antwortet, er hätte nicht genug Geld, um alles auf einmal zu zahlen, fragt Bill nicht, wann er denn genug habe, er fragt, wieviel er sofort zahlen könne.

Lektion:

Was Sie sofort tun können:
Beobachten Sie sich dabei, wie Sie eine Konditionalfrage mit einem »Ob« einleiten, dann formulieren Sie die Frage um, damit auch Ihre positiven Erwartungen rauszuhören sind.
Anstatt zu sagen:
»Der Parkplatz, den Sie für die Eigenheimbesitzer auf unserem Baugelände angelegt haben, gefällt uns sehr, nur ist er sehr steinig. Wäre es Ihnen möglich, die Steine abräumen und den Platz ebnen zu lassen?«
Sagen Sie lieber:
»Der Parkplatz, den Sie für die Eigenheimbesitzer auf unserem Baugelände angelegt haben, gefällt uns sehr. Wann werden Sie die Steine wegräumen und den Platz ebnen?«
Anstatt zu sagen:
»Ich weiß, daß Ihre Leute von der Entstörungsstelle wahrscheinlich ziemlich beschäftigt sind, aber unser Telefon muß so schnell wie möglich repariert werden. Meinen Sie, Sie könnten heute noch jemanden vorbeischicken?«
Sagen Sie lieber:
»Mir ist bekannt, daß Sie von der Entstörungsstelle sehr beschäftigt sind, und ich weiß Ihre Hilfe zu schätzen. Wir halten Verbindung zu unseren Kunden hauptsächlich über Telefon, wir sind darauf angewiesen, daß es so schnell wie möglich repariert wird. Wann können Sie heute nachmittag jemanden vorbeischicken?«
Anstatt zu sagen:
»Ich möchte gern wissen, ob Sie vielleicht . . .?«
Sagen Sie lieber:
»Wann werden Sie . . .?«

7. Kein Problem!

Man hat Ihnen gerade mitgeteilt, daß Sie – selbstverständlich »ehrenamtlich« – während der Tagung der Berufsvereinigung Ihres Ehepartners die Aufsicht über das dort angebotene Unterhaltungsprogramm für die Kinder und Jugendlichen führen sollen.
Sagen Sie sich laut vor:
»Sechzig Teenager in einem Raum, und ich soll verantwortlich sein, daß dort Ordnung herrscht? Schreckliche Vorstellung. Das wird eine mittelschwere Katastrophe!«
Und jetzt sagen Sie folgendes:
»Sechzig Teenager in einem Raum, und ich trage Verantwortung dafür, daß Ordnung herrscht. Das wird eine echte Herausforderung!«
Welche Version unterstellt, daß alles schieflaufen wird? Und welche geht davon aus, daß Sie auf kreative Art und Weise mit der Situation fertig werden?

Der Moderator der Veranstaltung stellte Sonny Hendrix vor, der sich auf die Bühne der Aula schob, um von dort aus seine Rede an die Schulabgänger zu halten. Jeder unten im Saal konnte sehen, daß Sonnys Körper, im Rollstuhl sitzend, ein wenig asymmetrisch wirkte, Arme und Beine seltsam abstanden. Sonny konnte den Kopf nicht aufrecht halten, und an seiner Art zu sprechen war etwas Ungewöhnliches. Wahrscheinlich haben sich viele Zuhörer im Publikum gesagt: »Und ich dachte, ich hätte Probleme. Sonnys ganze Existenz im Rollstuhl muß ein einziges Problem sein.«
Sonny sah das nicht so.
Ich lernte ihn auf einer der für mich aufschlußreichsten Schulabschlußfeiern kennen, die ich je erlebt habe. Sie fand im Rehabilitationszentrum für Behinderte unweit meines Hauses in Seattle statt. Früher mal eine Grundschule, war sie zu

einer Lehrwerkstatt umgebaut worden, die ausschließlich auf die Bedürfnisse von Menschen mit speziellen körperlichen Behinderungen zugeschnitten war.
Die Schüler des Zentrums geben sich nicht mit öffentlicher Zuwendung zufrieden, um ansonsten nutzlos ihr Leben zu vergeuden. Sie sind entschlossen, als *aktive* Menschen auf dem Arbeitsmarkt ihren Beitrag zu leisten, und besuchen anspruchsvolle Seminare in Betriebswirtschaft und Berufskunde mit dem Ziel, sich durch einen festen Arbeitsplatz ihren Lebensunterhalt *selbst* zu verdienen. Die Ausbildung finanziert sich ausschließlich durch Spenden von Firmen und Einzelpersonen.
Das Programm der Abschlußfeier begann mit den Gastrednern einiger der Unternehmen, die das Zentrum unterstützen: der Boeing Company, John Fluke Manufacturing, GTE, Digital Equipment Corporation und einiger mehr. Während des gesamten Abends nahm nicht ein Redner das Wort »Problem« in den Mund. Dabei wäre es so einfach gewesen, die Schüler als Menschen zu beschreiben, die mit einer Vielzahl von Problemen zu kämpfen haben: eingeschränkte Bewegungsfreiheit, eine desinteressierte Öffentlichkeit, geringschätzige Blicke, Wegsehen und viele andere Formen der Diskriminierung.
Keiner sprach von »Problemen«. Alle redeten sie von »Herausforderungen«. Frank Shrontz, Vorstandsvorsitzender und Geschäftsführer von Boeing, wies darauf hin, daß in seiner Firma 10000 Personen mit »gesundheitlichen Herausforderungen« beschäftigt seien. Statt sich an die Schulabgänger als an Menschen zu wenden, die durch ihre Probleme ein Anrecht auf Mitleid und besondere Rücksichtnahme hätten, machte er deutlich, daß die Einstellungspolitik von Boeing darauf ausgerichtet sei, das zum Maßstab zu erheben, was im eigenen Interesse des Unternehmens liege. »Wenn wir dabei auf Menschen wie diese stoßen, die entscheidende Herausforderungen gemeistert haben, dann haben wir es mit Personen

zu tun, die sich durch Mut und Beharrlichkeit auszeichnen. Sie sind die besten Angestellten, die man sich wünschen kann.«

Sonny Hendrix war einer der Schülersprecher. Er hatte den Studiengang »TeleProfessional« des Zentrums absolviert, mit Schwerpunkt auf Telemarketing und Kundendienst per Telefon. An seine Mitabsolventen gerichtet, in das Mikrofon hinein, das ihm jemand neben seinen Rollstuhl hielt, sagte er:

»Unsere Gebrechen sind bloß eine Entsprechung für die Schranken und Türschwellen, die wir uns selbst in den Weg stellen lassen. Wir sind für unsere Herausforderungen verantwortlich.«

Sonny war nicht bereit, sich mit dem Gedanken abzufinden, ein behinderter Mensch habe mit zahlreichen Problemen zu kämpfen, und die meisten Türen blieben ihm verschlossen. Nach der Feier rief ich ihn an und bat um ein Gespräch, wir unterhielten uns über »Probleme« und »Herausforderungen«. Er traf eine genaue Unterscheidung:

Ein Problem ist etwas, das man haßt. Eine Herausforderung will man bezwingen.

Eine meiner Klienten ist Managerin der mittleren Führungsebene in einer großen Telefongesellschaft. Ihr war aufgefallen, daß viele leitende Angestellte mit ihren Problemen zu ihr kamen und sie um Lösungsvorschläge baten. Diese Angewohnheit war für ihren beruflichen Aufstieg wenig hilfreich und ließ Kathryn kaum noch Zeit für andere verantwortliche Tätigkeiten. Sie wollte ihre Politik der »offenen Tür« nicht aufgeben, aber sie bemerkte, daß sie an Tagen, an denen sie besonders »ansprechbar« war, am Ende mit dem Gefühl nach Hause ging, nur den Müll anderer Leute vorgesetzt bekommen und selbst kaum etwas erreicht zu haben, außer hier und da Feuerwehr gespielt zu haben.

Für sie bestand die Lösung dieses Problems darin, sich mit allen leitenden Mitarbeitern, die ihr unterstellt waren, an einen Tisch zu setzen und eine neue »Lösungsfindungspolitik« zu etablieren. Sie bestätigte ihren Wunsch, mit jedem persönlich zu sprechen, wenn es notwendig war, bat jedoch darum, den Dialog zu verändern. Den Mitarbeitern war es fortan verboten, das Wort »Problem« zu gebrauchen, und es war ihnen ebenfalls untersagt, ein Gespräch anzufangen, wenn sie nicht wenigstens einen Lösungsvorschlag mitbrachten.

Die alte Methode:

»Entschuldigen Sie, Kathryn, ich muß mit Ihnen reden. Es gibt da ein Problem mit Dennis Swall. Er ist jetzt das drittemal hintereinander morgens zu spät gekommen, kein gutes Vorbild für die anderen. Was soll ich machen?«

Die neue Methode:

»Entschuldigen Sie, Kathryn, ich möchte Ihnen mitteilen, wie ich in einer bestimmten Angelegenheit zu verfahren gedenke. Ich fühlte mich herausgefordert, Dennis Swalls Pünktlichkeit zu verbessern, und ich habe eine Idee, wie man damit fertig werden könnte. Bitte sagen Sie mir, ob Sie noch effektivere Mittel vorzuschlagen hätten.«

Das Ergebnis? Kathryn erwies ihren Angestellten einen großen Dienst, sie zu mehr Selbstvertrauen zu ermuntern. Sie konnte sich darüber hinaus vergewissern, ob die Lösungsmodelle, die sie einführen wollten, angebracht waren, und beide Seiten waren weniger frustriert. Statt von belastenden »Problemen« überhäuft zu werden, nutzten Kathryn und ihre Mitarbeiter ihre Arbeitsbesprechungen, um die Vorzüge der jeweiligen positiven Lösungen zu diskutieren.

Diese Problemlösungsstrategie funktioniert auch in Ihrem Privatleben. Immer wenn Freunde oder Familienmitglieder anfangen, von »Problemen« zu reden, helfen Sie ihnen, indem Sie das Gespräch auf mögliche Lösungen lenken.

Was Sie sofort tun können:
Ersetzen Sie »Problem« durch »Gelegenheit« oder »Herausforderung«, und konzentrieren Sie sich auf die Suche nach Lösungen.
Anstatt zu sagen:
»Jetzt, wo Jason Teenager geworden ist, stehen uns bestimmt eine Menge Probleme ins Haus.«
Sagen Sie lieber:
»Das wird einige echte Herausforderungen geben, jetzt, wo Jason Teenager geworden ist.«
Anstatt zu sagen:
»Die zurückliegenden internationalen Krisen haben den Devisenmarkt durcheinandergebracht und Probleme unterschiedlichster Art verursacht.«
Sagen Sie lieber:
»Die letzten Kursschwankungen haben eine Menge neuer Möglichkeiten eröffnet.«
Anstatt zu sagen:
»Ich fürchte, das wird sich zu einem Problem ausweiten.«
Sagen Sie lieber:
»Das hört sich ganz nach einer herausfordernden, einmaligen Gelegenheit an.«

8. Die sich selbst erfüllenden Prophezeiungen

Nachdem Sie sich endlich mit der neuen Telefonanlage in Ihrer Abteilung vertraut gemacht haben, werden Sie in ein anderes Gebäude versetzt, wo eine völlig andere Anlage in Gebrauch ist.
Sagen Sie sich laut vor:
»O nein! Ich tu' mich schrecklich schwer damit, diese ganzen Funktionen zu lernen. Vermutlich wird es Monate dauern, bis ich sie schnell genug bedienen kann, wenn überhaupt. Allein Voice Mail wieder aufzufinden und Gespräche von meinem alten Telefon aus zu vermitteln war schlimm genug. Wie soll ich da erst ein ganz neues Set von Befehlen lernen?«
Und jetzt sagen Sie folgendes:
»Ich habe die Telefonanlage, die wir vorher benutzt haben, meisterhaft beherrscht, und mit der neuen Anlage werde ich genausogut zurechtkommen. Ich lasse mich von meinen Kollegen anlernen und lege mir eine Referenzkarte für die einzelnen Funktionen bereit.«
Wer hört sich wie jemand an, der dazu verurteilt scheint, Anrufer mit der neuen Anlage in der Leitung hängenzulassen und Weitervermittlungen zu verpatzen? Wer wird sich der neuen Aufgabe ganz widmen und das System schnell beherrschen?

Irgendwie habe ich mir in den letzten Jahren immer eingeredet, ich hätte keinen Orientierungssinn. Das merkwürdige dabei ist, daß ich ausgedehnte Reisen in die ganze Welt unternommen habe, ohne mich jemals zu verirren. Ich bin von Nairobi nach Kapstadt getrampt, habe mich durch das Hochland von Neuguinea geschlagen und bin unmarkierten Pfaden der alten Inkas in den Anden gefolgt. Und – ich habe mein angestrebtes Ziel immer problemlos erreicht.
Trotzdem bin ich seit einiger Zeit dafür bekannt, daß ich mich

sogar in meiner eigenen Heimatstadt verlaufe. Kürzlich luden uns Freunde zum Essen in ihr Haus ein, das eine knappe halbe Autostunde von uns entfernt ist. Bevor ich aus dem Haus ging, rief ich Vanna Novak an und sagte:
»Mir ist klar, daß wir schon zweimal bei euch waren, aber ich glaube, es ist besser, wenn du mir den Weg zu euch noch mal schilderst. Du weißt ja, daß ich mich immer verfahre.«
Während ich mir stur ihre Erklärungen notierte, machte ich mir nicht die Mühe, mich bestimmter Einzelheiten nochmals zu vergewissern, in der Annahme, ich würde mich ja ohnehin verfahren. Und tatsächlich, eine halbe Stunde nach der verabredeten Zeit rief ich über das Autotelefon an:
»Lou, wir haben uns verfahren. Ich weiß nicht, wie das passieren konnte. Ich habe nach der Magnolia-Street-Brücke Ausschau gehalten, wie Vanna gesagt hat, aber irgendwie sind wir auf der Ballard-Brücke gelandet, und jetzt weiß ich nicht mal mehr, auf welcher Kanalseite wir eigentlich sein sollen. Ich verfahre mich jedesmal, wenn ich zu euch rausfahre.«
Ich kam mir so hilflos vor. Unsere kleine Tochter in ihrem Kindersitz heulte, und meine Frau Julie auf dem Rücksitz kümmerte sich um das Baby und schimpfte mit mir, weil ich Vannas Erklärungen durcheinandergebracht hatte. Schließlich kamen wir doch noch an, eine Dreiviertelstunde zu spät, aber erst, nachdem Lou per Telefon die Führung übernommen hatte. Es war wie in einem alten Hollywood-Schinken, wenn der Pilot einer kleinen Maschine einen Herzinfarkt erleidet und sein Passagier das Flugzeug sicher zur Landung bringt, indem er genau den per Funk übermittelten Instruktionen aus dem Tower folgt.
Auf der Rückfahrt machte mich Julie darauf aufmerksam, daß ich mich gleich zu Beginn darauf versteift hätte, mich zu verfahren. Ich hätte mir gar keine andere Wahl gelassen. Ich hätte Lou und Vanna und mich selbst auf das wahrscheinliche Resultat bereits programmiert, indem ich mir eingeredet hätte: »Ich verfahre mich ständig.«

Ich habe einen Kompaß im Wagen, ich bin nicht blöd, ich habe eine genaue Karte dabei, und ich kann mich verständlich ausdrücken. Es gibt keinen logischen Grund, warum ich mich überhaupt verfahren sollte. Warum also meine Fähigkeiten gewaltsam verleugnen? Ich habe beschlossen, ab sofort nie mehr zu sagen: »Ich verfahre mich jedesmal.« Statt dessen höre ich bei den Erklärungen genau zu, mache mir eindeutige Notizen und sage mir: »Das finde ich leicht.«
Wie sehen Ihre selbstauferlegten Beschränkungen aus? Auf welchem Gebiet haben Sie sich eingeredet, nichts zu taugen? Welche Mythen halten Sie aufrecht, wenn Sie anderen sagen, es mangele Ihnen an bestimmten Talenten?
»Ich habe zwei linke Hände, wenn ich mal was reparieren soll.«
»Ich kann einfach nichts Vernünftiges kochen.«
»Französisch lernen? Ich kann ja nicht mal die Namen von französischen Weinen aussprechen. Ich habe nicht die geringste Sprachbegabung.«
Ich habe beschlossen, während ich hier sitze und schreibe, mir mein brachliegendes Talent, mich *überall* zurechtzufinden, zu erschließen. Ich lade Sie ein, in diesem Moment, während Sie dies lesen, dasselbe zu tun. Hören Sie damit auf, sich und anderen einzureden, Sie seien hierin oder darin »nicht gut«, und finden Sie selbst heraus, wie gut Sie *wirklich* sind.

Lektion

Was Sie sofort tun können:
Ersetzen Sie zur Gewohnheit gewordene, liebgewonnene Phrasen der Selbstbeschränkung durch starke Behauptungen.
Anstatt zu sagen:
»Ich hatte schon immer Probleme mit Mathematik. Ich kann einfach nicht mit Zahlen umgehen. Prozentrechnung ist mir ein Greuel, selbst mit Taschenrechner.«

Sagen Sie lieber:
»Ich beherrsche viele mathematische Regeln ganz gut. Ich gehe in die nächste Bibliothek und werde meine Kenntnisse in einigen Rechenarten, die ich vergessen habe, auffrischen, zum Beispiel Prozentrechnen.«
Anstatt zu sagen:
»Da bin ich nicht gut drin.«
Sagen Sie lieber:
»Ich mache Fortschritte.«

9. Investitionen durch Gewinne wieder hereinholen

Sie sind Anzeigenakquisiteur einer führenden Naturzeitschrift und haben einen Termin mit einer Unternehmerin, die einen neu entwickelten, hochtechnisierten Futterautomaten auf den Markt bringen will. Sie haben es mit einer finanzschwachen Firma zu tun, denn die potentielle Anzeigenkundin ist gerade erst ins Geschäft eingestiegen und leitet es von ihrem Küchentisch aus.
Sagen Sie sich laut vor:
»Ich sehe ein, daß die Ausgabe von 750 DM für eine ganzseitige Anzeige eine hohe finanzielle Belastung darstellt. Es ist natürlich schwer zu sagen, aber es könnten Hunderte von Bestellungen eingehen.«
Und jetzt sagen Sie folgendes:
»Diese Anzeige stellt eine Investition in Höhe von 750 DM dar. Schauen wir uns doch einmal den Gewinn an, der sich ergibt, wenn nur ein halbes Prozent unserer Leser auf die Anzeige reagiert.«
Welcher Ansatz wird das Interesse der Unternehmerin eher wecken? Was hört sich nach einem sinnvolleren Einsatz der Finanzmittel an?

Da ich kürzlich Vater geworden bin, haben mir viele Eltern den Rat gegeben, »soviel Zeit wie möglich« mit meinem Kind zu verbringen, solange es noch klein ist. Manchmal mache ich halbe Tage nichts anderes, als mit meiner kleinen Tochter zu spielen, mit ihr zu reden, sie zu bewundern oder sie einfach gern zu haben. Meine Frau macht es genauso. Ich sehe das nicht als »Zeitvergeudung« an. Wir »investieren« unsere Zeit. Und ich kann mich meines Gewinnes erfreuen: Ich bin ein glücklicherer, produktiverer Mensch, wenn ich mir Zeit für Kelcie nehme, und ich glaube, daß auch sie von der quanti-

tativen und qualitativen Aufmerksamkeit der Eltern profitieren wird.
Vielleicht denken Sie beim Lesen dieses Buches manchmal, ich würde Wortklauberei betreiben, zuviel Brimborium um die Bedeutung von Wörtern machen. Aber überlegen Sie nur mal, was für einen enormen Einfluß Ihre Wortwahl auf Ihr Denken hat.
Schlagen wir im Duden nach, unter dem Stichwort *vergeuden:*
leichtsinnig und verschwenderisch mit etwas beim Verbrauch umgehen: sein Vermögen, seine Kräfte vergeuden; er hat sein Leben vergeudet; es ist keine Zeit mehr zu vergeuden (es ist sehr eilig).
Um Himmels willen! Das bin ich also, wenn ich eine Pause einlege und eine Stunde mit Kelcie spiele? Leichtsinnig und verschwenderisch? Sehen wir mal »investieren« nach:
a) *Kapital langfristig in Sachgütern anlegen:* Geld falsch, sinnvoll, nutzbringend investieren; sein Kapital in ein/einem Unternehmen, in ein Projekt investieren; die investierten Beträge müssen sich rentieren;
b) *auf jemanden etwas (in reichem Maße) verwenden:* in etwas seine ganze Kraft, viel Zeit investieren; in jemanden sein Gefühl, seine Liebe investieren.
Das kommt der Sache schon näher. Wenn ich meine Zeit nutze und sie mit meiner Tochter verbringe, dann tue ich das, weil ich mir davon einen Gewinn und Vorteile verspreche. Ich fühle mich gut, und sie sich ebenfalls.

Wenn Sie im Geschäftsleben über Ihre begrenzten Finanzmittel verfügen, um Computer zu kaufen, neue Leute einzustellen oder Rücklagen sicherzustellen, dann tun Sie das, weil Sie erwarten, daß sich die Investition langfristig für das Unternehmen rentiert. Sie vergeuden Ihr gutes Geld nicht für Werbung, Push-Aktionen oder teure Firmenwagen – Sie investieren es.

Probieren Sie mal aus, wie es sich anhört, wenn Sie Ausdrük-ke wie Zeit »verbringen« oder Geld »ausgeben« auch im Privatleben durch »investieren« ersetzen.
Sicher gibt es Momente, wo »ausgeben« oder »vergeuden« angebracht sind. Wenn ich zum Beispiel auf eine Kirmes gehe und mir Zuckerwatte kaufe, dann tätige ich keine Investition. Ich kaufe bestimmte Dinge, weil sie mir spontan gefallen. Bei einem Autokauf allerdings, oder wenn ich überlege, welche Waschmaschine ich mir kaufen soll oder welche Kleidung, dann betrachte ich diesen Erwerb gerne als eine »Investition«.
Von investieren zu reden oder über eine Investition nachzudenken, vermittelt eher das Bewußtsein von Überfluß als von Mangel. Wenn man immer nur ausgibt, vermindert man ständig begrenzte Ressourcen. Wenn man dagegen investiert, verwendet man seine Ressourcen in der Erwartung, daß sie sich vermehren.
Bei der Beschreibung, wie Sie Ihre Zeit nutzen, wofür Sie Ihr Geld ausgeben, worauf Sie Ihre Energie verwenden, bedienen Sie sich des Wortes »investieren« oder »Investition«. Verwenden Sie Ihre Mittel in weiser Voraussicht, die sich auszahlt, ob in kurzfristiger Befriedigung eines Bedürfnisses, langfristigem finanziellem Gewinn oder einfach in dem guten Gefühl, das Richtige getan zu haben.

Lektion

Was Sie sofort tun können:
Benutzen Sie das Wort »investieren«, wenn davon die Rede ist, wie Sie Ihre Zeit verbringen, wofür Sie Ihr Geld ausgeben oder Ihre Energie verwenden.
Anstatt zu sagen:
»Wir wollen noch etwas mehr Geld in unser Haus stecken und ein Gewächshaus an die Küche anbauen.«
Sagen Sie lieber:

»Wir wollen in das Haus investieren und ein Gewächshaus an die Küche anbauen. So haben wir noch mehr Freude an dem Haus, und wenn wir mal umziehen, ist das außerdem ein attraktives Verkaufsplus.«

Anstatt zu sagen:

»Wir können nicht schon wieder Geld für neue Möbel ausgeben. Ihre Abteilung muß sich mit den Schreibtischen und Bürostühlen begnügen, die Sie haben.«

Sagen Sie lieber:

»Wir werden im Augenblick keine Mittel für neue Möbel bereitstellen. Obwohl eine Investition in ergonomische Stühle und Tische zu einer höheren Produktivität führen könnte, versprechen wir uns im Moment von anderen Investitionen mehr Gewinn.«

Anstatt zu sagen:

»Jetzt, wo der Herbst vor der Tür steht, muß ich wieder mal einen Batzen Geld für neue Kleidung ausgeben. Ich brauche einen neuen Mantel, neue Schuhe, und wenn ich schon mal dabei bin, kann ich mir auch gleich eine neue Hose kaufen.«

Sagen Sie:

»Für Herbst und Winter werde ich in eine neue Ausstattung investieren. Ich suche mir einen guten Mantel aus, der warm und bequem ist, und ein Paar Schuhe und Hosen, damit ich auf der Arbeit immer gut gekleidet bin.«

Anstatt zu sagen:

»Die Abendschule kostet mich Zeit und Geld.«

Sagen Sie lieber:

»Ich investiere Zeit und Geld in die Abendschule, um in meinem Beruf bessere Aufstiegschancen zu haben.«

10. Nichts ist unmöglich

Sie haben ein sagenhaftes Verkaufsergebnis erzielt und liegen mit Ihrer Leistung bereits um 20% über dem Durchschnitt des vergleichbaren Zeitraums im Vorjahr. Ihr Chef gratuliert Ihnen zu der Leistung und teilt Ihnen mit, daß Ihre Quote für das kommende Quartal auf 25% heraufgesetzt worden ist.
Sagen Sie sich laut vor:
»Das ist unmöglich drin! Ich rackere mich doch schon jetzt wie ein Wahnsinniger ab, und ich hatte Glück mit ein paar großen Bestellungen im ersten Quartal. Deswegen habe ich meine Quote um 20% übertroffen. Völlig ausgeschlossen, daß ich das Jahr mit einer 25%-Steigerung abschließe.«
Und jetzt sagen Sie folgendes:
»Das wird eine große Herausforderung sein. Eine ganze Reihe glücklicher Umstände hat mir die 20%-Gewinnsteigerung ermöglicht. Sie können sich aber auch im zweiten Halbjahr weiterhin auf mein volles Engagement verlassen. Ich werde mein Bestes tun, um die neue Quote zu erfüllen. Ich glaube jedoch nicht, daß eine Steigerung um 25% realistisch ist.«
Wer hört sich eher wie jemand an, der einen ernsthaften Versuch unternimmt, die 25% zu erreichen?

Vielleicht sagt Ihnen der Name Robert Schuller etwas, oder vielleicht haben Sie schon eines seiner Bücher gelesen oder von seinen sehr populären Fernsehgottesdiensten aus der Crystal Cathedral in Kalifornien gehört. Ich hatte das Glück, die Kunstkritiker auf ihrem Rundgang durch die Kirche zu begleiten, als ihr Schöpfer, Philip Johnson, sein Prachtstück der Architektengemeinde vorführte. Später erfuhr ich dann mehr über die Interna der Baugeschichte dieses imposanten Monuments.
Als er Philip Johnson zum erstenmal in sein Büro bestellte, erklärte Dr. Schuller ihm, er wolle eine Kirche, die besonders

auffällig und ganz aus Glas sei, die über eine herausragende Akustik verfüge und von jedem Platz aus ungehinderte Sicht auf die Kanzel ermögliche. Ein derartiges Gebäude war vorher noch nie entworfen worden, es verlangte Unmengen Spezialglas und völlig neue Konstruktionstechniken. Darüber hinaus lag das Baugelände in Südkalifornien in einem der erdbebenreichsten Gebiete der Welt. Als Johnson Dr. Schuller seine Vision der Crystal Cathedral anschaulich schilderte, nannte der Fernsehprediger noch eine zweite besondere Herausforderung: Er hatte kein Geld.
Johnson sah ihn bloß an und sagte:
»Moment mal, nicht, daß wir uns mißverstehen. Sie wollen ein riesiges Bauwerk errichten, wie es die Welt noch nicht gesehen hat. Sie wollen Baumaterialien und Techniken verwenden, die vorher noch nie ausprobiert worden sind. Und Sie haben absolut kein Geld? Das ist doch völlig unmöglich!«
Lächelnd bat der Prediger seinen Architekten, das große Wörterbuch aufzuschlagen, das auf einem Stehpult in seinem Büro lag, und den Eintrag »unmöglich« zu suchen. Johnson durchquerte den Raum, blätterte einige Seiten um, und nach einem Moment der Verwirrung schaute der berühmte Architekt auf und stellte fest: »In diesem Wörterbuch steht kein ›unmöglich‹«.
Dr. Schuller stand neben seinem Schreibtisch, ein schelmisches Grinsen im Gesicht, in der erhobenen Hand ein scharfes, kleines Taschenmesser. Er erklärte dem einigermaßen erstaunten Architekten, daß er die Klinge dazu gebrauche, um aus allen Wörterbüchern, die ihm in die Finger kämen, das Wörtchen »unmöglich« herauszutrennen.
»Alles ist möglich«, sagte Dr. Schuller.

Es gibt nur sehr wenige Dinge, die Sie sich zum Ziel gesetzt haben, die wirklich unmöglich zu erreichen sind. Schwierig, anspruchsvoll, herausfordernd, noch nie erreicht – das ja,

aber nicht unmöglich. Warum also voreingenommen gegen seine eigenen Erwartungen sein und hochgesteckte Ziele als unmöglich etikettieren?
Die meisten der bekannten historischen Gestalten hatten für das Wort »unmöglich« keine Verwendung. Hat Kolumbus etwa gesagt, es sei unmöglich, zu den Ufern eines anderen Kontinents zu segeln? Hat Kennedy gesagt, es sei unmöglich, einen amerikanischen Astronauten auf den Mond zu schießen? Sie alle standen anfangs einer erschreckenden Herausforderung gegenüber. Und dennoch entschieden sie sich, ihre Ziele nicht als »unmöglich« abzutun.
Der schlimmste Effekt, den die einmal getroffene Einschätzung, etwas sei unmöglich, haben kann: Man gibt seinen Bemühungen nicht mal eine Chance. Für den Gebrauch des Wortes »unmöglich« gilt das Prinzip der »kognitiven Dissonanz«. Der Verstand vergewissert sich gern, daß er recht hat. Wenn Sie sich eingeredet haben, etwas sei dies oder jenes, dann setzen Sie alles daran, es auch zu beweisen.
Wenn Sie sich also sagen, es sei unmöglich, eine Stunde früher aufzustehen und sich hinzusetzen, um einen realistischen Familienhaushaltsplan aufzustellen, dann ist es auch unmöglich. Sie schlafen zu lang, Sie fühlen sich eher groggy als munter, und Sie beschließen, die Arbeit am Haushaltsplan auf unbestimmte Zeit zu verschieben. Hier zeigt das Prinzip der kognitiven Dissonanz seine Wirkung: Wären Sie früher erwacht, und hätten Sie sich gleich ausgeschlafen an die Arbeit gemacht und einen realistischen Haushaltsplan entworfen, dann hätte sich Ihre frühere Selbsteinschätzung als falsch erwiesen. Ihr Verstand aber mag es nicht, wenn Sie im Unrecht sind – also gibt er sich alle Mühe, zu beweisen, daß Sie von Anfang an recht gehabt hatten.
Wenn Sie sich statt dessen sagen:
»Ich stehe ausgeruht auf, eine Stunde eher als sonst, und nutze die Zeit, wenn es noch still im Haus ist, mich mal an einen realistischen Haushaltsplan für die Familie zu machen«,

dann wird Ihr Verstand alles daransetzen, zu beweisen, daß das auch stimmt.
Haben Sie erst einmal das »Unmöglichkeitsdenken« aus Ihrem Kopf verbannt, öffnen sich Ihnen Tür und Tor. Sie werden Ziele erreichen, die Sie niemals für möglich gehalten hätten. Trimmen Sie Ihren Verstand darauf, daß Sie im Recht sind, etwas Bestimmtes für möglich zu halten – statt sich daranzumachen, Ihre Einschätzung einer Sache, die Sie für unmöglich halten, nur zu bestätigen.

Lektion

Was Sie sofort tun können:
Verbannen Sie das Wort »unmöglich« aus Ihrem Vokabular. Ersetzen Sie es durch einen *genaueren und positiveren* Begriff, um zu beschreiben, was Ihnen undurchführbar scheint.
Anstatt zu sagen:
»Ich sehe ein, daß du Geld verdienen willst, um dir im Sommer ein Auto zu kaufen, aber das ist unmöglich. Die Versicherungskosten wären für dich unerschwinglich.«
Sagen Sie lieber:
»Ich weiß, du möchtest einen eigenen Wagen haben, und es kostet viel Geld, einen zu kaufen und gleichzeitig für angemessenen Versicherungsschutz zu sorgen. Wir wollen einen realistischen Finanzplan aufstellen und die Sache heute abend mit deinem Vater besprechen. Wenn es diesen Sommer nicht realistisch scheint, können wir Weihnachten anvisieren.«
Anstatt zu sagen:
»Vor Ende des Jahres zum Sachbearbeiter aufsteigen? Völlig unmöglich. Ich brauche mindestens zwölf Monate Praxis, und für die nächste freie Stelle sind schon zwei andere Vertreter vorgemerkt.«
Sagen Sie lieber:

»Soweit ich weiß, ist noch keiner vor Ablauf eines Jahres zum Sachbearbeiter befördert worden. Ich will der erste sein. Ich werde hart arbeiten, um eine wirklich tolle Verkaufsbilanz vorzuweisen.«

Anstatt zu sagen:

»Das ist unmöglich.«

Sagen Sie lieber:

»Es wird einige besondere Anstrengungen erfordern – und es läßt sich machen.«

11. Kinder sind ganz Ohr

Ihr etwas stämmiger Sohn im Teenageralter spielt zusammen mit ein paar jüngeren Nachbarskindern, die sich im Vorgarten eine Wasserrutschbahn aus Kunststoffbahnen gebaut haben. Als Ihr Riesenbaby Anlauf nimmt und die Bahn entlangsaust, verbinden sich die Wucht und seine Körperfülle, und er schießt über das Ende der Bahn hinaus, ruiniert die Plastikwanne, legt Nachbars Gladiolen flach und zerbricht eine Spritzdüse des automatischen Rasensprengers.
Sagen Sie sich laut vor:
»Philip! Jetzt sieh dir mal an, was du angerichtet hast, du dummer Junge! Du hast den Nachbargarten ruiniert. Nie führst du dich wie ein Junge deines Alters auf. Immer machst du uns Ärger, dein ganzes Leben lang wird das so bleiben.«
Und jetzt sagen Sie folgendes:
»Philip! Da ist wohl ein bißchen Gartenarbeit fällig. Ich weiß, du hast es nicht böse gemeint. Du bist einfach zu alt, um dich mit kleinen Kindern und ihren Spielsachen abzugeben.«
Welche Eltern bestärken ihr Kind mehr darin, ein sicheres Urteilsvermögen zu entwickeln und die Phase des Heranwachsens mit Würde zu bestehen? Wer steuert sein Kind eher in eine Zukunft, in der es Probleme mit seiner Selbstachtung haben wird?

Die kleine Julie war erst sechs Jahre alt, und der Grad ihrer Konzentrationsfähigkeit tendierte gegen Null. Sie zeigte keinerlei Begabung in der Schule und blieb schon in der ersten Klasse sitzen. In der Schulberatung teilte ihr Lehrer den verständlicherweise besorgten Eltern mit: »Sie müssen sich wohl damit abfinden. Julia wird immer nur eine durchschnittliche Schülerin bleiben.«
Es ist schon erstaunlich, wie scharfsichtig kleine Kinder sind. Obwohl sich Julie nicht erinnern kann, jemals diese entmuti-

gende Einschätzung aus dem Mund des Lehrers gehört zu haben, ist der Inhalt doch bei ihr angekommen.

Während der gesamten Grundschulzeit und in den ersten Jahren auf der weiterführenden Schule schnitt Julie allenfalls mittelmäßig ab. Völlig verunsichert wegen ihrer durchschnittlichen schulischen Leistungen, entwickelte sie sich zu einer Einzelgängerin. Die wenigen Freundschaften, die sie schloß, galten Menschen, die sich durch nichts Besonderes auszeichneten. Es waren Menschen, die nichts von ihr erwarteten, und genau das strahlte sie selbst auch aus.

In der Mittelstufe erkrankte Julie an Mononukleose und mußte neun Wochen lang das Bett hüten. Daheim, ohne jegliche Ablenkung, stürzte sie sich auf den Lehrstoff, den sie durch ihr Fehlen in der Schule versäumte. Zum erstenmal entdeckte sie, daß sie mit etwas Mühe eine überdurchschnittliche Schülerin sein konnte: Sie mußte nicht immer Mittelmaß bleiben.

Zwanzig Jahre später, Julie war mittlerweile 33 Jahre alt, fiel einem Tierarzt auf, wie liebevoll sie mit Pferden umzugehen verstand. Er sagte ihr, sie hätte eine seltene Begabung, Krankheiten zu diagnostizieren, und redete ihr zu, ein Studium anzufangen, und daß es eine Vergeudung von Talent wäre, wenn sie es nicht täte. Aus irgendeinem Grund glaubte sie ihm, schrieb sich an der nächsten Universität in die auf das Medizinstudium vorbereitenden Kurse ein und – nicht länger belastet durch den Glauben, sie sei dazu prädestiniert, nicht über das Mittelmaß hinauszukommen – machte erstaunliche Fortschritte. Ja, ihre Durchschnittsnote ist nahezu die beste, die man erreichen kann.

Julie Ziglar Normans Geschichte hörte ich zum erstenmal bei einem Mittagessen in ihrem Heim. Meine Frau und ich hatten unsere drei Monate alte Tochter Kelcie dabei, und ich bat Zig Ziglar, Julies Vaters, um einen Rat, welche Signale wir ihr während der wichtigsten Entwicklungsjahre ihres Lebens geben sollten. Zig ist Autor des Buches *Raising Positive Kids*

in a Negative World, eines außergewöhnlichen Buches, das Pflichtlektüre aller Eltern sein sollte. In diesem Buch übernimmt Zig ein anonymes Zitat:
»Ihr Haus wird abgehört! In jedem Haus sind zwei Mikrophone pro Kind – eins in jedem Ohr. Diese hochsensiblen Horchinstrumente nehmen die Tischgebete auf, die Lieder, die gesungen werden, alltägliche Unterhaltungen und jede Art von Sprache. Diese Mikrophone hören alles und übermitteln das Gehörte weiter an einen für Eindrücke besonders empfänglichen Verstand. Aus diesen Geräuschen setzt sich das Vokabular des Kindes zusammen und bildet die Grundlage für sein Handeln.«

Ich weiß aus persönlicher Erfahrung, daß Kinder äußerst anfällig für negative Signale sind. Mir hat man als Kind gesagt, ich hätte Segelohren, und obwohl sich mein übriger Körper normal entwickelte, habe ich mich immer als einen häßlichen Menschen gesehen, noch bis Ende Zwanzig. Immer wenn ich mich in einem Spiegel betrachtete, kam es mir vor, als sei das Bild auf groteske Weise entstellt, wie im Spiegelkabinett zwischen zwei Konvexspiegeln. Das einzige, was ich erkennen konnte, waren diese riesigen, entstellenden Ohren.

Was Sie sagen, und was andere sagen, hat enormen Einfluß auf das Selbstbild Ihres Kindes. Ein Mensch mit einem verletzten Selbstbild benötigt Jahre, um davon geheilt zu werden. Falls es jemals heilt.

Dr. Wayne Dyer warnt in ihrem wundervollen Buch *Das Glück der positiven Erziehung: So werden Kinder frei, kreativ und selbständig* alle Eltern davor, das Selbstvertrauen oder Selbstwertgefühl ihres Kindes unabsichtlich zu schwächen. Ein weitverbreiteter Fehler zum Beispiel sei es, Kindern zu sagen, sie seien böse Kinder, wenn sie in Wahrheit liebe Kinder sind, die sich nur ungezogen benehmen. Es gibt, oberflächlich betrachtet, keinen großen Unterschied zwischen:

»Du böses Mädchen! Du hast die ganze Tapete mit deinen Buntstiften ruiniert. Warum mußt du nur immer alles zerstören?«
und:
»Man malt nicht auf Wänden herum. Jetzt ist unsere Tapete hinüber. Du hast sie kaputtgemacht.«
In der psychologischen Wirkung der Wörter jedoch liegt ein gewaltiger Unterschied. Kinder sind noch nicht in der Lage, solche feinen Unterscheidungen zu begreifen. Es sind wir, die Erwachsenen, die die Verantwortung dafür tragen, daß deutlich unterschieden wird: Wir akzeptieren das Kind, aber wir akzeptieren nicht, was es getan hat.
Kinder gestalten mit ihrer Sprache auch ihre eigene Zukunft. Wenn Sie Ihr Kind sagen hören:
»Ich baue immer Mist mit meinen Rechenaufgaben. Ich bin zu blöd fürs Rechnen. Ich will den Test nicht machen. Ich habe Bauchweh«,
dann ersticken Sie solch niederziehende Sprache im Keim:
»Jenny, du bist sehr gut im Rechnen. Du kannst mir bestimmt sagen, wieviel Wechselgeld du rauskriegst, wenn ich dich mit zehn Mark zum Einkaufen losschicke. Du wirst den Rechentest mit ›sehr gut‹ bestehen. Und jetzt wollen wir zusammen dafür üben.«
Ich nehme mir den Ratschlag von Zig Ziglar und Wayne Dyer zu Herzen. Auch wenn meine kleine Tochter Kelcie noch nicht sprechen kann – ich bin sicher, sie versteht, was ich empfinde, wenn auch nicht jedes einzelne Wort. Ich lasse keinen halben Tag verstreichen, ohne ihr zu bestätigen, was für ein gutes, kluges und hübsches Kind sie sei, das ein wunderbares und erfülltes Leben vor sich habe.
Ihren Kindern beizubringen, ein Power Talker zu werden, ist das schönste Geschenk, das Sie Ihnen bereiten können. Führen Sie ihnen durch Ihr eigenes vorbildliches Beispiel vor, daß Sie *positive* Erwartungen projizieren, in Ihnen selbst und in Ihren Kindern. Und vergessen Sie nicht, daß jedes Kind, mit

dem Sie in Kontakt kommen – ob Verwandte, Nachbarn oder Kinder, mit denen Sie sich nur einfach unterhalten, während Sie im Supermarkt vor der Kasse Schlange stehen –, jedes Ihrer Worte auf die Goldwaage legt. Wir ernten, was wir säen.

Lektion

Was Sie sofort tun können:
Achten Sie besonders in der Gegenwart von Kindern und Jugendlichen auf Power Talking.
Anstatt zu sagen:
»Du böser Junge! Du bist gegen Mamas Vase gelaufen und hast sie zerbrochen!«
Sagen Sie lieber:
»Wenn du so ins Haus gerannt kommst, kann es leicht passieren, daß man ungewollt etwas zerbricht. Bitte tu das nicht. Bleib ein guter Sportler, und renn immer draußen.«
Anstatt zu sagen:
»Kinder, es tut mir leid, aber wir können nicht zum Heidepark fahren. Wir können es uns einfach nicht leisten. Papa kann keiner geregelten Arbeit nachgehen, ihm ist schon wieder gekündigt worden.«
Sagen Sie lieber:
»Kinder, wir ändern unseren Plan und fahren nächstes Jahr zum Heidepark, wenn ihr etwas größer seid und auf mehr Karussells fahren könnt. Papa wird sich beruflich verändern und eine neue Arbeit annehmen, die ihm besser gefällt als die alte. Wir wollen das Geld lieber sparen und können uns dann auf einen noch schöneren Urlaub freuen.«
Anstatt zu sagen:
»Du bist ein ungezogenes Kind, immer gibt es mit dir Ärger.«
Sagen Sie lieber:
»Du bist ein braves Kind, und dein Verhalten von eben ist nicht tragbar.«

Power Talker erkennen Leistungen – eigene wie fremde – an

Power Talker geben immer Vorschuß, wenn er angebracht scheint. Sie haben keine Bedenken, anderen zu ihren Erfolgen zu beglückwünschen, und sie schämen sich nicht, sich etwas als eigenen Verdienst anzurechnen, wenn sie Positives in ihrem Leben erreicht haben.

Die Auswirkungen, die das eigene Sprachverhalten auf das Leben haben kann, sind sorgfältig erforscht worden, und die Ergebnisse sind dramatisch. Dr. Martin Seligman, Psychologe an der University of Pennsylvania, hat Hervorragendes auf diesem Gebiet geleistet.

Er unterscheidet drei Ebenen von Optimismus oder Pessimismus in der Alltagssprache eines Menschen, beziehungsweise drei Erklärungsmuster. Konfrontiert mit positiven Ereignissen, bedienen sich optimistische Power Talker in ihrer Beschreibung *globaler, interner* und *stabiler* Termini. Pessimisten, Menschen ohne Power, tendieren dagegen eher dazu, positive Ereignisse *lokalen, externen* und *instabilen* Faktoren zuzuschreiben.

Global heißt, daß Sie Ihren Erfolg nicht nur in einem bestimmten Fall als solchen erkennen, sondern in *allen* Bereichen des Lebens. »Lokale« Deutungsmuster gehen davon aus, daß man positive Situationen als isolierte Ereignisse interpretiert.

Interne Termini schließen mit ein, daß Sie *persönlich* die Verantwortung übernehmen, daß Sie Ihre *eigene* Rolle beim Zustandekommen positiver Ergebnisse erkennen und das Verdienst dafür in Anspruch nehmen. Ein »externes« Deutungsmuster verlagert den Erfolg auf etwas, das außerhalb Ihrer Kontrolle liegt – auf einen »glücklichen Umstand«. *Stabile* Erklärungen betrachten positive Ereignisse als fortgesetzten Beleg für Ihr kontinuierliches Erfolgsmuster. Eine »instabile« Erklärung besagt, es sei nur ein Zufallstreffer, etwas, das nur ab und zu vorkommt.

Wenn eine Mutter, eine geübte PowerTalkerin, ihren kleinen Jungen ein Tor schießen sieht, das seiner Jugendmannschaft zum Sieg verholfen hat, wird sie ihm später sagen:
»Ich bin ja so stolz auf dich, mein Junge. Das hast du fein gemacht, da hat sich das ganze Training ja wirklich ausgezahlt. Beim letzten Spiel hast du auch schon tüchtig mitgemischt, und ich wette, du wirst noch besser. Deine Leistungen in der Schule haben sich verbessert, deine Hausaufgaben sind immer rechtzeitig fertig, und Süßigkeiten ißt du auch nicht mehr so viele. Ich würde sagen, du hast 'ne Menge Treffer gelandet.«
Deutlich ist hier das globale, interne und stabile Erklärungsmuster herauszuhören.
Eine Mutter, die für das Gewicht ihrer Worte, die sie an ihre Kinder richtet, nicht sensibel ist, würde dagegen folgendes sagen:
»Da hast du aber mal Glück gehabt. Der Stürmer hat dir eine Vorlage geliefert – ein Bauerntrampel, wer die nicht genutzt hätte. Gut, daß der Wind gerade von links aufs Feld wehte. Schade, daß du nicht öfter so eine Kraft in den Beinen hast. Sonne dich in deinem Erfolg, so lange du kannst. Morgen schreibt ihr die Physikarbeit, und du weißt ja, das ist das Fach, in dem du am schlechtesten stehst.«
Eltern, die keine PowerTalker sind, haben für dasselbe Ereignis eine lokale, externe, instabile Erklärung. Das Tor ist ein isoliertes Ereignis, das aufgrund externer Faktoren eingetreten ist und ganz sicher keine Fortsetzung findet. Es ist unschwer zu erraten, welches Elternpaar sich an einem Kind

erfreuen wird, das Erfolg und Glück in seinem Leben begleiten werden.

Im Geschäftsleben sind die erfolgreichsten Manager diejenigen, die Mitarbeiter ihres Teams vor den anderen loben. Wollen Sie sich einen Stab von loyalen Mitarbeitern aufbauen, die sich kontinuierlich verbessern, dann sorgen Sie dafür, daß ihre Verdienste auch anerkannt werden. Dasselbe gilt für Ihre Beziehungen im Privatleben: Gute Freundschaften gründen auf gegenseitige Bewunderung. Überlegen Sie mal selbst, wieviel es Ihnen bedeutet, wenn Ihnen jemand, den Sie respektieren, dem Sie vertrauen, ja, den Sie vielleicht sogar lieben, seine ehrliche, von Herzen kommende Anerkennung für Ihre Leistungen ausspricht.
In den folgenden Kapiteln werden Sie Menschen kennenlernen, denen es in vielerlei Hinsicht Nutzen bringt, das Verdienst für eigene Leistungen auch in Anspruch zu nehmen. Sie erfahren aber auch, welche Vorteile es haben kann, anderen Anerkennung für ihre Leistungen zu zollen. Entscheiden Sie sich, PowerTalker zu werden: *Erkennen Sie Verdienste an, wo es angebracht ist.*

12. Wie lautet Ihre Entschuldigung?

Sie bitten Ihre Kollegin, Sie nach Hause zu fahren, und als Sie ankommen, laden Sie sie zu einer Tasse Kaffee ein.
Sagen Sie sich laut vor:
»Sie müssen das Durcheinander entschuldigen. Ich hatte es eilig heute morgen, die Wohnung ist ein einziges Chaos.«
Und jetzt sagen Sie folgendes:
»Willkommen daheim.«
Wessen Wohnung wird ihr ordentlicher vorkommen? Wo wird sie sich wohler fühlen? Was hört sich eher nach einem selbstsicheren Menschen an?

Was ein guter Hypnotiseur mit einer Gruppe ansonsten seriöser, reservierter Geschäftsleute auf dem alljährlich stattfindenden Betriebsfest Ihres Unternehmens anstellen kann, ist wahrlich erstaunlich – und kann umwerfend komisch sein. Gil Eagles ist einer der besten seines Fachs. IBM, AT&T und andere Spitzenkonzerne holen ihn sich jedesmal ins Haus, wenn sie erstklassige Leistung für ihre wichtigsten geselligen Veranstaltungen dieser Art erwarten. Er vermag es, eine Riege Führungskräfte dazu zu bewegen, auf die Bühne zu kommen, und bringt sie innerhalb weniger Minuten dazu, Elvis Presley zu imitieren, eine Art Veitstanz gegen angreifende Raubmöwen aufzuführen oder sich wie ein übereifriger Unteroffizier beim Drill zu verhalten. Sie sitzen unten im Publikum und können es einfach nicht fassen, Ihren guten, alten Kollegen, den sanftmütigen, ziemlich schüchternen Buchhalter, den Sie seit Jahren kennen, oben auf der Bühne wie wild mit eingebildeten Kastagnetten schlagen und einen leidenschaftlichen Flamenco tanzen zu sehen, vor Hunderten Ihrer Mitarbeiter, die nie auch nur einen Pieps aus seinem Mund gehört haben.
Gil nimmt dem von Hypnotiseuren der alten Schule geförder-

ten Nimbus schnell jeden Heiligenschein: Er versetzt seine Klienten nicht in irgendeine Trance oder bewirkt eine vorübergehende Außerkraftsetzung des Bewußtseins. In Wirklichkeit gibt jeder Hypnotiseur seinen Klienten lediglich eine Hilfestellung dabei, ein *inneres* Bild von sich selbst *auszuleben.*

Legt er ihnen etwas nahe, daß sie peinlich berühren und sie der Lächerlichkeit preisgeben könnte, werden sie kaum zum Mitmachen zu bewegen sein. Statt dessen bringt Gil eine Gruppe Freiwilliger auf die Bühne und malt ein kunstvolles und beruhigendes Bild vor ihrem geistigen Auge, um ihnen ihren Erfolg auch schmackhaft zu machen. Während sie dasitzen, dem Publikum zugewandt, mit geschlossenen Augen, sagt er ihnen, sie fühlten sich entspannt, und betont, daß der ganze Zweck der Übung der Spaß an der Freude sei, mehr nicht. »*Sie* werden die Stars des Abends sein, auf mich fällt nur ein Teil des Ruhms ab.« Er bittet die Zuschauer, »diese mutigen Leute mit einem kräftigen Applaus zu belohnen«.

Durch diese Worte ruft Gil eine mentale Veränderung bei seiner Gruppe hervor: Sie ist entspannt, und sie alle werden als mutige und unterhaltende Stars auftreten.

Gils Erfolg als Hypnotiseur beruht auf einer grundlegenden Annahme: Die Menschen leben die Bilder in ihrem Kopf aus. Nach mehr als 4000 meisterhaften Vorstellungen ist er sich des Images, das er auf der Bühne von sich erzeugt, sehr bewußt. Auf der Bühne des Lebens projizieren wir unbewußt *alle* ein Image, das wir oft gar nicht beabsichtigen. Als ich Gil und seine Familie besuchte, machten wir beide unsere Erfahrung mit ungewollt hervorgerufenen Bildern.

Ich rief Gil nach einem Vortrag in New York an, und er erklärte sich bereit, mich in Manhattan abzuholen. Wir würden zuerst nach New Jersey fahren, wo er wohnte, und von dort weiter Richtung Norden, um ein paar entspannte Tage im Wochenendhaus der Familie in den Poconos zu verbringen. »Also gut. Ich hole dich dann um ein Uhr im Hotel ab. Noch etwas, meinen Wagen, den mußt du entschuldigen, es ist bloß ein alter, verbeulter Cadillac.«

Wie konnte es anders sein, er erwartete mich am Steuer eines phantastisch gepflegten alten Caddy, und gemeinsam fuhren wir zu seinem Haus in Short Hills, New Jersey, einer sehr exklusiven, wohlhabenden Gegend, in der Ärzte, Rechtsanwälte und leitende Angestellte großer Firmen wohnen. Die Villen dort müssen ein Vermögen gekostet haben. Als wir Gils herrliches, weiträumiges, mit Antiquitäten gefülltes Haus betraten, sagte er: »Entschuldige die Unordnung. Der Hund hat unten wahrscheinlich wieder alles völlig auf den Kopf gestellt.«

Wenig später saßen wir wieder in dem geräumigen Cadillac, gondelten durch Pennsylvania Richtung Norden und freuten uns auf das gemeinsame Wochenende mit den Eagles in deren Cottage am See. Als wir in die Auffahrt einbogen, sahen wir Dutzende Rehe am Straßenrand grasen, der Blick über den See war friedlich, und das hübsche Haus am Ufer sah wirklich einladend aus. Gils Willkommensgruß aber lautete: »Ihr müßt unsere bescheidene Hütte schon entschuldigen.«

Ich hätte mir kein entspannteres, angenehmeres Wochenende vorstellen können, auch keine liebevolleren Freunde. Gil hatte nicht den geringsten Grund, sich für irgend etwas zu entschuldigen, obwohl er es laufend tat. Sein Haus, sein Wagen, das Cottage, alles war wunderbar.

Ganz ohne jede Absicht jedoch hatte mich Gil darauf »programmiert«, die leicht abgeschabten Lederbezüge in seinem Wagen zu bemerken und die Bißabdrücke, die sein herrlicher Husky in einem Bein des Sofas hinterlassen hatte.

Als ich ihn später darauf aufmerksam machte, konnte Gil einfach nicht glauben, was er für ein Image von sich aufgebaut hatte. Er ist ungeheuer erfolgreich und ist alles andere als unsicher, und doch hatte er unbewußt fortwährend an dem Bild eines Menschen gemalt, der sich seiner Wohnung, seines Wagens und seines Wochenendhauses schämen muß.

Der springende Punkt bei Power Talking ist folgender: Der erste Schritt zu einer kraftvolleren Sprache liegt darin, sich seiner *negativen* Gewohnheiten, seiner Schwachpunkte also, *bewußt zu werden,* damit Sie sich gleich bei jeder kraftlosen Phrase selbst ertappen. Als nächstes lernen Sie dann, sich *vorher* zu ertappen, bevor Sie die kraftlose Version von sich geben, und Sie durch eine Variante der Power-Sprache zu ersetzen. Schließlich entwickeln Sie die unbewußte Angewohnheit, *immer und überall nur noch* die Sprache der Power Talker zu verwenden.

Sollten Sie mal das Glück haben, Gil kennenzulernen, hoffe ich, daß er zu Ihnen sagt: »Sie können mich gar nicht verfehlen. Ich fahre einen gepflegten weißen Cadillac-Oldtimer. Sie werden sich wie zu Hause bei mir und meiner Familie fühlen. Wir sind keine Snobs oder irgendwie spießig. Das werden Sie schon mitkriegen. Bei uns darf der Hund auch mal an den Möbeln knabbern. Unser gemütliches Cottage in den Poconos wird Ihnen gefallen.«

Wenn ich während eines Power-Talking-Seminars mal auf dem Podium stehe, erwische ich mich des öfteren dabei, wie mir ein kraftloser Ausdruck herausrutscht. Zum Beispiel »aber« statt »und« oder »das muß ich mal nachsehen« statt »das prüfe ich gerne mal nach«. Jedesmal betone ich dann vor meinem Publikum und auch jetzt vor Ihnen, lieber Leser, den entscheidenden Punkt: Power Talking ist kein Ziel, es ist vielmehr eine Reise. Jeden Tag werde ich mir meiner Sprache aufs neue bewußt, und ich strenge mich an, sie zu verbessern.

Das können Sie auch!

Jedesmal wenn Sie sagen: »Sie müssen mir mein ... Haus / meinen Wagen / meine Kochkunst / meine Leistung usw. verzeihen«, dann hat Ihre Entschuldigung einen doppelten Effekt: Erstens machen Sie auf einen Umstand aufmerksam, mit dem Sie sich nicht abfinden können und den der andere

wahrscheinlich gar nicht bemerkt hätte. Zweitens wirken Sie unsicher.
Ist Ihnen schon mal aufgefallen, daß Leute, die sich für alles mögliche entschuldigen, es in den seltensten Fällen nötig haben? Sobald sie sagen: »Bitte entschuldigen Sie meine chaotische Wohnung«, denken Sie sich wahrscheinlich bloß: »Wofür entschuldigt er sich? Sie ist viel ordentlicher als meine.« Oder: »Stimmt. Er hat recht. Bei näherem Hinsehen fällt auf, daß dieser ganze Nippes mal ein Staubtuch vertragen könnte.«
Nimmt jemand Anstoß am Erscheinungsbild Ihrer Wohnung, an Ihrem unordentlichen Büro oder an Ihrem dreckigen Wagen, dann soll er. Sein Problem. In Wirklichkeit fällt es den meisten gar nicht auf, was Ihnen Unbehagen bereitet – falls Sie sie nicht mit der Nase drauf stoßen. Und fällt es ihnen trotzdem auf, sollte es Sie nicht kümmern. Wenn Sie dagegen Ihren Chef zum Abendessen einladen und sich sorgen, Ihr kleines Apartment oder Obstkistenmobiliar könnte einen schlechten Eindruck hinterlassen, verabreden Sie sich eben in einem angemessenen Restaurant.
Kurz: *Entschuldigen Sie sich nicht für etwas, wo Sie sich unsicher fühlen.* Entweder tun Sie was daran, oder Sie lassen es bleiben. Vor die Wahl gestellt, jemanden kennenzulernen, der unsicher ist und verlegen – ob aus gutem Grund oder nicht –, oder jemanden, der glücklich und zufrieden scheint, entscheide ich mich doch lieber für die entspannter wirkende Person.

Lektion

Was Sie sofort tun können:
Hören Sie auf, sich zu rechtfertigen oder für irgendeine eingebildete Schwäche zu entschuldigen.
Anstatt zu sagen:
»Sie müssen meine unordentliche Wohnung schon entschuldi-

gen. Ich hatte diese Woche einfach keine Zeit, sauberzumachen.«
Sagen Sie lieber:
»Willkommen. Nett, daß Sie da sind.«
Anstatt zu sagen:
»Bitte entschuldigen Sie den Haufen Zeugs in meinem Büro. Ich war ziemlich beschäftigt die letzte Zeit. Ich fürchte, mein Raum bietet ein Bild der Verwüstung.«
Sagen Sie lieber:
»Kommen Sie herein. Ich räume nur ein paar Sachen zur Seite, dann haben wir Platz.«
Anstatt zu sagen:
»Wir können meinen Wagen nehmen, wenn Sie sich mit meiner alten Rostbeule zufriedengeben. Ich will mir einen neuen kaufen, aber bergrunter schafft es meiner auch noch ganz gut.«
Sagen Sie lieber:
»Nehmen wir meinen Wagen.«
Anstatt zu sagen:
»Sie müssen meinen Wagen / meine Unordnung / meine Frisur / mein Haus entschuldigen.«
Sagen sie lieber – gar nichts.

13. Ich sag' nur meine Meinung

Die leitende Angestellte, deren Gespräche Sie entgegennehmen, ist im Moment nicht erreichbar, und der Anrufer möchte wissen, wann er zurückrufen kann.
Sagen Sie sich laut vor:
»Tut mir leid, das kann ich Ihnen auch nicht sagen. Ich sitze hier nur im Empfang. Ich kann mich irren, aber vielleicht rufen Sie besser morgen wieder an. Ich weiß nicht, ob sie dann da ist, ich kann's nur vermuten, sicher kann ich Ihnen das auch nicht sagen.«
Und jetzt sagen Sie folgendes:
»Walter Neumann mein Name, guten Tag. Ich nehme hier im Empfang die Anrufe für Frau ... entgegen. Bitte sagen Sie mir doch, worum es geht, und ich werde herausfinden, wann sie wieder erreichbar ist, um mit Ihnen zu sprechen.«
Wer hört sich wie jemand an, der stolz auf seine Arbeit ist? Wer hat nur geringe Selbstachtung, vertritt die Interessen seiner Chefin schlecht und hat vermutlich keine großen Karrierechancen?

Einer meiner Klienten bat mich einmal, an dem Bewerbungsgespräch der beiden übriggebliebenen Kandidaten für den Posten eines Abteilungsleiters teilzunehmen. Beide besaßen überdurchschnittliche fachliche Kenntnisse, und beide hatten bereits herausragende Qualitäten in der Führung einer ähnlichen Abteilung wie der, die sie in ihrer neuen Position übernehmen würden, demonstriert.
Während die anderen Mitglieder der Auswahlkommission mehr über die Berufserfahrung und den Werdegang der Kandidaten wissen wollten, konzentrierte ich mich darauf, wie die beiden redeten.
Die erste Kandidatin begann folgendermaßen:
»Ich bin Gwen Moss, und ich bin hierhergekommen, um

mich Ihnen als Kandidatin für die Leitung Ihrer Kundendienstabteilung vorzustellen. Vor zwei Tagen habe ich die Unterlagen mit dem Hintergrundmaterial und der Liste der sechs Fragen, die Sie jedem Kandidaten stellen, zugeschickt bekommen. Ich möchte heute morgen damit anfangen, sie Ihnen nacheinander zu beantworten.«

Der zweite fing so an:

»Ich bin Bryan Bayer. Leider habe ich Ihre Informationsunterlagen und die Fragen erst vor ein paar Tagen bekommen. Ich muß gestehen, ich hatte noch nicht richtig Gelegenheit, sie im einzelnen durchzugehen. Ich kann nur Vermutungen anstellen, was einige Punkte betrifft und was Sie wissen wollen. Ich könnte also völlig danebenliegen, aber das ist nur meine Meinung.«

Eine der Fragen, die den Kandidaten vorgelegt wurden, lautete: »Beschreiben Sie Ihre Vorstellungen über den Kundendienst, von verschiedenen Blickwinkeln aus gesehen.«

Die erste Kandidatin sagte:

»Ich bin fest davon überzeugt, daß Angestellte, die an vorderster Front stehen, dazu berechtigt sein müssen, eigenmächtig zu handeln, sie sind nicht dazu da, bloß den Schwarzen Peter weiterzuschieben.«

Und: »Bei Zweifeln – nicht einstellen.«

Weiter: »Wenn Sie nicht vorankommen, geraten Sie in Verzug.«

Der zweite Bewerber sagte:

»Ich habe Ihnen das mal hier auf einem Blatt zusammengestellt, auf meinem Computer zu Hause. Sie müssen schon entschuldigen, aber ich habe es nicht auf einem leistungsfähigeren Rechner mit einem Laserdrucker machen können, es sieht also nicht besonders ordentlich aus. Leider kann ich nur einen alten Matrixdrucker verwenden. Wie Sie sehen, sind auch ein paar von den Sachen drauf, die ich zum Thema Kundendienst sagen wollte. Hier sind ein paar von meinen kleinen Slogans.«

Die Slogans standen auf dem Blatt Papier, das er an uns verteilte:
»Kundendienst sollte einem 'ne Minute Wartezeit schon wert sein.«
»Angestellte motivieren, auch schwierige Anrufer willkommen zu heißen.«
»Marketing ist eine Philosophie, keine Abteilung.«
Nach Abschluß der einstündigen Befragung hatte jeder Kandidat ein paar Minuten Zeit, alles noch einmal zusammenzufassen.
Gwen sagte:
»Ich fühle mich bestens geeignet, diese Abteilung zu leiten, und ich möchte mit Ihnen zusammenarbeiten. Mit den Worten Ihres Geschäftsführers, die ich in Ihrem letzten Jahresbericht fand, ›kann ich mir keinen interessanteren Arbeitsplatz vorstellen‹. Ich verstehe, warum er das gesagt hat. Hier möchte ich arbeiten. Danke, daß Sie mich eingeladen haben.«
Bryan sagte:
»Also, viel mehr habe ich im Augenblick auch nicht zu sagen. Es liegt jetzt ganz bei Ihnen. Sicher bin ich nur einer unter vielen, die Sie eingeladen haben. Ich habe die Worte Ihres Geschäftsführers gelesen, wo er sagt: ›Ich kann mir keinen interessanteren Arbeitsplatz vorstellen‹. Das hat mir irgendwie gefallen, und ich hoffe, Sie geben mir Gelegenheit, hier anzufangen.«
Einmal abgesehen von der Redegewandtheit der Kandidaten, standen die Chancen gleich. Beide verfügten über gute Fachkenntnisse, hatten etwa denselben Hintergrund und waren beruflich versiert.
Die Unterschiede im Grad ihrer Selbsteinschätzung allerdings wurden im sprachlichen Ausdruck der beiden auf dramatische Weise deutlich. Die erste Kandidatin vertrat in jedem Punkt selbstbewußt ihre Meinung. Der zweite Kandidat, dem dieselbe Vorbereitungszeit zur Verfügung gestanden

hatte, entschuldigte sich erst einmal dafür, daß er nicht genug Zeit gehabt hätte, sich gründlicher vorzubereiten. Gwen vertrat ihre Ansichten überzeugend, Bryan wertete seine Analyse als »bloß meine Meinung« ab.

Als es Zeit wurde, zusammenzufassen, präsentierte sich die erste Kandidatin als die ideale Besetzung, aber erklärte sich nicht überheblich zur sicheren Gewinnerin. Der zweite schmälerte seine Verdienste, er sei »sicher nur einer von vielen, die Sie eingeladen haben«, obwohl er in Wahrheit einer der beiden letzten im Rennen war.

Von der Substanz her war beides gleichwertig. Der Stil jedoch konnte nicht gegensätzlicher sein. Nehmen wir nur ihre Liste mit den jeweiligen Anschauungen zum Kundendienst. Sie wären ohne weiteres austauschbar gewesen; beide klangen vernünftig und nannten wichtige Prinzipien. Gwen stellte ihrer Liste ein »Davon bin ich überzeugt« voran, was dem Ganzen zusätzliche Bedeutung verlieh. Bryan leitete sie mit der verunglimpfenden Phrase »Das sind so meine kleinen Slogans« ein, womit er sie abwertete.

Meine Empfehlung lautete, die erste, besser qualifizierte Kandidatin zu nehmen. Sicher stimmen Sie mir zu.

Kay White ist verantwortlich für das Telemarketingtraining bei Pacific Bell. Sie ist der festen Überzeugung, daß unsere Worte offenbaren, was wir über uns denken und wie wir uns fühlen. Sie dienen als eine Art Stimmungsbarometer, das den Grad unserer Selbstachtung anzeigt. Ein angekratztes Selbstbild wird daher beispielsweise zu einer sich selbst erfüllenden Prophezeiung. »Wie man behandelt wird, hängt davon ab, wie man sich verhält«, sagt Kay White. »Wenn Sie sich am Telefon vorstellen mit ›Ich bin nur Kundenberater‹, sagen Sie damit aus, daß Sie Ihre eigene Stellung nicht sonderlich hoch einschätzen, und die Kunden werden Sie als jemanden behandeln, der keine Befugnis hat.«

Kay bringt ihren Trainees bei, Sprache zu vermeiden, die sie als »klein« erscheinen lassen. Die Kundenberater hören sich gegenseitig an, wie sie sich mit eigenen Worten selbst beschreiben, und teilen dann mit, wenn sie herabwürdigende Ausdrücke heraushören. Kays »Sparschweinmethode« ist dabei besonders wirkungsvoll. Statt eine Strichliste der verbalen »Entgleisungen« zu führen, zahlen die Trainees jedesmal, wenn sie sich selbst herabsetzen, etwas Kleingeld in ein aufgestelltes Sparschwein. Immer wenn ein Groschen fällt, werden sie buchstäblich an den Wert einer »aufbauenden« Sprache erinnert.

Kay ist sich auch der wichtigen Rolle der Manager der mittleren Führungsebene in diesem Zusammenhang bewußt. Sie sind mit jeder ihrer Bemerkungen an der Ausgestaltung des Selbstbildes ihrer Angestellten beteiligt. Kay versucht daher, Managern Einschätzungen etwa folgenden Kalibers auszureden:

»Wenn ich mir Ihre Leistungsbilanz vom vergangenen Monat so ansehe, brauche ich mich nicht zu wundern, daß Sie Ihre Quote wieder nicht erreicht haben. Ich kann mich einfach nie auf Sie verlassen, stimmt's, oder habe ich recht?«

Wahrscheinlich reagieren Sie auf so einen Satz mit Verwunderung: »Welcher Abteilungsleiter oder Manager ist schon so blöd (oder herzlos), seinem Angestellten so etwas direkt an den Kopf zu werfen?« Es sind nicht wenige. Vielleicht haben Sie ja selbst mal für so einen gearbeitet.

Ein für Kay White besonders wichtiges Lernziel liegt darin, den Abteilungsleitern beizubringen, wie man seine Angestellten loben beziehungsweise maßregeln sollte. Sie empfiehlt ihnen, persönlichkeitsorientiertes Lob zu vermeiden, wenn jemand gute Leistungen zeigt, und statt dessen lieber spezielle, an dem Verhalten orientierte Komplimente zu machen.

Anstatt zu sagen:

»Sie sind wirklich eine Bereicherung für meine Abteilung. Sie sind ganz reizend, und ich bin sehr froh, daß Sie hier bei uns sind.«

Sagen Sie lieber genauer, was Ihnen aufgefallen ist:
»Sie haben diese Kundennachfrage wirklich ausgezeichnet gemeistert. Ihre Antwort war absolut richtig, und außerdem haben Sie sie auf eine freundliche und verständnisvolle Art vermittelt. Ihre Wortwahl und Ihr Tonfall sind Ihnen dabei zu Hilfe gekommen. Ich schätze Ihre Arbeit wirklich sehr.«
Kay ermahnt ihre Kursteilnehmer stets, daß solches Lob unbedingt ehrlich gemeint sein muß. Ist es das nicht, leuchten bei dem so Gelobten alle Signallämpchen auf, er nimmt die Worte nur mit äußerster Skepsis auf und denkt sich seinen Teil: »Ich merke sofort, wenn jemand versucht, mich zu manipulieren. Ich kann mir lebhaft vorstellen, was du wirklich von mir hältst.«
Ein nicht aufrichtig gemeintes Lob kann schnell kontraproduktiv wirken und das Selbstbild des Angestellten untergraben. Die niedrige Selbstachtung, die er so entwickelt, würde dann bei jedem Kundengespräch durchschlagen.
Sollte es wirklich notwendig sein, einen Angestellten zu rügen, sollte der Abteilungsleiter darauf abzielen, ein nicht akzeptables Verhalten abzustellen, nicht darauf, das Selbstbild eines Menschen zu mindern. Kay empfiehlt hier die Sandwichmethode, das heißt, die negative Information zwischen zwei positive Mitteilungen zu packen.
»Sie haben Ihre Kundenkontakte wirklich verbessert. Zum Beispiel haben Sie bei dem letzten Anrufer eine völlig korrekte Auskunft gegeben. Ihr Tonfall hätte jedoch freundlicher sein können, und ich möchte, daß Sie bei dem nächsten Anruf einmal darauf achten. Machen Sie weiter so, was die Genauigkeit Ihrer Auskünfte betrifft. Ich muß sagen, Sie haben die technischen Unterlagen aus dem Trainingskurs wirklich aufmerksam studiert.«
Ob Sie zu sich selbst reden, sich Ihre Leistungen in Erinnerung rufen, oder ob Sie die Leistung eines anderen Menschen beurteilen – vermeiden Sie eine Sprache, die alles nur verkleinert, die Verdienste schmälert.

Was Sie sofort tun können:
Sie sind nicht »bloß« oder »nur« ... irgendwas. Beschreiben Sie sich selbst, Ihre Meinung und Ihre Leistungen und Verdienste mit positiven Worten, und seien Sie stolz auf sich.
Anstatt zu sagen:
»Ich bin erst seit ein paar Monaten hier, aber wie ich das so sehe ...«
Sagen Sie lieber:
»Ich habe alles genau beobachten können in den vergangenen Monaten, und so wie ich das sehe ...«
Anstatt zu sagen:
»Also, natürlich ist das bloß meine Meinung, und ich könnte falsch liegen, aber ich würde mal sagen ...«
Sagen Sie lieber:
»Ich finde, daß ...«
Anstatt zu sagen:
»Ich nehme hier nur die Anrufe entgegen, ich kann Ihnen wahrscheinlich auch nicht weiterhelfen ...«
Sagen Sie lieber:
»Ich nehme die Anrufe entgegen, und ich helfe Ihnen gern weiter.«
Anstatt zu sagen:
»Ich bin hier nur ...«
Sagen Sie lieber:
»Ich bin ...«

14. Machen Sie das Glück für die Früchte Ihrer harten Arbeit verantwortlich?

Ein Projekt, dessen Leiter Sie waren, hat soeben bei der Muttergesellschaft Ihrer Firma große Anerkennung gefunden. Ihr Chef teilt Ihnen mit, daß man in der Zentralverwaltung von Ihnen als dem neuen Aufsteiger spricht. »Wie haben Sie das Projekt bloß durchgebracht?« will er von Ihnen wissen.
Sagen Sie sich laut vor:
»Na ja, ich weiß auch nicht so genau. Ich schätze, ich hatte einfach Glück. Ich habe eine Menge anderer Projekte durchgeführt, und dies hier ist wahrscheinlich bloß zufällig jemandem aufgefallen.«
Und nun sagen Sie folgendes:
»Ich arbeite hart! Bei diesem bestimmten Projekt habe ich das Feedback, das ich auf die letzten Berichte bekommen habe, einfließen lassen, und es freut mich, daß es so ein Volltreffer geworden ist. Ich habe eine ausgezeichnete Mannschaft, die mir zuarbeitet, was auch sehr viel zu dem Erfolg beigetragen hat.«
Wer hört sich wie ein Mitarbeiter an, dem eine strahlende Zukunft offensteht? Wer wird auch bei den anstehenden Projekten sehr wahrscheinlich wieder gute Arbeit leisten?

Wenn Sie keinen eigenen Hausarzt haben, mit dem Sie bereits gute Erfahrung gemacht haben, und Sie brauchen plötzlich einen Arzt – an wen wenden Sie sich in so einem Fall? In den Vereinigten Staaten können Sie einen Vermittlungsdienst kontaktieren, zum Beispiel den erfolgreich arbeitenden »Ask-A-Nurse-Service«, der fast der Hälfte der amerikanischen Bevölkerung zugänglich ist. Diese Auskunft ist durchgehend besetzt und gebührenfrei.
Sie wachen also eines Nachts um drei Uhr mit einem stechenden Schmerz im linken Fuß auf. Es ist nichts erkennbar, keine

Schramme, keine Prellung, aber der Fuß schmerzt so sehr, daß Sie kaum aufstehen können. Sollen Sie versuchen weiterzuschlafen, morgens zur Arbeit humpeln und sehen, ob es im Laufe des Tages besser wird? Sollen Sie ihn in warmem Wasser baden? Zu einem Arzt gehen? Was kann das bloß sein?

Bei der »Ask A Nurse«-Auskunft sitzt am anderen Ende der Leitung eine freundliche, staatlich geprüfte Krankenschwester, die sich nach den Symptomen erkundigt. Sie bedient sich dabei eines Computerprogramms, das ihr die entsprechenden Fragen liefert, und geht nach streng medizinischen Kriterien vor. Aus Ihren Antworten schließt die Schwester, daß Sie Ihren Fuß untersuchen lassen sollten, und zwar sofort.

Die Krankenschwester schickt Sie zur Notaufnahme eines Krankenhauses in Ihrer Nähe, beschreibt, wie Sie am besten dort hinkommen, und meldet Sie bei der Station an. Nach dem Arztbesuch ruft die Auskunft Sie zurück, um sich zu erkundigen, ob Sie in dem Krankenhaus auch gut versorgt wurden. Wenn Sie einen Orthopäden oder einen anderen Facharzt brauchen, kann Ihnen die Auskunft jemanden empfehlen, der von Ihrer Wohnung aus gut zu erreichen ist und Ihren Wünschen entspricht. Läßt sich alles auch mit einem Aspirin und einem einfachen Verband lösen, bis Sie Ihren eigenen Hausarzt aufsuchen, wird Ihnen auch das gleich bei Ihrem ersten Anruf mitgeteilt.

Die »Ask A Nurse«-Auskunft ist für die Krankenhäuser ein phantastisches Marketing- und Public-Relations-Instrument. Es verschafft ihnen nicht nur neue Patienten, es bildet auch die Grundlage für eine möglicherweise lebenslang andauernde Bindung zwischen Krankenhaus und Patient. Außerdem kommt die Auskunft auch der Kommune zugute. Ohne Honorar zahlen zu müssen, kann sich jeder vertraulich die professionelle Beratung einer Krankenschwester einholen.

Sie können sich vorstellen, daß die Verantwortung für den Erfolg dieser Einrichtung auf den Schultern – oder besser der Stimme – derjenigen Schwester ruht, die Ihren Anruf entgegennimmt. Ist sie fachlich versiert? Stellt sie die richtigen Fragen? Ist sie zuvorkommend und verständnisvoll? Gibt sie die richtigen Antworten? Drückt sie sich unklar aus oder ist sich ihrer Einschätzung nicht sicher, dann werden Sie ihrem Rat aller Wahrscheinlichkeit nach nicht trauen, geschweige denn ihn befolgen.

Krankenhäuser, die diesen Auskunftsservice in ihrem Einzugsbereich anbieten, sind extrem wählerisch, was ihre Angestellten betrifft. Die Bewerbungsgespräche sind sehr ausführlich, und es fängt mit einem telefonisch durchgeführten Auswahlverfahren an. Ist die Krankenschwester schon nicht in der Lage, mit einer Streßsituation wie einem Bewerbungsgespräch am Telefon fertig zu werden, wie wird sie dann wohl erst reagieren, wenn eine aufgelöste Mutter anruft, deren Kind kurz vor einer Notoperation steht?

Wird die Bewerberin nach ihren Stärken und Schwächen befragt, sollte sie nicht lange herumdrucksen. Hier zunächst ein Beispiel für eine mißlungene Antwort:

»Na ja, ich weiß nicht so genau, was meine starken Seiten sind. Ich glaube, äh, also, schwer zu sagen. Ich hatte Glück, ich bekam einen Job im Bellevue-Krankenhaus in New York. Da wird man in alles mal reingestoßen. Ich kann wohl sagen, ich habe eine Menge verschiedener, dramatischer Situationen erlebt.«

Hier eine bessere Antwort:

»Meine beiden größten Stärken machen mich ganz zuversichtlich, was die Stelle bei Ihnen betrifft. Zunächst einmal macht es mir Freude, für Menschen in Not dazusein. Deswegen habe ich überhaupt den Beruf der Krankenpflege gelernt. Mit 30 bis 50 Menschen täglich am Telefon zu sprechen und ihnen helfen zu können, im Vergleich zu 15 oder 25 auf Station, reizt mich sehr. Zweitens erstreckt sich die Spannweite meiner Erfahrung auf die unterschiedlichsten medizinischen Bereiche. Am Anfang meines beruflichen Werdegangs habe ich bewußt mein Augenmerk auf die abwechslungsreichste Einrichtung gelenkt, und die fand ich im Bellevue-Krankenhaus in Manhattan. Wir haben hier ein ausgezeichnetes Pflegeprogramm aufgebaut, und ich darf sagen, ich war entscheidend an der Umstrukturierung der Pflegestation beteiligt.«

Mit den Worten Pat Strickers, Leiterin der »Ask A Nurse«-Auskunft im Toledo-Hospital in Ohio:

»Ich mag das, wenn Leute sich nicht scheuen, mir zu sagen, worin sie gut sind. Höre ich bloß: ›Ach, Gott, ich weiß nicht recht‹, dann fehlt ihnen wahrscheinlich das Selbstvertrauen, das wir bei ihnen suchen. Wenn sie andererseits zu ichbezogen oder prahlerisch sind, weiß ich, daß sie nicht in unser Team passen.«

Das ganze Leben ist ein einziges Bewerbungsgespräch. Man wird permanent von seinen Mitmenschen eingeschätzt: vor einer Anstellung, wenn man für eine Beförderung vorgeschlagen wird, bei entscheidenden Lebenseinschnitten und bei jeder alltäglichen Unterhaltung. Wenn Sie sich Anerkennung verdient haben, halten Sie mit Ihrer Leistung nicht hinterm Berg. Menschen, deren Meinung Ihnen für Ihr berufliches Weiterkommen hilfreich sein können, glauben gern an Menschen, die bereits an sich selbst glauben.

Es gibt zwei Hauptgründe, warum man sich ruhig etwas als Verdienst anrechnen sollte, wenn man stolz auf seine Leistungen ist: Erstens schlägt es sich im Respekt der anderen nieder, und zweitens haben Sie es sich verdient und profitieren davon.

Verbuchen Sie Ihre Leistungen nicht als »Glücksfälle«. Ihre Mitmenschen schätzen diese Art von Untertreibung nicht. Statt dessen sollten Sie sagen:

»Vielen Dank. Ich habe hart gearbeitet, und ich bin dankbar für Ihre Anerkennung. Mein Team ist auch nicht gerade unschuldig an dem Erfolg.«

Die Art und Weise, wie Sie auf Lob reagieren, zeigt anderen, wie Sie einzuschätzen sind: als Prahlhans, als jemand, der vor falscher Bescheidenheit strotzt, oder jemand, der eine lobende Erwähnung dankbar zu schätzen weiß.

Der zweite Grund, warum man Anerkennung annehmen sollte, wenn man sie verdient hat, ist noch wichtiger: Wir alle reagieren auf Belohnung – und die Art von Belohnung, die am meisten Gewicht hat, kann unter Umständen die sein, die wir *uns selbst* gönnen.

Wenn man sich zuredet: »*Ich freue mich so über diese Auszeichnung. Ich habe hart gearbeitet, und das macht die Mühe wert*«, hat man seinen eigenen Erfolg noch einmal bekräftigt.

Mit anderen Worten, sich selbst etwas als Verdienst anzurechnen resultiert in einer Bestätigung der eigenen Person und fördert die Absicht, ähnliche Leistungen zu wiederholen.

Bei der Überprüfung von Kandidaten während der Bewerbungsgespräche ist mir immer wieder aufgefallen, wie sehr mich der zu häufige Gebrauch von Ich-Sätzen stört. Sagt ein Bewerber zum Beispiel:

»Ich habe dies und jenes zustande gebracht. Ich habe diese oder jene Auszeichnung bekommen. Ich habe unsere Abteilung auf den Kopf gestellt, ich habe eine Umsatzsteigerung von 25% erzielt«

und so weiter, dann sollte der Interviewer auf der Hut sein, was die Fähigkeit dieses Menschen angeht, gut mit einem Team zusammenzuarbeiten, und er sollte Zweifel an der angeblich tragenden Mitverantwortung der Person an den Leistungen einer ganzen Abteilung hegen. Es ist viel wirkungsvoller, sich das *Verdienst zu teilen* und ihn nicht ganz allein für sich in Anspruch zu nehmen.

»Unsere Abteilung hat unter meiner Leitung einige wesentliche Verbesserungen durchgeführt. Gemeinsam haben wir eine 22%ige Umsatzsteigerung erreicht, und als Anerkennung dafür wurde mir die Auszeichnung als ›Manager des Jahres‹ überreicht. Ein gutes Gefühl!«

Scheuen Sie sich nicht, das Verdienst für Ihre Leistungen auch in Anspruch zu nehmen. Wenn andere Sie danach fragen, lassen Sie durchblicken – bescheiden –, daß Ihr Erfolg ein unmittelbares Ergebnis Ihrer sorgfältigen Arbeit *und* der Unterstützung von seiten Dritter ist, die Ihnen geholfen haben.

Lektion

Was Sie sofort tun können:
Wenn Sie Erfolg haben, dann sollten Sie Ihre eigene Rolle bei dieser Leistung anerkennen, *vor sich selbst und vor anderen.*
Anstatt Selbstgespräche zu führen:
»Also wirklich, ich kapier' nicht, wieso die ausgerechnet mich für diese Auszeichnung ausgewählt haben. Ich habe doch gar nichts Besonderes gemacht, womit ich die verdient hätte. Wahrscheinlich hatte ich ganz einfach Glück.«
Sagen Sie lieber:
»Ich traue mir manchmal nicht genug zu. Diese Auszeichnung ist ein Beweis dafür, daß andere meine Fähigkeiten und harte Arbeit schätzen. Es wird langsam Zeit, daß ich meine eigenen Leistungen auch wahrnehme.«
Anstatt zu sagen:
»Vieles hat sich einfach günstig ergeben. Zufällig traf ich mit meiner Prognose für das kommende Jahr ins Schwarze, und wie es halt so kommt, hat sich alles ziemlich genauso entwikkelt, wie es die Geschäftsleitung erhofft hatte.«
Sagen Sie lieber:
»Ich habe mir bei der Prognose für das kommende Jahr meine Erfahrungen aus der Vergangenheit zunutze gemacht und lag, unter Berücksichtigung der Ansichten der Geschäftsleitung, mit dem Ergebnis recht genau.«
Anstatt zu sagen:
»Ich hatte Glück.«
Sagen Sie lieber:
»Ich habe richtig geplant und hart gearbeitet.«

15. Was man nicht weiß, macht auch nicht heiß

Während eines Besuchs bei Freunden macht jemand den Vorschlag, Bridge zu spielen. Maria bittet Sie, ihr Partner zu sein.
Sagen Sie sich laut vor:
»Wenn du unbedingt willst, bin ich dein Partner, aber ich bin nicht gut im Kartenspielen. Du mußt nachsichtig sein, ich mache bestimmt irgendeinen blöden Fehler. Ich hoffe nur, ich bin nicht schuld, wenn wir verlieren.«
Und jetzt sagen Sie folgendes:
»Toll! Wir sind Partner.«
Was hört sich eher so an, als würde es Maria sehr schnell bereuen müssen, Sie zum Partner erkoren zu haben? Was eröffnet die Möglichkeit, daß sich ein spannendes und witziges Spiel ergibt?

Viele Menschen knüpfen sich bei diversen Gelegenheiten gern ein Sicherheitsnetz aus Entschuldigungen, in der Erwartung, daß sie versagen. Dabei würde, wenn man nichts sagt, aller Wahrscheinlichkeit nach keinem auffallen, daß man sich seiner Fähigkeiten nicht ganz sicher ist. Der einzige, der viel zu kritisch an seine Leistungen herangeht, ist man selbst.
Im vergangenen Sommer, während unseres Urlaubs am Meer, habe ich mir das persönliche Ziel gesteckt, an drei offenen Volleyballturnieren teilzunehmen. Ihnen mag das lächerlich erscheinen, aber für mich war das eine wichtige Erfahrung. Ich war als Junge nicht besonders sportlich. Ich habe nie freiwillig bei irgendwelchen Wettkämpfen mitgemacht, und auf der High School schaffte ich den Abschluß im Fach Sport nur mit Mühe. Das führte dazu, daß ich immer unsicher war, ob ich mir erlauben konnte, an solchen Freizeitaktivitäten teilzunehmen oder nicht.

Eigentlich gibt es gar keinen Grund, warum ich nicht auch ein guter Sportler sein könnte. Ich bin groß, gut gebaut und habe eine ausdauernde Kondition. Mein einziges Handikap war meine Einstellung, meine Unsicherheit in Sachen Sport.
Ich habe mein bescheidenes Ziel tatsächlich erreicht und an den drei Spielen teilgenommen. Es hat mir äußerst viel Spaß gemacht, und ich habe mich tapfer geschlagen. Bei dem dritten Spiel stieß ein Geschwisterpaar zu uns, und die beiden fragten, ob sie mitspielen könnten. Die Schwester, Stacy, eine junge Frau von 25 Jahren, schloß sich unserem Team an. Sie betrat das Spielfeld und sagte: »Seid ihr euch da auch ganz sicher, daß ihr mich dabeihaben wollt?« Tatsächlich fing sie fast keinen Ball auf, aber ihr fehlendes Talent wurde durch ein fehlendes Selbstbewußtsein noch übertroffen. Jedesmal wenn der Ball danebenging, sagte sie: »Oh, tut mir leid! Ich bin so ungeschickt. Wenn ihr mich nicht mehr in der Mannschaft haben wollt, braucht ihr es nur zu sagen.« Es wurde langsam lästig, mit ihr zu spielen, weil wir uns alle lebhaft vorstellen konnten, welche Qualen sie ausstehen mußte bei der Befürchtung, den nächsten Volley wohl wieder zu verpatzen.
Kurz darauf war sie mit dem Aufschlag dran. Sie warnte uns sofort vor, indem sie verkündete: »Es wird furchtbar werden! Ich krieg' den Ball nie übers Netz.« Und natürlich schaffte sie es nicht. Es war deutlich zu sehen, daß ihr nie jemand beigebracht hatte, wie man aufschlägt, also bat ich um eine kleine Unterbrechung und brachte ihr schnell ein paar Kniffe bei. Die gegnerische Mannschaft wollte kein Spielverderber sein und gab ihr noch einmal eine Chance. Bei ihrem zweiten Versuch gelang Stacy ein ausgezeichneter Aufschlag, den unsere Gegner nicht erwidern konnten. Sie gab noch zweimal auf, und jeder Schlag brachte ihr Punkte ein.
Ich konnte mich gut in Stacy hineinversetzen, denn bei den wenigen Malen, wo ich gezwungen war, an irgendeinem sportlichen Wettkampf teilzunehmen, fing ich erst einmal an,

mich für meine zu erwartende schlechte Leistung zu entschuldigen, und hätte mich am liebsten dafür geohrfeigt, daß ich so unbegabt war. Stacy hätte besser daran getan (und ich auch), wenn wir einfach unser Bestes im Spiel gegeben hätten. Keiner in unserer Volleyballmannschaft war Profi, und ihr mangelndes Talent wäre kaum aufgefallen, wenn sie nicht dauernd auf ihre Ungeschicklichkeit aufmerksam gemacht hätte. Ihre Leistungen wären sicher besser ausgefallen, wenn sie, statt sich über ihren Aufschlag lustig zu machen, einfach gesagt hätte: »Kann mir einer von euch mal eben zeigen, wie man den Ball beim Aufschlag hält? Ist lange her.«
Geben Sie Ihr Bestes, ohne zu sagen, daß Sie Ihr Bestes nicht für gut genug halten.

Lektion

Was Sie sofort tun können:
Vermutlich gehen Sie selbst viel härter ins Gericht mit sich, als andere je mit Ihnen gehen würden.
Anstatt zu sagen:
»Ich bin bestimmt kein Künstler, aber ich will mal versuchen, eine schematische Darstellung hinzukriegen, wie dieser neue Prozeß ablaufen wird. Ich hoffe, Sie können erkennen, was gemeint ist, trotz dieser furchtbaren Kritzelei.«
Sagen Sie lieber:
»Ich zeichne Ihnen mal eine schematische Darstellung, damit der Ablauf deutlicher wird.«
Anstatt zu sagen:
»Ich habe zwei linke Hände beim Kochen, aber ich hab's trotzdem mal versucht. Das soll Fettucine Alfredo sein, ich hoffe, ihr könnt es runterwürgen, ohne euch gleich übergeben zu müssen.«
Sagen Sie lieber:
»Ich hoffe, ihr eßt meine Fettucine Alfredo so gern, wie ich sie gekocht habe.«

Anstatt zu sagen:
»Ich bin da wirklich nicht gut drin.«
Legen Sie einfach los, und geben Sie Ihr Bestes – ohne sich erst zu entschuldigen.

16. Ken und Spencer hatten recht!

Sie unterhalten sich mit einem Kollegen darüber, was für ein sauberes und reinliches Bild Ihre Abteilung bietet. Er meint, Ihr Büroraum sehe immer besonders gepflegt aus, viel ordentlicher als sein eigener.
Sagen Sie sich laut vor:
»So hab' ich's gern. Ich sage den Putzfrauen immer, ich erwarte, daß der Laden hier tipptopp aussieht. Sie leisten gute Arbeit. Wehe, wenn sie's nicht täten.«
Und jetzt sagen Sie folgendes:
»Ja, da haben Sie recht. Meine Leute achten sehr darauf, daß die Räume hier in Ordnung gehalten werden. Würde es Ihnen etwas ausmachen, wenn ich Ihnen sagen würde, daß Ihnen das aufgefallen wäre? Sie sollen wissen, daß ich nicht der einzige bin, der ihre Arbeit anerkennt.«
Wer hört sich wie ein Abteilungsleiter an, dessen Leute auch weiterhin bereit sein werden, ihre Büroräume ordentlich zu halten und sich etwas mehr Mühe zu geben? Bei wem gibt es wahrscheinlich Probleme mit der Arbeitsmoral, hohe Personalfluktuation und Mitarbeiter, die im Grunde nicht gerne für ihren Chef arbeiten?

Während eines Urlaubs mit meiner Familie habe ich mal einen professionellen Ringer kennengelernt, mein einziger direkter Kontakt mit dieser Berufsgruppe. Hawk, Mitglied der *Road Warriors,* eines Profiteams, wohnte in derselben Apartmentanlage wie wir auch. Wenige Stunden nach seiner Ankunft in dem Urlaubsort wußten bereits alle Kinder und die meisten Erwachsenen, daß er sich dort einquartiert hatte. Hawk war ein Riese von Mensch, muskulös gebaut und lenkte unser aller Aufmerksamkeit auf sich, als er sich in seinen Tigerfellshorts zum erstenmal in einen Liegestuhl neben dem Swimmingpool legte.

Nachdem ich eine Weile lang beobachtet hatte, wie sich ihm ein ständiger Strom von Autogrammjägern und Fotografen näherte, ließ ich mich in einem Liegestuhl neben Hawk nieder und fing an zu lesen. Ich hätte mich sicher nicht dafür entschieden, mein Lager so dicht neben seinem aufzuschlagen, wenn da nicht der einzige noch freie Liegestuhl gestanden hätte. Um Hawk herum hatte sich eine Art »Sperrzone« gebildet. Ich glaube, die meisten anderen Gäste fühlten sich genauso befangen wie ich, neben ihm zu sitzen und zu versuchen, nicht hinzugucken.
Seine Gespräche zu ignorieren war jedenfalls unmöglich, seine laute, ernste Stimme war nicht zu überhören. Verständlich, daß nur wenige Erwachsene Hawk ansprachen, seine physische Erscheinung war beeindruckend. Jedoch gingen viele Kinder zielstrebig auf ihn zu und unterhielten sich angeregt mit ihm. Die meisten waren kleine Jungen, und ich stellte mir vor, daß diese Kinder ihren Eltern wahrscheinlich gestanden hatten: »Ich möchte auch einmal so ein großer, starker Muskelmann sein wie er.«
Ich war überrascht, mitzukriegen, wie Hawk mit den Kindern redete. Er sprach ausschließlich in positiven Begriffen. Er sagte nicht zu den Jungen: »Du bist ja noch eine halbe Portion, aber wenn du fleißig trainierst, dann wirst du vielleicht eines Tages auch einmal so groß und stark sein wie ich.« Statt dessen sagte er zu ihnen, daß sie schon stark seien und immer stärker würden. Auch wenn der Junge, der ihn um ein Autogramm bat, schmächtig und unterentwickelt war, fand Hawk etwas Positives und Aufbauendes: »Deine Arme sind aber kräftig, du wirst bestimmt mal ein ausgezeichneter Basketballspieler.«
Nachdem ich viele derartige Unterhaltungen mit angehört hatte, faßte ich mir ein Herz und sprach Hawk selbst an. Ich sagte ihm, ich sei sehr beeindruckt davon, wie er mit Kindern umzugehen verstehe, und sofort wurde mir klar, daß er das mit voller Absicht tat. »Man bricht sich keinen Zacken aus

der Krone, und für die kleinen Jungen kann es von großer Bedeutung sein.« Unter den ganzen Muskelpaketen steckte nicht nur ein absolut netter Mensch, Hawk brachte die Kinder auch ganz bewußt dazu, eine hohe Meinung von sich selbst zu haben.
Hawk war sehr angetan von meinem Kompliment. Sicher heimste er ständig Lob und Anerkennung wegen seines durchtrainierten Körpers ein, aber ich vermute mal, daß nur wenige Menschen auf den Gedanken kamen, Hawk auch einmal zu sagen, sie würden etwas anderes an ihm bewundern, etwas nicht so Oberflächliches wie seine physische Erscheinung.
Die Unterhaltung mit Hawk hat meine bornierten Ansichten über professionelle Ringer vollständig verändert. Ich habe mir vorher nie Profiringkämpfe am Fernseher angesehen. Wenn die anderen Kerle auch alle so sensibel, fürsorglich und positiv sind wie Hawk, könnte ich mich glatt zu einem Fan mausern.

Ken Blanchard und Spencer Johnson hatten recht! Als sie den Sachbuchmarkt mit ihrem *Ein-Minuten-Manager* und den Nachfolgebänden im Sturm erobert hatten, starteten sie ihre Kampagne: *Lob den Menschen, die ihre Sache richtig machen.* Sie stellten zu Recht fest, diese Methode, die effektivste im Rüstzeug des Managements, sei auch die am wenigsten genutzte.
Power Talker sprechen ihren Dank, ihre Anerkennung aus, wo immer es angebracht ist, *vor allem, wenn es nicht erwartet wird.* Beide Seiten profitieren, wenn sie andere für ihre Leistungen anerkennen, auch wenn es sich dabei nur um Kleinigkeiten handelt.

Ich wohne in einer herrlichen, waldreichen Gegend unweit von Seattle. Unserer Straße nähert man sich über einen langen, steilen Anstieg mit einem bepflanzten Mittelstreifen, der sich über fast einen halben Kilometer erstreckt. Die Blumenrabatten werden das ganze Jahr über wieder neu bepflanzt, nach der kurzen, tiefroten Blütenpracht der Azalee werden Stiefmütterchen in großer Zahl ausgesetzt. Wenn die wieder verwelkt sind, erscheinen Ringelblümchen und Lobelien. Es muß jemand da sein, der ziemlich viel Aufwand betreibt, damit dieser Mittelstreifen immer so schön aussieht.

Dieser »jemand« ist Susan. Sie ist mir immer wieder mal begegnet, wenn sie gerade dabei war, umzugraben, Pflanzen zu beschneiden oder neue auszusetzen. Ich bin sicher, die meisten aus meiner Nachbarschaft haben sich schon oft gesagt, wenn sie an dem Mittelstreifen vorbeifuhren, wie herrlich und gepflegt er immer aussehe. Eines Tages fand ich, es wäre doch mal langsam angebracht, Susan wissen zu lassen, wie sehr ihre Arbeit bewundert würde. Ich lenkte den Wagen rüber an den Bordstein, als ich den Hügel gerade runterfuhr, kurbelte das Fenster herunter und sagte:

»Das ist wirklich schön, was Sie da machen. Ich sehe Sie öfter hier draußen, wenn Sie nach den Pflanzen schauen. Ihre Mühe zahlt sich aus, Ihre Blumen sind immer gepflegt. Ich wollte mich einmal dafür bedanken, daß Sie so gewissenhaft Ihre Arbeit tun. Ich habe jedesmal meine Freude daran, wenn ich hier rauf- oder runterfahre.«

Ihr Gesicht blühte so herrlich auf wie eine der einjährigen Pflanzen, die sie in die Erde setzte. Mit einem breiten Lächeln sagte sie:

»Das freut mich, daß Sie Ihren Spaß daran haben. Ich tue es auch gerne. Danke, daß Sie mal angehalten haben, um mir das zu sagen. Ein gutes Gefühl, wenn man weiß, daß es anderen auffällt.«

Sie war nicht die einzige, die mit einem guten Gefühl nach Hause ging. Jemandem ein Kompliment zu machen tut demjenigen, der es macht, oft genausogut wie demjenigen, dem es gilt. Bei Susan, der Gärtnerin, war es der Moment, sie lächeln zu sehen, sie fühlen zu lassen, daß ihre Arbeit anerkannt wird – dafür an den Straßenrand zu fahren und anzuhalten hat sich gelohnt. Mehr noch, jedesmal wenn ich jetzt an ihren Kunstwerken vorbeifahre, fühle ich mich besonders gut, weil ich weiß, daß sie ab und zu an mein Kompliment denkt. Wenn wieder mal ein neuer Schwung Frischblumen in Blüte steht, weiß ich, daß ihre Arbeit nicht selbstverständlich ist.

Da sich viele meiner Vorträge und meine Beraterarbeit mit der Förderung von Professionalität am Telefon beschäftigen, bin ich immer besonders aufmerksam bei Menschen, die meine Anrufe entgegennehmen und gekonnt weitervermitteln. Wenn eine Sekretärin den Anruf freundlich entgegennimmt und deutlich antwortet, nehme ich mir die Zeit für eine kurze Bemerkung. Wenn ein Kundenberater meinem Wunsch nach einer Auskunft professionell entspricht, lasse ich ihn wissen, daß er gute Arbeit leistet. Vor allem der Vermittlung, wenn sie meine Anrufe weiterleitet, mache ich gerne Komplimente. Besonders Mitarbeiter von Telefonzentralen in Hotels scheinen jedesmal geradezu schockiert, wenn ihnen ein Gast ein Lob ausspricht. Ich fühle mich am Schluß immer genausogut wie sie.

Nehmen Sie sich täglich einen Augenblick Zeit, Menschen dabei zu »ertappen«, die ihre Sache richtig machen, wie Ken und Spencer vorschlagen. Teilen Sie ihnen mit, was Ihnen aufgefallen ist und warum Sie dies oder jenes schätzen. Sie werden sich hinterher besser fühlen, beide Seiten.

Lektion

Was Sie sofort tun können:

Machen Sie sich die Mühe, Komplimente zu verteilen und denjenigen, die ihre Arbeit gut machen, Anerkennung auszusprechen, besonders wenn es nicht erwartet wird.

Anstatt Selbstgespräche zu führen:

»Da macht sich aber jemand viel Arbeit, die Preisschilder in der Drogerie so sorgfältig zu gestalten. Bestimmt jemand, der sich mit Kalligraphie auskennt.«
Sagen Sie lieber dem Filialleiter:
»Wer schreibt bei Ihnen hier im Laden eigentlich die ganzen Schilder? Das ist hervorragende Arbeit, und ich möchte es dem Betreffenden einmal selbst sagen.«
Anstatt für sich festzustellen:
»Ihre Kinder sind aber still und artig.«
Sagen Sie der Mutter lieber selbst:
»Sie geben Ihren Kindern augenscheinlich viel positive Hinwendung. Sie gehen behutsam miteinander und auch mit anderen um und sind intelligent.«
Statt sich selbst auf die Schulter zu klopfen:
»Meine Tochter ist wirklich eine große Hilfe im Haus.«
Sagen Sie es lieber Ihrer Tochter selbst:
»Liebes, du bist eine große Hilfe im Haus, und das weiß ich zu schätzen.«

17. Sie sind so alt, wie Sie sich fühlen

Ihre bereits erwachsenen Kinder laden Sie ein, den alljährlichen Urlaub im Ferienhaus der Familie auf dem Land zu verbringen.
Sagen Sie sich laut vor:
»Ich bin doch kein Kind mehr. Ich bin zu alt für solche Späße.«
Und jetzt sagen Sie folgendes:
»O ja. Das wird toll. Ich würde gerne mal wieder rauskommen hier, und natürlich bin ich gerne mit euch zusammen.«
Wer hört sich eher wie jemand an, der seinen Lebensabend glücklich verbringt, umgeben von Menschen, die seine Gesellschaft schätzen? Wer wird sich wahrscheinlich zu einem verbitterten, einsamen alten Mann entwickeln, dessen Kinder ihn nur ungern besuchen?

Ein Zuhörer im Publikum fragte Dr. Norman Vincent Peale, Autor von *Die Kraft positiven Denkens,* warum er, im Alter von 92 Jahren, noch immer öffentlich auftrete, anstatt sich zurückzuziehen und sich ein angenehmes Leben zu machen.
»Warum? Ich kann Ihnen sagen warum. Weil es trotz all der Vorträge, die ich im Laufe der Jahre gehalten habe, und trotz der zahlreichen Bücher noch immer ein paar Unverbesserliche gibt, die negativ denken.«
Das Publikum erhob sich einmütig von den Sitzen und spendete tosenden Applaus.
Als Mitglied des Rhetorikerverbandes hatte ich Gelegenheit, viele der berühmtesten Redner der Welt kennenzulernen, ihre Auftritte zu erleben und mit ihnen zu arbeiten. Beim Festbankett der Preisverleihung unserer Jahresversammlung 1991 in Atlanta saßen meine Frau und ich am Tisch von Dr. und Mrs. Peale. Normalerweise sind die Mitglieder unseres

Verbandes nicht prominentensüchtig, aber um Dr. Peale rissen sich alle.
Nach dem Essen wurde er auf die Bühne gebeten, wo er verkünden konnte, daß sein Freund Michael Frank die höchste Auszeichnung für rhetorische Begabung erhalten sollte. Als Dr. Peale angekündigt wurde, erhoben sich alle Anwesenden und applaudierten.
Nach der Präsentation half ich dem erlauchten Gentleman zusammen mit einem Kollegen vorsichtig von der Bühne runter. Als das Publikum weiter anhaltenden Applaus spendete, wandte sich der auf etwas unsicheren Beinen stehende alte Herr zu mir um und sagte: »Sie sehen so aus, als wollten Sie sich schon mal als Sargträger versuchen.« Es war das einzige Mal an dem Abend, daß ich ihn eine Anspielung auf sein Alter machen hörte, und es war ganz sicher als Scherz gemeint.
Im weiteren Verlauf des Abends bat ich Dr. Peale um sein Rezept für ein erfülltes Leben in so hohem Alter. Seine Antwort lautete schlicht: *Leb dein Leben, und vergiß dein Alter.*
Viele Menschen verspielen ihr eigenes Glück, indem sie dauernd darüber reden, wie alt sie sind. Anscheinend löst der 40. Geburtstag den inflationären Gebrauch eines beliebten Ausspruchs aus: »Ich werde eben alt!«, der dann die nächsten 40 Jahre zu einer ständigen Redewendung wird. Warum machen so viele Berühmtheiten ein Geheimnis aus ihrem Alter, fälschen es gar, als würde das Eingeständnis ihres Alters sie in den Augen ihrer Fans herabsetzen? Es kommt nicht so sehr auf das tatsächliche Alter eines Menschen an, was zählt, ist die *Einstellung* des Betreffenden zum Älterwerden.
Ein Lexikon definiert »jugendlich« als »keine Verschleißerscheinungen erleiden«. Der Verlust jugendlicher Frische ist ein natürlicher Verschleißprozeß, und wir tragen selbst viel dazu bei. Wir nutzen unser Selbstbild ab, indem wir geringschätzige Bemerkungen über unser fortschreitendes Altern

machen. Wir schicken uns gegenseitig angeblich witzige Glückwunschkarten zu, die unsere Freunde und Bekannten verspotten. Die gemeinsame Wirkung all dieser Erscheinungen schlägt sich dann im Verschleiß unserer Gefühle von Jugendlichkeit nieder.
Es gibt keinen Grund, Ihren eigenen Verschleiß unnötig voranzutreiben; warum also zu dem Gefühl eines anderen Menschen, er werde »zu alt«, auch noch beitragen? Meine Empfehlung: Die Glückwunschkarten, die sich auf verächtliche Weise über das Altern lustig machen, boykottieren. Obgleich als Scherz gemeint, tragen sie nur zu dem kollektiven Verständnis bei, das den Prozeß des Alterns als etwas Negatives begreift. Mögen sie auch schwer zu finden sein – suchen Sie die Kartenregale ab und halten Sie nach solchen Grüßen Ausschau, die Ihren Freunden und Bekannten Mut machen, wenn sie »in die Jahre kommen«.

Lektion

Was Sie sofort tun können:
Verwenden Sie *neutrale* Begriffe, wenn von Älterwerden die Rede ist. Verschleißen Sie nicht Ihren eigenen Lebensschwung, indem Sie negativ übers Altern reden.
Anstatt zu sagen:
»Es geht bergab mit mir. Mein Haar wird grau, die ersten Falten zeigen sich, und ich setze Fett an.«
Sagen Sie lieber:
»Ich halte mich fit, und ich sehe gut aus.«
Anstatt zu sagen:
»Wissen Sie, in meinem Alter ist es schwer, noch Freude an irgend etwas zu haben. Meinem altersschwachen Körper schwinden die Kräfte.«
Sagen Sie lieber:
»Ich habe an allen möglichen Dingen Spaß in meinem Alter. An was hatten Sie gedacht?«

Anstatt zu sagen:
»Ich fühle mich immer schlechter. Ich werde zu alt.«
Sagen Sie lieber:
»Ich fühle mich gut.«

Power Talker kommen immer wieder auf die Beine

PowerTalker sind wie Stehaufmännchen: Sie kommen immer auf die Beine. Sicher, sie erleiden auch Rückschläge, nur fangen sie sich rasch wieder. Sie lernen aus ihren Erfahrungen und gehen gestärkt daraus hervor. Ist Ihnen schon mal aufgefallen, wie viele wohlhabende Leute im Verlauf der Jahre, in denen sie ihr Vermögen anhäuften, ein oder sogar mehrere Male absolut Pleite oder bankrott gemacht haben? Sie haben nicht aufgegeben. Sie haben dazugelernt und sind immer wieder auf die Beine gekommen.

In Abschnitt II habe ich Dr. Martin Seligmans Untersuchungen zu Erklärungsmustern und Sprachcharakteristika von Optimisten und Pessimisten vorgestellt. Wir haben uns einmal genauer angesehen, wie PowerTalker positive Ereignisse beschreiben. Wenn die Dinge mal schlecht stehen, benutzt der PowerTalker das entgegengesetzte Erklärungsmuster. Er konzentriert sich auf lokale, externe und instabile Erklärungen. Derjenige, der mit den Regeln des Power Talking nicht vertraut ist, der powerlose Talker sozusagen, sieht dagegen die Probleme eher global (»Es ist nicht allein diese Sache, die nicht hinhaut, mein ganzes Leben ist verpfuscht«), intern (»Das ist ganz allein mein Fehler, ich bin ein Versager«) und stabil (»Nie läuft irgend etwas so, wie ich mir das vorgestellt habe, und das ist wieder nur ein Beispiel dafür, daß sich daran nichts ändern wird«).

Machen Sie als PowerTalker einmal negative Erfahrungen in Ihrem Leben (Sie verlieren Ihren Arbeitsplatz; Ihre Beförderung kommt nicht durch; Ihr Kind hat schwere Schulprobleme), dann ersetzen Sie globale, interne und stabile Rechtfertigungen oder Erklärungen bewußt durch lokale, externe und instabile. Wenn einem Power Talker die lang ersehnte Beförderung vorenthalten wird, sagt er sich:

»Diese Beförderung habe ich verpennt, und ich weiß auch warum. Ich beherrsche die neue Software zur Berechnung der Bestandsentwicklung noch nicht, und es ist wirklich entscheidend, daß ich lerne, damit umzugehen. Ich weiß, daß ich das kann, wenn ich erst einmal den Einführungskurs hinter mich gebracht habe. Ich habe in der Vergangenheit ziemlich viele Erfolge in meiner Karriere erlebt, und die nächsten Erfolge warten schon auf mich. Jedenfalls bin ich froh, daß in den anderen Lebensbereichen alles gut läuft. Ich erfreue mich guter Gesundheit, in meiner Familie verstehen wir uns alle prima, und in meinen Beruf bringe ich exzellente Fähigkeiten ein. Ich weiß, die Zeit ist reif für einen Aufstieg, und ab jetzt fange ich an, auf den nächsten Karrieresprung hinzuarbeiten.«

Es ist völlig normal, negativ zu reagieren, wenn etwas im Leben schiefläuft: Ich tue es oft genug selbst. Erwarten Sie nicht, daß die Prinzipien von Power Talking über Nacht Wirkung zeigen. Sie müssen daran *arbeiten.*

In den folgenden Kapiteln werden Sie Menschen begegnen, die sich von katastrophalen Lebenssituationen wieder erholt haben. Sie haben Bankrott, persönliche Niederlagen, Alkoholismus, Depression und auch kleinere Rückschläge in positive Erfahrungen umgemünzt. Vielleicht erleiden Sie am heutigen Tag ja selbst einige Rückschläge. Wenn sie sich einstellen, wenden Sie die in den folgenden Kapiteln genannten Sätze des Power Talking an – und Sie werden mit Glanz und Gloria aus der Sache herauskommen.

18. Wiederholt sich Ihre Lebensgeschichte?

Sie werden aus Ihrer Firma gefeuert. Sie hinken mit zwei Kreditraten hinterher. Ihre Frau verläßt sie.
Sagen Sie sich laut vor:
»Ich weiß, warum ausgerechnet mir das alles passieren muß: Ich bin ein Versager.«
Und jetzt sagen Sie folgendes:
»Ich weiß, daß mir eine wichtige Lektion erteilt werden soll. Was kann ich daraus lernen?«
Wer hört sich so an, als würde er nach Punkten verlieren? Wer ist der Gewinner, der unter diesen Umständen wertvolle Erfahrungen macht und klüger und stärker aus der Sache hervorgeht?

Wie würden Sie sich wohl fühlen, wenn Sie mit 40, nach 20 Jahren ununterbrochenem geschäftlichem Erfolg, Ihren Vater anrufen und ihn bitten müßten, Ihnen 1000 DM zu leihen, damit Sie wenigstens die Gebühr entrichten können, um Konkurs anzumelden?
Mitte der 70er Jahre gab Michael McCafferty seine lukrative Stellung als Vertreter bei IBM auf, um sein eigenes Geschäft zu gründen. Er hatte großen Erfolg mit dem in Philadelphia ansässigen Computerservice, den er aufbaute, und betrieb ihn sieben Jahre lang mit Gewinn. Dann wurde sein Geschäft von einer größeren Firma aufgekauft, und mit dem Direktor der neuen Muttergesellschaft traf Michael ein Abkommen, das per Handschlag besiegelt wurde und ihn reich gemacht hätte.
Doch dann starb der Direktor, und Michael mußte erfahren, daß ihr geschäftliches Abkommen nie vertraglich festgelegt worden war. Die neuen Vorstandsmitglieder kamen zu dem Schluß, die Absprache sei nicht rechtlich bindend, und betrogen Michael um seinen versprochenen Anteil.

Gedemütigt packte er seine Koffer und ging nach Chicago, wo er ein neues, dreimal so großes, geschäftlich erfolgreiches Servicezentrum aufbaute und sich nach zwei Jahren auszahlen ließ. Er hatte genug vom Winter in Chicago, und so machte sich Michael, noch immer jung, erst Mitte 30, nach San Diego auf, erwarb ein Haus am Meer, kaufte sich einen Oldtimer-Ferrari und lebte ein wunderbares, sorgenfreies Leben. Mit der Zeit aber wurde ihm das langweilig. In dem Augenblick kam ein früherer Geschäftspartner auf ihn zu und schlug ihm ein neues Abenteuer vor.
Michael fing gleich Feuer. Er verband seine Beherrschung der Computertechnik mit der Erkenntnis, daß die Menschen immer schnelleren Zugang zu immer mehr Information haben wollen. Er erfand das erste elektronische Branchenverzeichnis und verfeinerte das computergestützte System noch, das heute Grundlage einer enormen Wachstumsbranche geworden ist.
Dann bekam sein Partner kalte Füße und stieg aus. Michael hatte keine Zweifel, daß seiner Firma ein großer Erfolg beschert sein würde, und entschloß sich, weiter zu investieren. Er verkaufte seinen Ferrari und besorgte sich einen verbeulten 72er-Vega. Dann gab er sein Haus am Meer auf. Es dauerte nicht lange, da war alles Geld, das er hatte, aufgebraucht, investiert in ein ruinöses Geschäft.
Michael war verzweifelt. Der Pleitegeier war schon zur Stelle. Ein redegewandter Geldhai bot ihm an, sein Unternehmen zu retten und ihm wieder auf die Beine zu helfen ... für einen Anteil von 51%. Es wurden weitere Partner angeworben, und Michaels Firma brach zusammen.
Michael McCafferty hörte auf zu arbeiten und versank in tiefe Depressionen. Er hatte kein Einkommen mehr und lebte von seinen Kreditkarten. Bankrott zu erklären wäre der einzige Ausweg gewesen, aber er konnte nicht einmal mehr die Gerichtsgebühr dafür aufbringen. Und so sprang sein Vater ein letztes Mal für ihn ein.

Ein geschlagenes Jahr quälte sich Michael mit immer denselben Fragen:
»*Warum ausgerechnet ich?* Was ist mit meinem Geld, meinem Ferrari, meinem sorgenfreien Leben? Wieso konnte sich dieser geschwätzige Geldhai alles unter den Nagel reißen?«
Ihn beschäftigte nur ein einziger Gedanke: Warum mußte mir das passieren? Nach einem Jahr voller Not und Verzweiflung und Depressionen dämmerte es ihm: *Weil ich es geschehen ließ.* So einfach war das. Es war nicht seine Umgebung, die ihn zum Opfer erkoren hatte, er hatte sein Pech *selbst* herbeibeschworen. Er hatte den falschen Leuten Vertrauen entgegengebracht, war zu gutgläubig gewesen, er hatte sich wichtige Zusagen nicht schriftlich geben lassen, und er hatte Weisungsbefugnisse abgetreten.
Er hatte die Kontrolle abgegeben, nicht bloß Eigentumsrechte an seiner Firma, sondern auch die Kontrolle über sein eigenes Schicksal. Er hatte die Kontrolle über alles und jedes abgetreten, in dem Glauben, es widerfahre ihm ohne sein eigenes Zutun.
Sobald er erkannt hatte, was daraus zu lernen war, machte er sich an die Arbeit. Er las Og Mandinos Klassiker *Der beste Verkäufer der Welt* und schrieb die Merksätze auf eine Karteikarte.
»Heute fange ich ein neues Leben an.«
»Ich werde durchhalten, bis mir Erfolg beschert ist.«
»Ich lebe heute, als wäre es mein letzter Tag.«
»Ich nehme mein Leben in die eigene Hand.«
Er las sie sich morgens als erstes laut vor, ging mit ihnen zu Bett und rief sie sich tagsüber immer wieder ins Gedächtnis.
Michael hielt Rückschau auf seine Reinfälle, zog seine Schlüsse, faßte sie in seinen *Zehn Geboten für das Management junger, aufstrebender Unternehmen* zusammen und verpflichtete sich, sie einzuhalten. Am St.-Patricks-Tag 1983 gründete er ein neues Unternehmen und nannte es – wie

konnte es anders sein – *Remote Control.* Die Firma verzeichnet seit ihrem Bestehen eine durchschnittliche jährliche Wachstumsrate von 227%. Basierend auf den Erfahrungen aus seinen diversen Zusammenbrüchen, schuf er das meistverkaufte Softwarepaket seiner Kategorie, »TeleMagic«. Es hilft Hunderttausenden von Vertretern auf der ganzen Welt, ihre Verkaufsorganisation besser zu strukturieren, höhere Gewinne zu erzielen und die Übersicht nicht zu verlieren. Michael McCafferty ist doch noch Millionär geworden, seine Millionen hat er sich redlich verdient. Von seinem »Hochsitz« am Rande des Ozeans aus, in Del Mar, Kalifornien, sieht er den Delphinen und Pelikanen zu und ist dankbar dafür, daß er die Lektionen seines Lebens gelernt hat.

Power Talker akzeptieren ganz bewußt, daß Scheitern zum Erfolg gehört. Wenn Sie sich eingestehen müssen: »Ich bin gescheitert!«, dann ist das mit Ausrufezeichen gesagt, und es folgt umgehend: *»Und folgendes habe ich daraus gelernt.«*

Verlierertypen sagen bloß: »Ich habe versagt.« Punkt. Nichts weiter. Wie Vince Lombardi es ausdrückt:

»Tief zu fallen ist nicht weiter tragisch. Wieder aufzustehen, darauf kommt es an.«

Michael McCafferty ist wieder auf die Beine gekommen und hat durch seine Fehler unersetzliche Erfahrungen gemacht.

Fürchten Sie keine Fehler, *begrüßen* Sie Fehler. Mögen Sie viele Fehler machen und Wichtiges aus ihnen lernen.

Lektion

Was Sie sofort tun können:

Stehen Sie vor einem »Mißerfolg«, dann fragen Sie sich, welche Lehre Sie daraus ziehen können, und gehen Sie gestärkt aus der Erfahrung hervor.

Anstatt zu sagen:

»Was für ein unüberlegter Schritt. Wie konnte ich nur so blöd sein, mein ganzes Geld zusammenzukratzen und es auf gut Glück in ein Haus zu stecken, nur um festzustellen, daß längst Flaute auf dem Markt herrscht? Ich bin ein totaler Versager.«

Sagen Sie lieber:

»Alles auf eine Karte zu setzen hat sich nicht ausgezahlt, und diese Investition hat keinen annehmbaren Profit abgeworfen. Trotzdem habe ich ein paar wertvolle Erfahrungen gemacht, und ich werde nicht noch einmal blind ein solches Risiko eingehen.«

Anstatt zu sagen:

»Das war das vierte Bewerbungsgespräch, und wieder haben sie mich nicht zurückgerufen oder mir wenigstens geschrieben. Es muß an mir liegen, ich muß ein Versager sein.«

Sagen Sie lieber:

»Meine Strategie bei diesen Bewerbungsgesprächen hat nicht geholfen. Ich habe die Erfahrung gemacht, daß die Leiter der Auswahlkommission mich nicht zurückrufen. Vielleicht heißt das, daß ich die Initiative ergreifen und nachhaken soll. Nach dem nächsten Gespräch werde ich umgehend ein Dankeschön schicken.«

Anstatt zu sagen:

»Ich habe versagt.«

Sagen Sie lieber:

»Das habe ich daraus gelernt.«

19. Halb leer oder halb voll?

Sie haben in den vergangenen fünf Jahren eng mit einer einflußreichen Direktorin Ihres Unternehmens zusammengearbeitet. Das Projekt, an dem Sie momentan sitzen, ist von entscheidender Bedeutung für Ihren zukünftigen Werdegang, und die Direktorin hat Sie bisher stets gefördert. Eines Tages werden Sie in ihr Büro bestellt, und es wird Ihnen mitgeteilt, daß sie einen anderen Posten bei einem Marktführer in Ihrer Branche angenommen hat.
Sagen Sie sich laut vor:
»Was soll ich denn jetzt machen? Sie glaubt an mich und hat mir ihre volle Unterstützung bei diesem Projekt zugesagt, und jetzt läßt sie mich einfach im Stich. Ich muß ganz von vorne anfangen, mit einem neuen Vorgesetzten. Das ist ein schwerer Rückschlag.«
Und jetzt sagen Sie folgendes:
»Jetzt, wo sie geht, wird sich unsere gute Verbindung auszahlen, und ich kann meine ehemalige Chefin als Kontaktperson außerhalb der Firma nutzen. Mit ihrem Nachfolger kann ich eine neue, starke berufliche Beziehung aufbauen. Eine interessante Veränderung.«
Wer hört sich wie jemand an, der in Niedergeschlagenheit versinkt und dessen Karriere erst einmal einen Stillstand erfährt? Wer freundet sich schnell mit der neuen Situation an und ist darauf erpicht, Nutzen aus ihr zu ziehen?

In der Verlagswelt ist der wichtigste Kontaktmann eines Schriftstellers der Lektor. Er ist derjenige, der an ihn glaubt und das Buch von Anfang an unterstützt. Der Lektor handelt die Konditionen eines Buches und viele andere kritische Punkte seines Vertrages aus. Hat sich der Verleger erst einmal verpflichtet, das Buch herauszubringen, verläßt sich der Autor allein auf seinen Lektor als den verlagsinternen

Ansprechpartner; der Lektor unterstützt auch die Öffentlichkeitsarbeit, die Presseaktivitäten und die Verkaufsstrategie.
Die Lektorin, die sich für mein erstes Buch, *Phone Power,* eingesetzt hat, hat auch dieses Buch initiiert. Als das Manuskript von *Power Talking* zur Hälfte vorlag, rief sie mich an und teilte mir mit, sie hätte eine Stelle in einem anderen Verlag angenommen.
Meine spontane Reaktion war:
»Ein toller Karrieresprung für Sie, aber für mich ein ziemlicher Rückschlag! Jetzt muß ich wieder ganz von vorne anfange und mich an einen Lektor gewöhnen, den ich noch nicht einmal persönlich kenne. Vielleicht gefällt dem mein Buch überhaupt nicht. Was ist, wenn er oder sie das Projekt links liegenläßt und den Verkauf nicht forciert?«
Sie kennen den Spruch mit der Flasche oder dem Glas: Es ist entweder halb leer oder halb voll, je nachdem, wie man die Sache sieht. Ich schaute mir mein Glas an und sah nur Risiken, einen persönlichen Kursverfall und nichts als Probleme.
Sie sollen nicht meinen, Power Talking fiele mir leicht oder käme automatisch. Das gilt für keinen. Power Talking verlangt *volle, konzentrierte Aufmerksamkeit und Anstrengung.* Fünf Minuten nachdem mir diese »schlechte Neuigkeit« übermittelt worden war, stand ich von meinem Computer auf, trat an das Fenster meines Arbeitszimmers, schaute auf den Fluß und den Wald und zwang mich zu sagen:
»Eine tolle Nachricht! Jetzt habe ich einen starken Fürsprecher in einem zweiten Verlag. Wenn ich meine neue Lektorin treffe, werde ich ihr *Power Talking* schmackhaft machen, damit sie gleich begeistert an die Sache herangeht. Statt ihr irgend etwas Unausgegorenes zu präsentieren, kann ich ihr genau darlegen, wovon das Buch handelt. Und mit ihrer unverbrauchten Sichtweise hat sie vielleicht eine Menge förderlicher Ideen anzubieten.«

Zurückblickend kann ich sagen, daß sich mir durch den Weggang meiner ersten Lektorin viele neue Chancen eröffnet haben. Das Glas war halb voll – und füllt sich weiter.

Konfrontiert mit einer Situation, die eine Veränderung dessen darstellt, was wir gewohnt sind oder geplant haben, sehen wir meist erst einmal die negative Seite. Das passiert mir selbst auch. Der Trick besteht darin, anzuerkennen, daß die negativen, »halb leeen« Aspekte zuerst zu sehen nicht heißen muß, daß das die *einzige* Sichtweise ist, die in Betracht kommt.
Zu sehen, daß das Glas halb voll ist, ist eine antrainierbare Fähigkeit. Geben Sie nicht auf, wenn sie sich nicht gleich einstellt. So etwas kommt nicht natürlich. Machen Sie sich die Kraft Ihrer Sprache zunutze, um Dinge in ihr Gegenteil zu kehren.
Seien Sie auf der Hut. Immer wenn sich ein »Das ist eine schlechte Nachricht, weil ...« in Ihre Beurteilung einschleicht, halten Sie einen Moment inne, und ersetzen Sie dieses Denkmodell durch *»Das ist eine gute Nachricht, weil ...«*. Man kann Gelegenheiten nicht wahrnehmen, wenn man sie nicht sieht. Lernen Sie, die gute Seite einer Sache zu sehen, indem Sie die »Lückenfüller«-Methode anwenden. Zwingen Sie sich, den Satz anders einzuleiten. »Die Sache hat auch seine gute Seite, und an die will ich mich halten. Das ist eine tolle Nachricht ...«

Lektion

Was Sie sofort tun können:
Formulieren Sie negative Reaktionen auf unerwartete Veränderungen um, und sagen Sie: »Das ist ja eine tolle Nachricht. Es bedeutet ...«, und halten Sie dann nach den positiven Ergebnissen Ausschau, die sich möglicherweise einstellen.
Anstatt zu sagen:

»Ich bin nicht befördert worden. Das ist schrecklich.«
Sagen Sie lieber:
»Ich bin nicht befördert worden, und das ist eine gute Nachricht, weil es bedeutet, daß ich mal über meinen Tellerrand schauen kann. Ich werde mich mal umhören und mich erkundigen, was anderen Firmen meine Fähigkeiten wert sind. So kriege ich eine bessere Vorstellung davon, wie gut ich mit meinem jetzigen Arbeitsplatz bedient bin.«
Anstatt zu sagen:
»Verdammt, der Verkauf unseres Hauses ist geplatzt. Jetzt müssen wir wieder ganz von vorne anfangen.«
Sagen Sie lieber:
»Na gut, dieser Käufer ist ausgestiegen. Ich bin froh, daß es jetzt passiert ist und nicht auf den letzten Drücker. Das heißt, wir können die Marktlage neu einschätzen und sicher sein, mit unserer Preisstrategie das meiste herauszuschlagen.«
Anstatt zu sagen:
»Der Wagen kommt jetzt doch nicht mittags aus der Werkstatt, wie der Mechaniker es mir versprochen hat. Das bringt meinen ganzen Plan durcheinander.«
Sagen Sie lieber:
»Wenn der Wagen doch erst nachmittags fertig wird, kann ich auch gleich die Gelegenheit nutzen und in die Zweigstelle der Bibliothek weiter unten auf der Straße gehen. Ich war schon ewig nicht mehr da. Hat doch auch sein Gutes, daß sich mein Plan jetzt geändert hat.«
Anstatt zu sagen:
»Ich sehe einige schwerwiegende negative Konsequenzen, die sich aus dieser Wendung der Ereignisse ergeben.«
Sagen Sie lieber:
»Ich sehe sehr positive Konsequenzen, die sich aus der Wendung dieser Ereignisse ergeben.«

20. Hätte ich doch bloß...

Sie nehmen an der Jahreshauptversammlung Ihres Berufsverbandes teil und stellen beim Durchlesen des Programms fest, daß bei dem morgigen Bankett anläßlich der Preisverleihung ein Smoking vorgeschrieben ist. Ihr Smoking aber hängt friedlich zu Hause im Schrank.
Sagen Sie sich laut vor:
»Wenn ich doch bloß das Programm genauer durchgelesen hätte, bevor ich mich ans Packen machte. Warum plane ich bei solchen Sachen nie im voraus? Es wird so aussehen, als würde ich nicht dazugehören.«
Und jetzt sagen Sie folgendes:
»Ich frage mal den Hausmeister, vielleicht gibt es ja einen Smokingverleih für dringende Fälle. Für das nächstemal nehme ich mir vor, die Programmunterlagen schon ein paar Tage, bevor ich zu der Versammlung fahre, gründlich durchzulesen.«
Wer hört sich wie jemand an, der sich auf dem Festbankett garantiert fehl am Platz vorkommt und dem dasselbe nächstes Jahr wieder passieren könnte?

Eine Bypass-Operation ist nicht leicht zu verkraften, sie kann einen schon zum Nachdenken bringen. Bei einem Freund war sie außerdem Auslöser dauernder Selbstvorwürfe, die alle anfingen mit »Wenn ich doch bloß...«. Anfang 40, hätte er sich nur um seine Karriere gekümmert, viel zuwenig Zeit seiner Familie gewidmet und alle gängigen Ernährungsrichtlinien mißachtet.
Auf dem Krankenbett liegend, wiederholte Jerry immer wieder seine reuevollen Anklagen: »Wenn ich doch bloß dieses cholesterinreiche Essen vermieden hätte.« – »Wenn ich doch bloß ein ausgeglicheneres Leben geführt hätte.«
Wenn man ihn so reden hörte, konnte man meinen, da schrie-

be jemand seinen eigenen Nachruf. Trotz der gelungenen Operation baute Jerry weiter ab. Er versank immer tiefer in seine Selbstvorwürfe, statt sich auf eine Umstellung seiner Gewohnheiten zu konzentrieren und eine Steigerung der Lebensqualität anzustreben.

Jerrys Besserung trat erst in dem Moment ein, als dieses ewige »Wenn ich doch bloß ...« aufhörte. Er war schließlich bereit, diese kraftlose Phrase aus seinem Vokabular zu streichen, und sowohl seine Familie als auch seine Freunde bestärkten ihn in diesem Entschluß, indem sie Jerry immer gleich unterbrachen, wenn wieder ein »Wenn ich doch bloß ...« aus seinem Mund kam. Sehr bald stellte Jerry fest: »Ich habe mein Familienleben lange Zeit nicht so genossen, wie ich es eigentlich verdiene, und das will ich ändern, ab sofort.« – »Ich war ziemlich unvernünftig, was meine Eßgewohnheiten anbelangt. Heute fange ich eine gesunde, nahrhafte Diät an.« – »Ich war nicht ausgeglichen, und jetzt werde ich bewußt daran arbeiten, für mehr Ausgleich in meinem Leben zu sorgen.«

Jerry ist heute ein neuer Mensch. Das hat nicht allein die Herzoperation bewirkt. Auch der »operative Eingriff« in seinen Wortschatz spielte dabei eine Rolle. Für eine »operative Entfernung« der Selbstanklage in Form von »Ach, wenn ich doch bloß ...«-Sätzen braucht man keinen Chirurgen.

Wenn Sie jemanden die Phrase »Hätte ich doch bloß ...« ausrufen hören, können Sie davon ausgehen, daß sein Augenmerk auf die Vergangenheit gerichtet ist. Er quält sich mit Selbstvorwürfen, ist vornehmlich mit Dingen beschäftigt, die ohnehin nicht zu ändern sind. Der *richtige* Moment, über eine beklagenswerte Vergangenheit zu reden, ist dann gekommen, wenn Sie rückschauend herausfinden wollen, was schiefgelaufen ist, *um es zu beheben.*

Auf meinen Vortragsreisen ist es gelegentlich vorgekommen, daß mein aufgegebenes Gepäck verlorenging oder zu spät eintraf, so daß ich einmal sogar in Sportschuhen und Jeans

ans Rednerpult treten mußte. Wenn so etwas passiert, wünsche ich immer, das Gepäck mit an Bord genommen zu haben. Andererseits habe ich meinen vollgehängten Anzugsack auch schon als Handgepäck deklariert, ihn von Flugsteig B-1 bis E-32 geschleppt, wenn ich einen knappen Anschlußflug nicht verpassen wollte, und mir in dem Moment immer gewünscht, ich hätte nur meinen kleinen Aktenkoffer zu tragen. In beiden Fällen wäre es ein leichtes gewesen, sich in »Hätte ich doch bloß . . .«-Vorwürfen zu suhlen.
Statt mich mit Vergangenem abzugeben, habe ich mir diese Erfahrungen zunutze gemacht und nach vorn, in die Zukunft geschaut. »Wenn ich den Abendanzug als Gepäckstück aufgebe, gehe ich das Risiko ein, daß er verlorengeht. Wenn ich ihn als Handgepäck bei mir trage, wird er mir lästig. Ich muß mir etwas Besseres einfallen lassen.« Die Lösung war einfach: Ich gebe alles Gepäck auf, auch den Anzug, den ich bei meinem Vortrag tragen werde. Auf der Reise selbst trage ich einen zweiten Anzug, den ich anbehalten kann, für den Fall, daß mein Gepäck verlorengeht.

Schrammt eine Verkäuferin bei einem regionalen Verkaufswettbewerb ganz knapp an Platz 1 vorbei, läßt sich ihre Bereitschaft, es erneut zu versuchen, leicht daran ablesen, wie sie ihre Niederlage beschreibt. Sagt sie zum Beispiel: »Wenn ich bloß 5% mehr Umsatz gehabt hätte, säße ich jetzt in Acapulco. Was für ein Pech«, stehen ihre Aussichten nicht besonders gut. Sagt sie dagegen: »Ich lag nur mit 5% unter der Siegermarke, und ich weiß, ich kann meine Effektivität noch steigern, wenn ich meine verkaufsfördernden Maßnahmen verbessere. Das nächste Mal habe ich mehr Umsatz«, dann steht eine zukünftige Siegerin vor uns.
Bei Managern, Maklern und anderen professionellen Verhandlungsführern, die konsequent ihre Fähigkeiten unterlaufen, ist dieses »Hätte ich doch bloß . . .«-Muster ebenfalls sehr verbreitet. Eigentlich bringt sich jeder, der »Wenn ich

doch bloß . . .« sagt, um den Erfolg, egal um was es sich handelt, ob Verkaufsstrategien oder Kindererziehung.
Es hilft Ihnen, negatives Zurückschauen auszumerzen, wenn Sie Sätze vermeiden, die mit »Hätte ich doch bloß . . .« eingeleitet werden. Ersetzen Sie sie durch die positive, nach vorne gerichtete Äußerung: »Ab heute werde ich . . .«

Lektion

Was Sie sofort tun können:
Richten Sie Ihre Aufmerksamkeit darauf, was Sie positiv zur Geltung Ihrer Zukunft beitragen können, und stellen Sie Ihre Wortwahl darauf ein. Vertun Sie keine Zeit mit einer ohnehin nicht mehr rückgängig zu machenden Vergangenheit, indem Sie darüber reden, was Sie hätten sein können.
Anstatt zu sagen:
»Hätte ich meinen Borgward doch bloß noch ein paar Jahre behalten, dann hätte ich ihn jetzt als Oldtimer teuer verkaufen können.«
Sagen Sie lieber:
»Wenn ich mir noch mal einen Wagen zulege, bei dem die Möglichkeit einer Wertsteigerung besteht, prüfe ich erst mal die Verkaufsaussichten, bevor ich ihn weiterverkaufe.«
Anstatt zu sagen:
»Vielleicht hätten wir ja doch eine richtige Familie haben können, wenn ich mich darauf eingestellt hätte vor der Hysterektomie meiner Frau. Jetzt ist es dazu zu spät.«
Sagen Sie lieber:
»Ich möchte immer noch gerne eine Familie haben. Wir können uns bei Adoptionsagenturen umhören oder auch ein Kind zur Pflege nehmen.«
Anstatt zu sagen:
»Hätte ich doch bloß . . .«
Sagen Sie lieber:
»Angefangen mit dem heutigen Tag werde ich . . .«

21. Den Tiefpunkt erreichen

Es geht bergab mit Ihnen. Zuerst wurden Sie zurückgestuft, dann haben Sie angefangen zu trinken, schließlich geht Ihre Ehe zu Bruch.

Sagen Sie sich laut vor:

»Ich habe dieses Chaos eigentlich nicht nötig. Ich könnte wirklich besser dastehen, aber ich weiß nicht, wie und wo ich anfangen soll.«

Und jetzt sagen Sie folgendes:

»Ich werde mein Leben verändern. Mit dem heutigen Tag fange ich an, meine Situation zu verbessern. Das wird keiner für mich übernehmen, ich muß es schon selbst tun.«

Wer hört sich wie jemand an, der immer nur wartet und wartet, bis etwas passiert, und sich später wundert, warum sich nichts geändert hat? Wer ist drauf und dran, etwas zu verändern, und geht einen ersten Schritt in die richtige Richtung?

Für Tom läßt sich alles in der einzig wahren Maxime zusammenfassen:

»Man kann sich dazu bringen, richtig zu denken, aber durch Denken allein ändert man nichts.«

Wenn Sie erst einmal ganz unten angekommen sind, fällt es schwer, sich einen Ausweg vorzustellen. Man muß etwas tun, man muß handeln. Was Tom angeht, war die effektivste Methode die, seine Sprache zu ändern.

Ich lernte Tom kennen, als ich noch in Venice Beach in Kalifornien wohnte. Die meisten, die schon mal von Venice gehört haben, stellen es sich als eine schicke Wohngegend vor, in der sich Filmproduzenten, berühmte Künstler und Schauspieler, die von Beverly Hills die Nase voll hatten, angesiedelt haben, um außer Reichweite des Medientrubels zu sein.

Venice hat aber auch eine dunkle Seite: Hippies, die seit den

60er Jahren dort ansässig sind, in windschiefen Hütten wohnen und mit psychedelischen Lackbildern verzierte VW Käfer fahren. Gleichzeitig tummelt sich dort eine gewalttätige Gemeinde von Leuten, die harte Drogen nehmen. Hier, in dieser Umgebung, hatte Tom seinen persönlichen Tiefpunkt erreicht. Er war arbeitslos, abgebrannt, lebte in einem Slum, gierte von einer Flasche Wein zur nächsten, von einer Pille zur nächsten. Es war ihm nicht klar, daß er Alkoholiker war, bis er physisch und psychisch völlig verwahrloste.

Toms Leben fing an sich zu verändern, als er ein Mitglied der *Anonymen Alkoholiker* kennenlernte, das ihn zu seinem ersten Meeting schleppte. Von seiner ganzen äußeren Erscheinung her war Tom der ausgesprochene Verlierertyp, als er die Prozedur der zwölf Schritte zur Genesung einschlug, die bei den AA-Gruppen in der ganzen Welt dieselben sind. Seine neuen Freunde halfen ihm mit Zuspruch und Vertrauen. Sie ermunterten ihn, eine positive Erwartungshaltung einzunehmen. Sie sagten ihm, er solle versuchen sich vorzustellen, wie sein Leben aussehen würde, wenn es nach ihm ginge, nach Tom. Er konnte es sich tatsächlich vorstellen. Er sah sich selbst als einen nüchternen, erfolgreichen Menschen. Er wußte nicht genau, *wie* sich der Erfolg einstellen würde, er vertraute allein darauf, daß ihm der Weg schon vorgegeben würde, wenn er sich auf das Ziel statt auf die Mittel konzentrierte.

Dann versagte seine Leber. Tom wurde ins St.-John's-Krankenhaus in Santa Monica eingeliefert, verbrachte viel Zeit im Bett und kam ins Grübeln. Er wußte von sich, daß er Erfolg haben wollte, er hatte sich eine positive Erwartungshaltung angeeignet und richtete sein Denken auf dieses Ziel aus, aber er sah auch, daß nichts geschah. Rückschauend betrachtet Tom seinen Krankenhausaufenthalt heute als einen Segen. Er hatte genug Zeit, sich – nüchtern – über seine Gefühle im klaren zu werden. Er kam zu dem Schluß, daß in seinem Inneren ein Saboteur am Werk war. Er faßte ein Lebensziel ins

Auge, doch dann nahmen jedesmal böse Gefühle von ihm Besitz und hinderten ihn daran, das gesteckte Ziel zu erreichen.

Es überkam Tom wie eine Erleuchtung: »Vorsätze sind wertlos, wenn keine Taten folgen.«

So fing er an, etwas zu tun und nicht immer nur nachzudenken und zu reden. Zunächst schrieb er alle Vorsätze auf ein Blatt Papier.

»Ich, Tom, wage den Wohlstand.«

»Ich, Tom, erwarte schonungslos bei jeder Unternehmung, die ich in Angriff nehme, den Erfolg und tue alles, um ihn zu verwirklichen.«

»Ich, Tom, verbanne alle Gedanken an Scheitern aus meinem Kopf und erkläre sie für null und nichtig.«

»Ein Rückschlag wird mich nicht zu Boden werfen, wenn mein Wunsch nach Erfolg nur stark genug ist, und an diesem Wollen richte ich mein Handeln aus.«

Noch im Krankenhaus sagte er sich diese Leitsätze immer wieder vor. Kurz nach seiner Entlassung fand Tom neue Arbeit. Ein Freund, selbst ein geschickter Verkäufer, überredete ihn, in die Verkaufsbranche einzusteigen, und so fing Tom an, für ein kleines Unternehmen zu arbeiten, das Farbbänder für Computerdrucker über Telefon vertrieb. Er setzte die guten Vorsätze in die Tat um, schrieb eine Bewerbung und arbeitete sich nach und nach zum ersten Verkäufer hoch.

Am Ende schied Tom aus und gründete sein eigenes Unternehmen.

Seine Vorsätze immer im Hinterkopf, legte er sich in Venice Beach an den Strand und stellte sich einen Raum mit 40 Leuten vor, die alle Gewinne machten, die alle für ihn arbeiteten. Er fing klein an, wälzte sich morgens aus dem Bett, aß sein Müsli und tätigte die Anrufe von seinem winzigen Apartment aus.

Heute ist Tom Direktor eines Unternehmens, das Farbbänder an über die Hälfte der in der »Fortune 500«-Liste genannten

Spitzenunternehmen verkauft, auf 3000 qm^2 Produktionsfläche eine breite Palette peripherer Qualitätsprodukte für Computer herstellt und 130 Angestellte beschäftigt. Der Jahresumsatz liegt bei über 25 Millionen DM. Tom hat eine talentierte, liebevolle Frau an seiner Seite (die er bei einem der AA-Meetings kennengelernt hat), einen Sohn und führt ein ausgeglichenes Leben. Wenn der Streß durch die Arbeit zu stark wird, gönnt er sich einen Kurzurlaub mit der Familie in einer entlegenen Gegend in Idaho, wo Tom eine Blockhütte besitzt, die mal ein berühmter Filmschauspieler eigenhändig gebaut hat. Wie Tom immer sagt: »Egal, wo du anfängst – wo du mal landest, *darauf* kommt es an.«

Toms Lebensgeschichte ist nicht außergewöhnlich. Zehntausende wie er führen ein erfülltes Leben und haben sich aus ähnlich erbärmlichen Umständen wieder aufgerafft. Sie alle haben eins gemein: Sie haben nicht nur den Entschluß gefaßt, ihr Leben zu verändern – sie haben auch etwas dafür getan.

Wenn Sie an einem Tiefpunkt in Ihrem Leben angelangt sind – handeln Sie, ergreifen Sie Maßnahmen. Sagen Sie sich laut vor, was Sie in Ihrem Leben verwirklicht sehen möchten, es zu denken allein genügt nicht. Nutzen Sie die *Macht des gesprochenen Wortes,* die Wirkung guter Vorsätze, um sich auf die Bahn des Erfolgs zu bringen, den Sie verdienen. Laotse will uns nicht ermahnen, über erste Schritte nachzudenken, er sagt ganz einfach:

»Eine Reise von tausend Meilen beginnt mit einem Schritt.«

Lektion

Was Sie sofort tun können:

Sind Sie an einem Tiefpunkt angelangt, dann schreiben Sie sich Ihre Vorsätze auf. Verwenden Sie positive Begriffe, und lesen Sie sie sich anschließend laut vor. Bleiben Sie nicht bei den Vorsätzen, setzen Sie sie in die Tat um.

Anstatt zu sagen:
»Ich bin der typische Versager. Man braucht sich doch bloß mein vermasseltes Leben anzuschauen.«
Sagen Sie lieber:
»Ich lasse mich von Mißerfolgen nicht unterkriegen, wenn mein Wunsch nach Erfolg im Leben nur stark genug ist und ich entsprechend handle.«
Anstatt zu sagen:
»Ich sehe mich gern als einen erfolgreichen Menschen, der seinen Ballast hinter sich läßt. Aber es ändert sich nichts.«
Sagen Sie lieber:
»Heute ergreife ich erste Maßnahmen. Ich strebe den Erfolg an, den ich verdiene, um das Beste aus mir zu machen.«
Anstatt zu sagen:
»Ich bin ein Versager.«
Sagen Sie lieber:
»Ich bin ein Gewinner.«

22. Sich wieder fangen

Sie leiten eine Abteilung, die von Massenentlassungen bedroht ist. Ihre Mitarbeiter bitten Sie um eine Unterredung, um mit Ihnen über die Zukunftsaussichten zu sprechen.
Sagen Sie sich laut vor:
»Ich weiß nicht, was ich Ihnen sagen soll. Es sieht böse aus, und ich sehe nicht, daß sich die Dinge noch zum Guten entwickeln.«
Und jetzt sagen Sie folgendes:
»Ich habe Verständnis für Ihr Gefühl der Unsicherheit, und ich weiß, daß wir vor großen Herausforderungen stehen. Wir haben schon vorher Hindernisse gemeistert, und wir manövrieren uns auch aus dieser augenblicklichen Lage wieder heraus. Wir sind ein starkes Team, und wir kommen wieder auf die Beine. Ich weiß, wir werden mit einem guten Plan aufwarten, der eine Wende herbeiführt, wenn wir nur alle zusammenarbeiten.«
Wer hört sich wie ein Abteilungsleiter an, dessen Team sich an die Arbeit macht und über Lösungen nachdenkt? Wer wird sich einer Verschlechterung der Lage gegenübersehen, einer sinkenden Arbeitsmoral und abnehmenden Produktivität?

Um drei Uhr Freitag nachmittag standen die Packer mit leeren Umzugskartons vor der Tür. Der Schlosser ging mit einem Bohrer auf das Büro des Vizepräsidenten zu und fing an, das Türschloß auszuwechseln. Die Nachricht sprach sich wie ein Lauffeuer herum.
Barbara Grego war Telemarketing-Managerin bei House of Almonds, einem Geschenkversand. Unter ihrer Leitung wuchs der Personalstand der Abteilung im Laufe einer einzigen Saison von vier auf 27 Mitarbeiter. Die Unternehmensleitung hatte festgestellt, daß die Verkäufer Geschenkbestellungen bei größeren Firmen einholen konnten und sich auf diese

Weise lukrative Gewinne bei Almond Gift Packs erzielen ließen. Sie verkauften keinen Nippes mehr, sondern boten einen bequemen Service an. Firmen, die zu den Feiertagen traditionsgemäß Geschenke an ihre Kunden verschickten, konnten den Einkauf, das Einpacken und den Versand umgehen und sich an House of Almonds wenden. Sie schickten per Post oder Fax ihre Kundenliste, machten deutlich, in welche Geschenkkategorien ihre Kunden jeweils einzuordnen waren, skizzierten mit ein paar Worten, was auf der Grußkarte stehen sollte, und den Rest übernahm House of Almonds.

Die Verkaufssaison erstreckte sich über wenige Monate, von August bis November. Der Druck in dieser Zeit war enorm; Spannung und Streß plagten die Abteilung. Konfrontiert mit ernsten Konsolidierungsproblemen und den üblichen Wachstumsschmerzen, die jede Abteilung bei einer 500%igen Expansion durchmacht, bat mich Barbara um meinen fachlichen Rat in Managementfragen und darum, ihr rasant wachsendes Telemarketing-Team zu schulen. Einer der größten Aktivposten innerhalb der Organisation war ein Vizepräsident des Unternehmens, der an Barbaras Management glaubte. Im entscheidenden Augenblick gab man ihm jedoch den Laufpaß.

Als das Büro ihres Fürsprechers geräumt wurde, reagierte Barbara, indem sie die ganze Abteilung mit Schildchen pflasterte, auf denen die Worte *»Mit Schwung nach vorn«* zu lesen waren. Sie hängte kleine Fähnchen auf und ließ Schlüsselanhänger für ihre Angestellten anfertigen. Auf allen stand nur dieser Spruch: »Mit Schwung nach vorn.«

Barbara Grego wollte sich und ihre Abteilung daran erinnern, daß sie die Dinge voller Elan anpackten. Das Leben hat seine Hochs und Tiefs, und ohne Herausforderungen und Rückschläge wäre es ganz schön langweilig.

PowerTalker spüren, daß sie in schwierigen Zeiten an Stärke gewinnen. Sicher scheinen sich manchmal die Umstände gegen uns verschworen zu haben, und wir verlieren den Boden unter den Füßen. Wenn das der Fall ist, kommt leicht das Gefühl auf, man würde untergehen. Die Lösung liegt darin, sich vor Augen zu führen, daß uns das Unglück auf die Probe stellt, uns die Gelegenheit gibt, wieder aufzustehen – stärker und klüger als vorher.

Düsterste Aussichten gehen nicht selten vielversprechenden Veränderungen voraus. Es kommt wesentlich darauf an, sich vorzustellen, daß Sie und das Team, das Sie leiten – ob Ihre Familie oder eine Arbeitsgruppe –, dem Sturm entrinnen und wieder Oberwasser gewinnen werden. Sich das nur auszumalen reicht jedoch nicht. Reden Sie darüber. Und die Worte, die Sie verwenden, sollen Ihre Entschlossenheit widerspiegeln, die Situation auszuhalten, sollen Ihre Erwartungen ausdrücken, daß sich die Dinge zum Besseren ändern.

Lektion

Was Sie sofort tun können:

Wenn Sie sich dabei ertappen, wie Sie einen Rückschlag als das endgültige Aus beschreiben, dann formulieren Sie den Satz um, damit man heraushört, daß Sie wieder auf die Beine und weiterkommen werden.

Anstatt also zu sagen:

»Meine Abteilung ist zerschlagen worden, mein Fürsprecher gefeuert, und meine Karriere erlebt einen Sturzflug.«

Sagen Sie lieber:

»Ich habe genug Schwung, aus den Turbulenzen wieder herauszukommen. Erfahrungen wie diese fördern nur meine Fähigkeiten als Abteilungsleiter.«

Anstatt zu sagen:

»Meine beste Freundin ist an die Westküste gezogen. Ich komme mir wie verloren vor. Ich weiß nicht, wie ich diese Einsamkeit jemals überwinden soll.«

Sagen Sie lieber:

»Ich vermisse Nicole sehr, seit sie weggezogen ist. Ich werde Judy anrufen und ab jetzt öfter mit ihr ausgehen. Ich werde viele neue Freunde finden.«
Anstatt zu sagen:
»Ich habe die Fußsehnen überdehnt, und der Arzt hat gesagt, ich könnte nie wieder Volleyball spielen.«
Sagen Sie lieber:
»Ich muß jetzt langsamer treten, damit mein Fuß auch richtig heilen kann. Dann werde ich mir eine Sportart suchen, die nicht so strapaziös für meine Füße ist.«
Anstatt zu sagen:
»Hilfe, ich gehe unter.«
Sagen Sie lieber:
»Ich komme schon wieder auf die Beine.«

23. Aus und vorbei

Sie kommen gerade von einem zweiwöchigen Urlaub zurück. Beim Aufschließen der Haustür stellen Sie fest, daß die Alarmanlage ausgeschaltet ist. Sie wissen genau, daß Sie sie bei Verlassen eingeschaltet haben, und befürchten nun, daß jemand in der Zeit Ihrer Abwesenheit eingebrochen ist.
Sagen Sie sich laut vor:
»O nein! Was machen wir bloß, wenn bei uns eingebrochen worden ist? Wahrscheinlich haben sie unseren Schmuck gestohlen. Was ist, wenn sie den Computer mitgenommen haben, mit meinen ganzen Unterlagen auf der Festplatte? Wenn sie auch noch meinen Terminplaner haben mitgehen lassen, bin ich wirklich verloren. Was soll ich bloß machen?«
Und jetzt sagen Sie folgendes:
»Vielleicht hat man bei uns eingebrochen. Sehen wir besser sorgfältig im ganzen Haus nach. Wenn Wertgegenstände fehlen, wird die Versicherung die meisten ersetzen. Machen wir eine gründliche Inventur.«
Wer ist der bessere Kandidat für ein Magengeschwür? Wen möchten Sie lieber in Ihrer Nähe haben, wenn es mal zu einem echten Notfall kommen sollte?

Stew Leonard ging auf den Hertz-Schalter im Flughafengebäude zu und fragte die Dame hinter dem Tresen: »Haben Sie hier einen Herrn in einem gelben Anzug warten sehen?« Die Angestellte der Mietwagenfirma blickte ihn konsterniert an und sagte: »Nein, ich habe hier niemanden warten sehen.« Stew fragte weiter: »Wo ist hier die Rolltreppe, bitteschön?« Verstört wegen dieser seltsamen Fragen, entgegnete sie: »Rolltreppe? Es gibt in diesem Flughafengebäude keine Rolltreppen.«
Stew Leonard ist Gründer und Leiter des größten Lebensmit-

telgeschäftes der Welt, Stew Leonard's Dairy Shop in Connecticut. Tom Peters hat ihn in der ganzen Welt berühmt gemacht, als er Stews Kundendienstmarke in seiner Buch- und Videofilmreihe *Excellence* lobend erwähnte.
Stew war unterwegs zu einer Konferenz über Fragen der Qualität, organisiert von Frank Perdue von Perdue Chicken, auf der er als Hauptredner auftreten sollte. Frank organisiert diese Konferenz mit berühmten Gastrednern jedes Jahr und lädt dazu seine wichtigsten Kunden, Lieferanten und die Mitarbeiter ein, die Schlüsselpositionen in seiner Firma einnehmen. Diesmal wurde die Konferenz in einem exklusiven Erholungsort auf einer kleinen Insel vor der Küste Floridas, unweit von Jacksonville, abgehalten.
Mit der Bestätigung der Einladung hatte Fred eine Wegbeschreibung verschickt, die Insel sei durch eine Brücke mit dem Festland verbunden und vom Flughafen Jacksonville aus mit dem Wagen in einer knappen Stunde zu erreichen. An Stew hatte er geschrieben:
»Stew, Sie brauchen sich um nichts zu kümmern. Wenn Sie aus dem Flugzeug steigen, wird Sie jemand in einem himmelschreiend gelben Anzug begrüßen, dafür werde ich sorgen. Er wird Sie zu einem Wagen bringen, der am Fuß der Rolltreppe in der Nähe der Gepäckausgabe auf Sie wartet. Sie kommen noch rechtzeitig auf der Insel an, um sich zu überzeugen, daß im Festsaal alles für Ihren Vortrag arrangiert ist.«
Als Stew jedoch die Maschine verließ, wartete niemand zur Begrüßung auf ihn. Er durchquerte die Halle bis zur Gepäckausgabe, und nachdem er dabei zugeschaut hatte, wie die anderen Passagiere alle ihre Gepäckstücke entgegennahmen und das Band zum Stillstand kam, dachte er bei sich: »Erst keiner zum Empfang, und jetzt stehe ich auch noch ohne Gepäck da. Mein Anzug, meine Dias, meine Unterlagen, alles, was ich brauche, ist in dem Koffer. Was soll ich jetzt machen?«

Ohne Gepäck und ohne den versprochenen Führer machte er sich selbst auf die Suche nach dem Wagen, der ihn abholen sollte; er würde zur Insel rüberfahren und die Sache mit dem vermißten Gepäck später klären. Frank hatte geschrieben, der Fahrer würde in der Nähe der Rolltreppe warten, und daher war Stew völlig verdutzt, als die Angestellte der Mietwagenfirma ihm mitteilte, es gäbe im Flughafengebäude überhaupt keine Rolltreppe. Langsam wurde ihm die ganze Sache suspekt, aber Stew, bereit, das Beste aus seiner Lage zu machen, fand sich damit ab, einen Wagen mieten und selbst zur Insel fahren zu müssen. Als er die Dame fragte, wie lange die Fahrt dauern würde, meinte sie, es seien mehrere Stunden.

»Mehrere Stunden? Der Mann, der das alles organisiert hat, hat mir geschrieben, die Insel liege nur etwa eine Stunde von Jacksonville entfernt.«

Sie entgegnete:

»Das stimmt. Aber Sie befinden sich hier nicht in Jacksonville.«

Im selben Augenblick wurde Stew klar, daß er auf seinem Flug nach Jacksonville zu früh ausgestiegen war, die Maschine hatte eine Zwischenlandung gemacht. Dieser kleine Flughafen lag nicht da, wo er, Stew, jetzt sein sollte. Sein Gepäck war weiter nach Jacksonville befördert worden, wohin auch er hätte fliegen sollen.

Stew hielt einen Moment inne und überlegte. Noch in dieser Stunde würde seine Maschine in Jacksonville landen, ohne ihn; die Passagiere würden aus dem Flugzeug strömen und in der Ankunftshalle einen Mann in einem knallgelben Anzug bemerken. Der Chauffeur würde am Fuß der Rolltreppe wie ein treuer Diener auf seinen Herrn warten, während Stews nicht abgeholtes Gepäck auf dem Förderband kreisen würde.

Stew folgte seinem eigenen Rezept, wie man mit solchen Pannen umgehen sollte: Er lachte nur und sagte sich: *»Aus und* *vorbei. Das war's dann wohl.«* Es war sinnlos, sich weiter mit seiner Lage und dem Umstand, der dazu geführt hatte, zu beschäftigen. Es war keinem damit gedient, wenn er sich jetzt Vorwürfe machen würde, weil er zu früh ausgestiegen war. Statt dessen lenkte er seine Energie darauf, einen Charterflieger ausfindig zu machen, Frank Perdue anzurufen und ihm zu versichern, es würde schon alles in Ordnung gehen, und dann mit der gecharterten Maschine auf kürzestem Weg zur Insel zu fliegen.

Als Stew mir die Geschichte erzählte, sagte er:

»Es bringt nicht das geringste, über eine blöde Situation lange zu lamentieren. Wenn mir irgend etwas Dummes widerfährt und es so scheint, als würden alle meine Pläne über den Haufen geworfen, sage ich mir immer: ›Das war's dann wohl. Aus und vorbei.‹ Das ist mein Geheimnis, das Beste aus so einer Situation zu machen. Dann setze ich meine ganze Energie ein, um die Sache zum Guten zu wenden. Wie sich zeigte, hat mich die Chartermaschine noch rechtzeitig auf der Insel abgesetzt, so daß noch reichlich Zeit war. Und ich hatte eine neue Anekdote, die ich einflechten konnte. Die Veranstaltung wurde ein voller Erfolg. Meine Reisetaschen wurden direkt ins Hotel gebracht, und alles wendete sich zum Guten.«

Stew Leonards Ratschlag erinnerte mich an das lehrreichste Buch, das ich jemals in meiner Schulzeit gelesen habe. Es war Dale Carnegies Klassiker *Sorge dich nicht – lebe!* Er schlägt eine einfache Methode vor, drei Schritte, wie man seine Ängste und Sorgen los wird:

1. *Überlegen Sie, was genau Ihnen Sorgen bereitet, und beantworten Sie sich die Frage: Was könnte sich schlimmstenfalls aus dieser Situation ergeben?*
2. *Akzeptieren Sie »das Schlimmste«, als wäre es bereits eingetreten. Stellen Sie sich vor, es sei Wirklichkeit. Nachdem Sie nun Ihre schlimmsten Befürchtungen akzeptiert haben,*

besteht keine Notwendigkeit mehr, auch nur die geringste Energie auf die Sorge zu verschwenden, sie könnten wahr werden.

3. *Leiten Sie Ihre Energie, die Sie auf die Sorge verwendet haben, Ihre schlimmsten Befürchtungen könnten sich bewahrheiten, um, und tun Sie statt dessen etwas Nützliches, das verhindert, daß sie tatsächlich Wirklichkeit werden.*

Ich habe diese simple Formel in allen möglichen Situationen wieder und wieder angewandt und dabei festgestellt, daß sie noch nie versagt hat. Wenden wir sie doch mal auf Stews mißliche Lage an:

1. Was wäre das Schlimmste gewesen, was hätte passieren können? Nehmen wir an, Stew hätte keinen Charterflug gefunden und eingesehen, daß er unmöglich noch rechtzeitig zu seinem Vortrag in dem Ferienort auf der Insel eintreffen würde. Er hätte das Programm ganz ausfallen lassen müssen und seinen Freund Frank Perdue enttäuscht. Auch das Publikum wäre frustriert gewesen. Stew hätte sein Honorar für sein Referat nicht in Empfang nehmen können und hätte vielleicht sogar noch eine Art Rücktrittsgebühr aufgebrummt bekommen. Er wäre nach Connecticut zurückgekommen mit einem schlechten Gewissen, weil er seinen Freunden und seinem Publikum eine Enttäuschung bereitet hätte. Frank hätte die ganze Angelegenheit wahrscheinlich mit Humor genommen, hätte das Publikum allein unterhalten und mit einem leicht veränderten Konferenzprogramm weitergemacht.

2. Akzeptieren Sie das Schlimmste, als sei es bereits eingetreten. Vor seinem geistigen Auge malte sich Stew aus, daß Frank Perdue die Bühne betreten und dem versammelten Publikum verkündet hätte, Stew sei zu früh ausgestiegen, bei der Zwischenlandung, und könne seinen Vortrag leider nicht halten.

Die Zuhörer hätten enttäuscht gemurrt und sicher auch gelacht über die Komik des Ganzen. Obwohl wenig wahrscheinlich, hätte Stew aber auch einen Anruf von Frank bekommen können, der ihn wegen der nicht eingehaltenen vertraglichen Verpflichtung zusammengestaucht hätte. Hätte Stew deswegen körperliche Schmerzen erlitten? Nein. Wäre seine berufliche Karriere bedroht gewesen? Nein. Wäre sein Privatvermögen verloren gewesen? Natürlich nicht. Er hätte einem Freund und seinem Publikum eine Enttäuschung bereitet und einen finanziellen Verlust verschmerzen müssen. Mehr nicht. Das alles einmal akzeptiert, hätte Stew trotzdem weitergemacht in seinem Beruf – und das Mißgeschick auf sich beruhen lassen.

3. Nutzen Sie die Energie, die Sie anderweitig vergeudet hätten, und tun Sie etwas Konstruktives. Genau das hat Stew getan. Er hängte sich ans Telefon, organisierte eine Chartermaschine, benachrichtigte Frank, und alles wendete sich zum Guten.

Die komplizierten Absprachen, die aufgrund der Situation neu getroffen werden mußten, waren derart, daß eine Verzögerung von wenigen Minuten möglicherweise viel ausgemacht hätte. Die Chartermaschine hätte kurze Zeit später vielleicht nicht mehr zur Verfügung gestanden. Der Pilot wäre vielleicht schon nach Hause gefahren. Der kleine, unbeleuchtete Zielflughafen auf der Insel hätte vielleicht schon geschlossen für den Tag. Wäre Stew im Flughafengebäude unruhig auf und ab gegangen, hätte er seine Lage bedauert und sich wegen des dummen Mißgeschicks Vorwürfe gemacht, wäre »das Schlimmste« am Ende vielleicht tatsächlich eingetreten.

Überlegen Sie sich einmal, wie oft Sie schon Leute beobachtet haben, die ihre gesamte Energie darin erschöpfen, alle Details einer mißlichen Situation, in der sie sich gerade befinden, immer wieder aufzuwärmen. Dabei bringt es überhaupt nichts, es verbessert die Lage in keiner Weise, im Gegenteil, sie verschlimmert sich eher. Und noch etwas: Ständiges Sich-Sorgen und -Beklagen vermittelt allen Beteiligten ein mieses Gefühl. Befinden Sie sich in einer dummen Situation, nehmen Sie die Umstände hin, wie sie nun mal sind, und lenken Sie Ihre Energie darauf, den Dingen eine positive Richtung zu geben.

Lektion

Was Sie sofort tun können:
Wenn sich abzeichnet, daß etwas in eine Katastrophe mündet, halten Sie inne, und fragen Sie sich: Was ist das Schlimmste, was mir passieren kann? Akzeptieren Sie das Schlimmstmögliche, als wäre es schon eingetreten, und sagen Sie: »Okay, das war's. Aus und vorbei.« Setzen Sie sich anschließend hin und verwenden Sie Ihre Energie dazu, ein positives Resultat zu erzielen.
Anstatt zu sagen:
»Es sieht so aus, als würde mein Bericht nicht rechtzeitig fertig, und ich habe Angst, vor meinen Chef zu treten, wenn die Arbeit unvollständig ist. Ich kann mir lebhaft vorstellen, wie er reagiert, wenn sich der Bericht verzögert.«
Sagen Sie lieber:
»Es kann sein, daß mein Bericht nicht rechtzeitig fertig wird. Das Schlimmste, was mir passieren kann, ist, daß mein Chef enttäuscht von mir ist und mich bittet, Überstunden zu machen, bis der Bericht fertig ist. Er wird mich nicht gleich vor die Tür setzen, er wird unzufrieden sein. Das ist alles. Punkt. Und jetzt mache ich mich an eine Gliederung für die restlichen Abschnitte, damit ich was in der Hand habe, das ich ihm zeigen kann.«
Anstatt zu sagen:
»Was für ein verdammtes Pech! Ausgerechnet kurz vor den Volleyball-Ligaspielen muß ich mir in die Hand schneiden.

Jetzt kann ich nicht mitspielen, und mein Team wird möglicherweise verlieren. Alles meine Schuld!«

Sagen Sie lieber:

»Mit dieser Schnittwunde an der Hand Volleyball zu spielen kommt überhaupt nicht in Frage. Ich kann am besten schmettern im ganzen Team, und ohne mich verlieren wir vielleicht. Mehr kann uns nicht passieren. Da ich nicht mitspielen kann, werde ich Ron trainieren, damit seine Schmetterbälle noch besser sitzen.«

Anstatt zu sagen:

»Das ist ja schrecklich. Es könnte nicht schlimmer kommen.«

Sagen Sie lieber:

»Selbst wenn das Schlimmste eintritt – damit könnte ich leben. Also kein Grund zur Besorgnis. Das wär's dann. Und jetzt mache ich mich daran, meine Lage zu verbessern.«

IV Power Talker übernehmen Verantwortung

PowerTalker übernehmen bereitwillig *persönliche* Verantwortung. Sie setzen sich voll und ganz ein. Statt anderen die Schuld zuzuweisen und Rechenschaft von ihnen zu verlangen, betrachten sich Power Talker als Menschen, die ihr Schicksal in die eigene Hand nehmen. Sie sind keine Betrogenen und reden nicht, als seien sie Opfer von Verhältnissen, die jenseits ihrer Kontrolle liegen.

PowerTalker formen sich die Verhältnisse selbst. Sind die Verhältnisse nicht optimal, machen sich Power Talker daran, sie zu *verändern.* Ist an einer Situation tatsächlich einmal nichts zu ändern, richtet sich der PowerTalker darauf ein und verändert seine Reaktion.

In den folgenden Kapiteln lernen Sie Menschen kennen, die ihr Schicksal meistern, die Herren auf ihrem eigenen Schiff des Lebens sind. Sie wenden die Prinzipien des PowerTalking in bedeutungsvollen Situationen an, wie etwa nach einem Motorradunfall, der eine Lähmung zur Folge hat, aber auch in scheinbar bedeutungslosen Situationen, wenn man zum Beispiel »zu beschäftigt« ist, um entspannt ein gutes Buch lesen zu können. Sie werden erleben, wie Power Talker sich und anderen unter Beweis stellen, daß sie *verantwortliche* Menschen sind und dementsprechend handeln.

24. Paß auf, wo du damit hinzeigst

Sie arbeiten einen neuen Mitarbeiter ein, der außerordentlich leistungsfähig zu sein scheint. Trotzdem bringt er noch immer einige Prozeduren durcheinander, die Sie ihm bereits mehrere Male während des Trainings erklärt haben.
Sagen Sie sich laut vor:
»Sie können einen wirklich frustrieren! Ich habe Ihnen diesen Vorgang schon hundertmal erläutert, aber Sie scheinen einfach nicht zu begreifen.«
Und jetzt sagen Sie folgendes:
»Ich fühle mich frustriert, wenn es Mißverständnisse zwischen uns gibt. Bitte sagen Sie mir, welche Arbeitsbereiche ich Ihnen genauer erklären soll.«
Welche Äußerung motiviert eher zur Zusammenarbeit? Welche wird eher zu Ergebnissen führen, die die Situation verbessern?

Meine Mutter benutzte immer gerne einfache Sprichwörter, die ihren Sinn bis heute nicht verloren haben. Vor meinem geistigen Auge sehe ich sie lachen und mit erhobenem Zeigefinger auf irgend etwas zeigen. Wenn ich als Kind eine Entschuldigung vorbrachte, weil ich meine Hausaufgaben nicht rechtzeitig fertig hatte, streckte sie den rechten Zeigefinger vor, wobei sie die anderen drei Finger auf die Handfläche legte, und »zeigte« auf meine angebliche Entschuldigung. War es eine Buchbesprechung für die Schule, die ich nicht zu Ende schreiben konnte, weil die Tasten meiner Schreibmaschine blockiert waren, legte sich ein strahlendes Lächeln auf Muttes Gesicht, und mit einem Augenzwinkern zeigte sie eindringlich auf die gute, alte Smith-Corona und schlug mit den anderen drei Fingern gegen die Handfläche. Das war ihre Art, mich zu ermahnen, ich sollte besonders auf die anderen drei Finger achten, weil die auf *mich* zeigten. Ihr Zeigefinger

deutete auf das Objekt, dem ich die *eingebildete* Verantwortung in die Schuhe schieben wollte.
Ihre Art, den Zeigefinger zu heben, war für mich stets Anstoß, meine Erklärung für meine mißliche Lage noch einmal neu zu formulieren. Anstatt zu sagen:
»Die Schreibmaschine ist blockiert. Ich kann nicht mehr auf ihr tippen, und deswegen schaffe ich auch die Buchbesprechung nicht rechtzeitig«,
schaute ich auf die anderen drei Finger, die mich ermahnten, nicht abzulenken, sondern die Aufmerksamkeit auf mich zu richten, auf meinen Anteil, und zu sagen:
»Ich habe nicht vorausgedacht und die Schreibmaschine vorher überprüft. Da sie blockiert ist, schreibe ich die Besprechung heute abend mit der Hand und bringe die Maschine morgen zur Reparatur.«

Verkäufer haben die Tendenz, an Kunden, die nicht kaufwillig sind, herumzunörgeln.
»Dieser Geizkragen sieht nur den aktuellen Kaufpreis und nicht darüber hinaus. Er will nicht einmal begreifen, daß unsere Produkte langfristig in Gebrauch und im Unterhalt daher preiswerter sind und ihm bessere Dienste leisten.«
Auf wen zeigt der Zeigefinger dieses Verkäufers? Auf den Kunden. Richtet der Verkäufer sein Augenmerk aber auf die drei anderen Finger, verändert sich die Haltung gleich:
»Ich habe meinen potentiellen Käufer noch nicht überzeugen können, daß die Betriebskosten auf lange Sicht ein bedenkenswerterer Faktor sind als der aktuelle Preis. Ich versuche es mit einer anderen Herangehensweise, um meinen Punkt deutlicher zu machen.«
Starrt er wie gebannt auf seinen Zeigefinger, bleibt ihm nichts anderes übrig, als sich einen neuen Käufer zu suchen. Indem er den ersten Kunden nach einem Beratungsgespräch für unfähig erklärt, gibt er ihn gleich auf. Was er in Wirklichkeit sagt, ist folgendes:

»Wenn der Kunde nicht über den Kaufpreis hinausblicken kann, dann ist das seine eigene Dummheit. Er ist nicht intelligent genug und hat es nicht verdient, in meine Kundenkartei aufgenommen zu werden.«

Die Aufmerksamkeit auf die anderen drei Finger zu lenken ist bei weitem ergiebiger. Wir können unsere potentiellen Kunden oder Käufer nicht verändern. Aber wir können unser eigenes Verhalten überdenken. Wenn wir uns daranmachen, andere zu verändern, ist die Wahrscheinlichkeit groß, daß wir mit der Zeit immer frustrierter und angewiderter sein werden über soviel Kurzsichtigkeit bei den Kunden. Konzentrieren wir uns dagegen darauf, *uns selbst* zu verändern, verbessern wir unsere eigenen Verkaufstechniken und werden immer effektiver.

Die alte Zeigefingermethode ist besonders wirkungsvoll bei gefühlsbetonten Aussprüchen:

»Du machst mich wahnsinnig!«

Wirklich? Die andere Person zwingt Sie, gegen Ihren Willen, die Kontrolle über sich zu verlieren und verrückt zu werden?

Ich habe viele Seminare für professionelle Berater im Kundendienst größerer Firmen abgehalten, die täglich mit einer Reihe »geladener« Anrufer konfrontiert sind. Es ist verführerisch, einfach zu sagen: »Diese unverschämten Anrufer machen mich jedesmal wütend! Sie ereifern sich, sie schimpfen, und sie unterstellen mir, ich hätte ihr Konto überzogen, obwohl ich doch nicht das geringste dafür kann. Die können einen wahnsinnig machen.«

Tatsächlich ereifern sich einige Anrufer am Telefon, fluchen und erheben unzutreffende Vorwürfe. Aber sie machen niemanden verrückt. »Verrückte« machen sich selbst »verrückt«, indem sie auf Reize reagieren. Das aber ist nicht die Schuld des anderen.

Die Aufmerksamkeit auf den zu richten, auf den die anderen drei Finger zeigen – auf Sie selbst –, verändert die Stiatuon.

»Wenn sich Anrufer ereifern und bestimmte Schimpfwörter benutzen, rege ich mich auf. Ich muß in solchen Situationen von meiner Person ablenken. Ich muß lernen, meine Reaktionen zu zügeln, wenn ich in Zukunft mit solchen Situationen fertig werden will.«

Kennen Sie jemanden, der ausgezeichnet mit aufgebrachten Menschen umgehen kann? Dann achten Sie mal darauf, wie er sich auf seine eigenen, durch die Reize ausgelösten Reaktionen konzentriert. Ihn interessieren mehr die anderen drei Finger, die auf ihn selbst zeigen. Emotional geprägte Konfrontationen ergeben sich nicht so sehr daraus, *was* andere tun oder lassen, sondern *wie* wir auf sie reagieren.

Ob Sie Ihre eigenen Emotionen kontrollieren oder einem Schüler, Angestellten oder Kunden etwas Wichtiges vermitteln wollen – richten Sie Ihre Aufmerksamkeit auf die drei Finger, die in Ihre Richtung zeigen. Die Person oder die Situation zu verändern, auf die Ihr Zeigefinger weist, ist um einiges schwieriger und weniger erfolgversprechend. Ihr eigenes Verhalten dagegen können Sie *immer* abändern.

Lektion

Was Sie sofort tun können:

Vorsicht mit Ihrem Zeigefinger! Immer wenn Sie sich dabei ertappen, wie Sie die Schuld oder die Verantwortung auf etwas oder jemand anderes schieben, schauen Sie sich die drei anderen Finger an, die in die entgegengesetzte Richtung zeigen – *auf Sie.*

Anstatt zu sagen:
»Er scheint einfach nicht zu begreifen.«
Sagen Sie lieber:
»Ich habe es noch nicht eindeutig genug vermittelt.«
Anstatt zu sagen:
»Diese Kunden kriegen es einfach nicht in ihren Kopf, daß unser Preisanstieg vernünftig und gerechtfertigt ist.«

Sagen Sie lieber:
»Ich muß mir noch mehr Mühe geben, den Kunden zu erklären, warum unser Preisanstieg gerechtfertigt ist.«
Anstatt zu sagen:
»Sie bringen mich ganz aus der Fassung, wenn ...«
Sagen Sie lieber:
»Es bringt mich ganz aus der Fassung, wenn ...«

25. Nutzen Sie Ihre Zeit

Ihr Vorgesetzter fragt Sie, ob Sie den Artikel über den führenden Konkurrenten Ihrer Firma gelesen haben. Sie haben in den letzten Tagen auf Hochtouren an einer wichtigen Analyse gearbeitet und sind mit dem Lesen der Fachblätter nicht mehr nachgekommen.
Sagen Sie sich laut vor:
»Nein, ich habe ihn nicht gesehen. Ich habe überhaupt kaum Zeit zum Lesen der Fachliteratur, wenn ich an einem größeren Projekt sitze. Ich weiß nicht, wie ich das alles bewältigen soll, und ich gerate immer mehr in Verzug. Was soll ich bloß machen?«
Und jetzt sagen Sie folgendes:
»Nein, ich habe noch keine Zeit reserviert, um die Fachzeitschriften zu lesen, weil ich mich im Augenblick auf die Analyse konzentriere. Ich möchte mich gerne einmal über die Prioritäten mit Ihnen unterhalten, um meinen Zeitplan in Einklang mit Ihren Erwartungen zu bringen.«
Wer hört sich wie jemand an, der sinnvoll über seine Zeit verfügt? Wer schlägt eine Menge Schaum auf und nutzt seine Zeit ineffizient?

Man braucht kein Experte für Zeiteinteilung zu sein, um sich auszurechnen, daß man 1440 Minuten täglich zur Verfügung hat, 525 600 im Jahr. Wie man seine Zeit nutzt, ist ganz allein eine Sache der persönlichen Entscheidung. Es gibt Leute, die sind von einer unglaublichen Produktivität und erreichen alle hochgesteckten Ziele, die sie sich vornehmen. Andere erreichen dagegen nur wenig, und wenn man sie nach dem Grund fragt, antworten sie: »Nicht genug Zeit.«
Wenn Sie sagen: »Nicht genug Zeit«, oder : »Ich habe einfach nicht die Zeit dazu«, sagen Sie in Wirklichkeit, daß die Zeit außerhalb Ihrer Kontrolle liegt. Sie könnten mehr schaffen,

wenn Sie täglich nur ein paar Stunden mehr Zeit zur Verfügung hätten, aber diese Extraportion gönnt man Ihnen leider nicht, und daher können Sie auch nicht alles schaffen. Es ist nicht Ihr Verschulden, Sie sind bloß ein Opfer der knappen Zeit!

Power Talker übernehmen Verantwortung für das, was sie erreichen, aber auch für das, was sie *nicht* erreichen. Ihre Leistungen spiegeln lediglich wider, wie Sie entschieden haben, Ihre Zeit zu nutzen. Führen Sie daher ein Versagen Ihrerseits nicht auf Zeitmangel zurück.

Bei einer Veranstaltung trat einmal außer mir noch ein Arzt als Redner auf, dessen Spezialität die Behandlung gestreßter Führungskräfte der Wirtschaft war. Wir beide hielten unser Referat auf einer Konferenz von Verkaufsleitern und Marketingstrategen in Buffalo, New York. Die Leute im Publikum unten waren eindeutig gestreßt. Sie dachten sich Werbekampagnen aus, mußten auf die (oft unrealistischen) Verkaufsvorgaben der Verwaltung reagieren und daraufhin Quoten festlegen und den Vertretern zuteilen.

Der Arzt eröffnete uns in seiner dreiviertelstündigen Präsentation, daß es nur eine wirkungsvolle Methode gebe, mit Streß umzugehen. Eigentlich nutzte er die ersten 44 Minuten nur dazu, uns mit Anekdoten zu unterhalten, und brauchte nur eine einzige Minute, uns das Heilmittel gegen Streß zu nennen:

»Ich werde oft gebeten, Tagesseminare über die Bewältigung von Streßproblemen abzuhalten. Manchmal hat die Gruppe einen engen Zeitplan, so daß ich meine Halbtagsversion anbiete. Wenn das Budget des Veranstalters knapp ist, kann ich auch ein Zwei-Stunden-Programm liefern. Sogar eine einstündige Rede, die alle Grundgedanken enthält, ist kein Problem. Ich untersuche und behandle das Phänomen Streß seit vielen Jahren, und ich habe nicht den geringsten Zweifel, daß ich die Lösung gefunden habe. Da wir nur noch wenig Zeit bis zum Ende des Veranstaltungsprogramms haben, frage ich

Sie: Möchten Sie den einen einzigen Satz hören, das zuverlässigste Rezept, das bei der Heilung aller mit Streß verbundenen Symptome niemals versagen wird? *Wenn Sie weniger Streß haben möchten, dann schrauben Sie Ihre Erwartungen runter.* Das war's. Mehr gibt es dazu nicht zu sagen.«

So blasphemisch sich dieser Ratschlag vor einem Publikum aus Erfolgsmenschen auch anhörte, der Arzt versicherte, es sei das *einzige* Mittel, was garantiert wirke. Destruktiver Streß sei die Folge von unrealistischen Erwartungen. Würden wir uns bei dem, was wir im Leben erreichen wollen, alle danach richten, wozu wir realistischerweise in der Lage sind, gäbe es weit weniger destruktiven Streß.

Wünschen Sie sich nicht mehr Zeit. Übernehmen Sie lieber die Verantwortung dafür, *wie* Sie die zur Verfügung stehende Zeit nutzen, und akzeptieren Sie, daß Ihre Leistungen und auch Fehlleistungen ein Spiegel Ihrer Entscheidung sind, Ihrer Zeitauswahl. Erinnern Sie sich also immer wieder an diese Entscheidung, indem Sie in der Weise über Ihre Zeit reden, die *Ihre* Rolle bei ihrer Gestaltung anerkennt.

Lektion

Was Sie sofort tun können:

Reinigen Sie Ihre Sprache von Phrasen, die nahelegen, Sie hätten keine Kontrolle über Ihre Zeit, Sie hätten nicht genug Zeit. Übernehmen Sie die Verantwortung für Ihre Wortwahl.

Anstatt zu sagen:

»Ich hatte einfach nicht genug Zeit, es zu schaffen. Ich habe versucht, mich dranzuhalten, aber es ist mir nicht gelungen. Ich brauche mehr Zeit.«

Sagen Sie lieber:

»Ich bin noch nicht fertig damit. Ich gehe nach meinen Prioritäten vor, und diese spezielle Aufgabe habe ich mir für die kommende Woche vorgenommen.«

Anstatt zu sagen:
»Dieser Job macht mich noch mal verrückt! Sie erwarten, daß ich doppelt soviel schaffe, wie ich auch nur annähernd erledigen kann. Ich kann nicht nein sagen, wenn sie mir einen neuen Auftrag geben, sonst denken sie, ich wäre nicht wirklich bei der Sache. Und tatsächlich schufte ich mich dabei tot.«
Sagen Sie lieber:
»Ich arbeite besser, wenn ich nicht zu stark unter Druck stehe. Vielleicht ist meinem Vorgesetzten gar nicht klar, wie hart ich arbeite. Ich mache eine Liste aller Projekte, an denen ich im Moment sitze, und bitte ihn um Hilfe bei der Prioritätensetzung. Ich werde ihm erklären, was ich realistischerweise schaffen kann, und vorschlagen, daß die Projekte niedriger Priorität neu vergeben werden.«
Anstatt zu sagen:
»Es gelingt mir nicht, auf dem laufenden zu bleiben. Ich habe einfach nicht genug Zeit.«
Sagen Sie lieber:
»Ich bleibe auf dem laufenden, wenn ich mir meine Zeit einteile und alle Projekte niedriger Priorität aufgebe.«

26. Es kommt nicht darauf an, was Ihnen widerfährt, sondern was Sie daraus machen

Sie arbeiten an einem wichtigen Projekt, das termingebunden ist. Der Abgabetermin rückt näher. Ein entscheidendes Element fehlt Ihnen noch, und es ist möglich, daß das Projekt nicht rechtzeitig zum Abschluß gebracht werden kann.
Sagen Sie sich laut vor:
»Es ist nicht mein Fehler.«
Und jetzt sagen Sie folgendes:
»Ich übernehme die Verantwortung.«
Welche Äußerung hört sich an, als käme sie von jemandem, der eine solche Situation eher in den Griff zu bekommen scheint und das Beste daraus macht? Welche hört man eher von jemandem, der rumsitzt und anderen die Schuld gibt für die Situation, in der er sich befindet, und der nichts unternimmt, um sie zu ändern?

Ich hatte noch nie eine Hand geschüttelt, an der keine Finger mehr waren, bis ich W. Mitchell kennenlernte. Ich bin diesem ganz außergewöhnlichen Menschen das erste Mal bei der Jahresversammlung der Rhetoriker in San Antonio begegnet. Mich erfaßte gleich ein unbehagliches Gefühl, als er mir am anderen Ende der Hotelhalle auffiel. Gefesselt an einen Rollstuhl, gräßlich entstellt und mit Verbrennungen und Narben, gehört er zu der Sorte Mensch, der die meisten von uns gerne aus dem Wege gehen.
Als ich ihn wiedersah, Monate später, auf einer anderen Versammlung, hatte ich noch immer nicht die Courage, um auf »Mitchell«, wie er gern genannt werden wollte, zuzugehen. Ich halte mich selbst für einen freundlichen, umgänglichen Menschen, aber ich mußte immer daran denken, wie peinlich berührt ich sein würde, wenn ich seiner verkrüppelten meine

gesunde Hand hinhalten würde. Gott sei Dank kam er jedoch mit seinem Stuhl direkt auf mich zu und streckte mir seine Hand entgegen – und so schloß ich die Bekanntschaft mit einem der wunderbarsten Menschen auf unserem Planeten.

Anfang der 70er Jahre stieß Mitchells Motorrad auf einer belebten Straßenkreuzung in San Francisco mit dem Lieferwagen einer Wäschefirma zusammen. Die Passanten mußten mit ansehen, wie der Benzintank des Motorrades explodierte und Mitchell in eine lebende Fackel verwandelt wurde. Die einzigen Partien in seinem Gesicht, die heute keine Narben mehr aufweisen, sind die schmalen Streifen Haut, die durch die Helmgurte geschützt waren.

Nach vielen plastisch-chirurgischen Eingriffen einschließlich zahlreicher Gewebetransplantationen auf die Stummel der abgebrannten Finger und intensiver Physiotherapie (ganz zu schweigen von den qualvollen Schmerzen) kam Mitchell wieder auf die Beine. Er erwarb die Fluglizenz für mehrmotorige Maschinen; gründete die Vermount Castings, Inc., eine außerordentlich erfolgreiche Gußeisenfirma mit über 400 Beschäftigten; kandidierte für die Kongreßwahlen; kam mit Präsidenten und Kabinettsmitgliedern zusammen; übernahm das Amt des Bürgermeisters einer Kleinstadt in Colorado und nahm aktiv Anteil am Leben seiner Gemeinde.

Doch dann, als er mit ein paar Freunden einen Besichtigungsflug unternahm, stürzte die kleine Maschine, die er selbst steuerte, ab. Die Folge war, daß Mitchells verbrannter, vernarbter, verkrüppelter Körper nun auch noch von der Hüfte an abwärts gelähmt war.

Man könnte meinen, jetzt, nach der zweiten Katastrophe, hätte er allen Grund gehabt, sich aufzugeben. Statt dessen hat er sich zu einem der erfolgreichsten professionellen Rhetoriker weitergebildet. Mitchell bewegt sich mit seinem Rollstuhl auf Amerikas größten Bühnen, auf Verkaufsshows und Versammlungen. Er ist in der Nachrichtensendung »Today«

aufgetreten, in »Good Morning America«, »NBC Nightly News«, Artikel über ihn sind in *Time, Newsweek, Omni, Parade* und der *New York Times* erschienen.
Mitchell ist lebensbejahend und aktiv, er bereist die ganze Welt, tätigt umfangreiche Investmentgeschäfte und übt auf das Leben vieler Menschen eine positive Wirkung aus. Wie ist das möglich, ein so »gesundes« Leben zu führen, wo er doch so viele Handikaps, so viele »Probleme« hat?
»Ich habe keine Probleme«, sagt Mitchell. »Das ist ein törichtes Wort. Ich finde mich vielmehr häufig Umständen ausgesetzt, in denen ich mit ungewöhnlichen, herausfordernden Situationen konfrontiert bin. Ich bin ganz und gar verantwortlich für meine augenblickliche Situation. Natürlich, der Lkw-Fahrer war juristisch haftbar für den Unfall – aber ich bin verantwortlich. Ich meine nicht, daß ich schuldig bin oder einen Fehler gemacht habe, ich bin ver-*antwort*-lich – das heißt, in der Lage, eine Antwort auf meine Situation zu finden.«

Mitchell wirft damit ein ganz neues Licht auf das Phänomen »Schuld«. Viele Menschen bleiben im Leben weit hinter der Verwirklichung aller ihrer Möglichkeiten zurück, und oft geben sie dann anderen die Schuld. Sicher finden sich auch unter Ihren Bekannten und Freunden welche, die ihren Eltern die Schuld geben, dem Ausbildungssystem, einem unseriösen Geschäftspartner, oder sie finden eine Unzahl anderer Erklärungen für ihre Situation. Suchen Sie selbst vielleicht auch nach solchen Erklärungen?
Power Talker übernehmen *persönlich* Verantwortung. Schieben wir die Schuld anderen zu, schwächen wir uns selbst. Statt unsere Situation zu verbessern, machen wir einen Rückschritt. Es sind nicht andere Menschen oder andere Umstände, die uns zurückhalten. *Wir* halten *uns* zurück durch die Art und Weise, wie wir auf diese Menschen und diese Umstände reagieren.

Verantwortung tragen bedeutet Kontrolle übernehmen über sein eigenes Leben und die Sprache, mit der man es beschreibt. Wie Mitchell so schön sagt: »Es kommt nicht darauf an, was Ihnen widerfährt, sondern was Sie daraus machen.«

Lektion

Was Sie sofort tun können:
Übernehmen Sie persönlich die Verantwortung für Ihre augenblickliche Situation, und fassen Sie den Entschluß, nach vorne zu schauen, statt Energie damit zu vergeuden, Ihren momentanen Zustand Umständen zuzuschreiben, die in der Vergangenheit wurzeln.
Anstatt zu sagen:
»Meine Eltern konnten es sich nicht leisten, mich auf eine höhere Schule zu schicken, so wie deine, und so war es mir nicht vergönnt, einen akademischen Abschluß zu machen. Ich mußte aus dem Haus und mir Arbeit suchen, während du alle Chancen hattest. Ich werde wohl keine Anstellung in einem wirklich guten Job finden. Ich kann daran nichts ändern.«
Sagen Sie lieber:
»Ich bin nicht auf der höheren Schule gewesen, aber ich habe in meinen diversen Jobs eine Reihe praktischer Erfahrungen gesammelt. Ich habe vor, eine Abendschule zu besuchen und diesen Sommer auf einen Abschluß hinzuarbeiten. In der Zwischenzeit suche ich mir Gelegenheitsjobs, wo ich meinen praktischen Hintergrund voll nutzen kann.«
Anstatt zu sagen:
»Ich konnte meinen Umsatz diesen Monat nicht erreichen, weil mein Wagen unerwartet streikte und ich nicht so viele Termine wahrnehmen konnte. Der Wagen stand eine ganze Woche in der Werkstatt. Es ist nicht mein Verschulden. Es ging nicht anders.«

Sagen Sie lieber:
»Ich hatte unerwartet Ärger mit meinem Wagen, deswegen habe ich eine ganze Woche alte Stammkunden angerufen, zu denen ich lange Zeit keinen Kontakt mehr hatte. Auf lange Sicht, glaube ich, wird sich das auszahlen. Kurzfristig betrachtet heißt das, ich hatte nicht genügend Termine, um diesen Monat meinen gewohnten Umsatz zu erreichen.«
Anstatt zu sagen:
»Ich kann es nicht ändern; es ist nicht meine Schuld.«
Sagen Sie lieber:
»Ich bin dafür verantwortlich, daß sich das ändert.«

27. Sie können sich auf mich verlassen

Es ist Samstagvormittag, und Sie stehen wie jeden Tag als Verkäufer in der Farbenabteilung eines Heimwerkermarktes. Ein Kunde ruft an, weil der elektronische Öffner seines Garagentors nicht funktioniert.
Sagen Sie sich laut vor:
»Es tut mir leid, aber ich kann Ihnen da nicht weiterhelfen. Die zuständige Abteilung macht erst um zehn Uhr auf. Sie müssen später noch einmal anrufen!«
Und jetzt sagen Sie folgendes:
»Die Elektronikabteilung macht um zehn Uhr auf. Ich helfe Ihnen gern und reiche Ihre Nachricht an meine Kollegen weiter. Wie ist Ihr Name, bitte?«
Was hört sich eher nach einem aufgeschlossenen, hilfsbereiten Kundendienst an? An welches Geschäft würden Sie sich als Kunde eher wenden?

Beim achten Klingelzeichen wurde ich ungeduldig. Das Marriott hat einen Ruf als Hotelkette mit exzellentem Service; verständlich, daß ich genervt war, als sich die Telefonzentrale im vornehmen Atlanta Marquis soviel Zeit ließ, abzuheben. Nach dem elften Klingelzeichen ging schließlich jemand dran und stellte mich zu den Reservierungen durch. Ich hörte ein Klick, und dann war Funkstille. Man hatte mich einfach abgewürgt!
Ich rief ein zweites Mal an, wartete neun Klingelzeichen ab, bat um die Reservierungsabteilung, hörte wieder ein Klick und ... dasselbe!
Das dritte Mal war gleich jemand dran. Statt mich noch mal zur Reservierungsabteilung durchstellen zu lassen, bat ich darum, den Geschäftsführer zu sprechen. Die Telefonistin stellte meinen Anruf auf Warteposition und ließ ihren Chef ausrufen. Nachdem sie mich über eine Minute hatte warten

lassen, meldete sie sich zurück und teilte mir mit, der Geschäftsführer sei nicht zu erreichen. Daraufhin sagte ich, sie möchte bitte zur Reservierungsabteilung zurückstellen. Sie haben es erraten – Klick.
Sicher haben Sie ähnlich frustrierende Erlebnisse auch schon gehabt. Seit meinem ersten Buch *Phone Power* achte ich besonders auf ausgezeichneten, aber auch schlechten oder gar unfreundlichen Service bei der Entgegennahme und Weitervermittlung von Telefonanrufen. Oft stehe ich mit einer Stoppuhr neben meinem Apparat und messe die Wartezeiten und zähle die Klingelzeichen.
Bei meinem vierten Versuch konnte mich die Telefonistin mit dem Geschäftsführer verbinden. Er hörte der Schilderung meiner Erlebnisse aufmerksam zu. Als ich ihm sagte, ich wollte Zimmer für meine Familie reservieren und befürchtete, beim erneuten Durchstellen zur Reservierungsabteilung wieder in der Leitung hängenzubleiben, sagte er:
»Mr. Walther. Ich werde Sie nicht weiterverbinden. Ich werde Ihren Reservierungsauftrag selbst in die Hand nehmen. Dann werde ich mir unser Telefonsystem vorknöpfen und herausfinden, warum Sie abgehängt worden sind. Wann kommen Sie in Atlanta an?«
Der Geschäftsführer hätte mich durchstellen können und ich dann nur hoffen können, diesmal würde die Verbindung umgehend erfolgen. Er hätte sich meinen Namen und meine Telefonnummer geben lassen und jemanden beauftragen können, mich zurückzurufen und meine Reservierungen entgegenzunehmen. Statt dessen übernahm er die Verantwortung und machte alles selbst.

In seinem Bestseller *Schwimm mit den Haien, ohne gefressen zu werden* verrät uns Harvey Mackay viele Lebensweisheiten, die ihm im Laufe seiner unglaublich steilen Karriere immer wieder geholfen haben. Als ich ihn für dieses Buch interviewte, meinte er:

»Jeder findet seinen Platz auf dieser Welt, der sagt: *›Ich werde mich darum kümmern.‹*«
Bei Leuten, die sagen: »Ich werde mich darum kümmern«, weiß man, daß sie persönlich Verantwortung für das Resultat übernehmen. Das muß nicht unbedingt heißen, daß sie es selbst erledigen, aber daß sie zur Rechenschaft gezogen werden können. Der Geschäftsführer des Hotels ist nicht selbst zum Computer rübergegangen und hat meine Reservierung eingegeben. Er hat mir aber persönlich versichert, daß sie korrekt bearbeitet wird.

Lektion

Was Sie sofort tun können:
Auch wenn Sie nicht derjenige sind, der den gewünschten Auftrag am Ende erledigt, übernehmen Sie die *persönliche Verantwortung,* wenn Sie jemandem Ihre Hilfe anbieten.
Anstatt zu sagen:
»Ich kann Ihnen da nicht weiterhelfen, da müssen Sie sich an die Kundendienstabteilung wenden.«
Sagen Sie lieber:
»Die Kundendienstabteilung kann Ihnen in dieser Frage am besten weiterhelfen, und ich bleibe so lange in der Leitung, bis ich Sie weitervermittelt habe.«
Anstatt zu sagen:
»Nur die Regionalleiterin ist befugt, über eine Ausnahme von der Regel zu entscheiden. Da müssen Sie sie schon selbst anrufen.«
Sagen Sie lieber:
»Die Regionalleiterin hat die Befugnis in dem Bereich, nach dem Sie sich erkundigen. Ich gebe Ihnen gern die Nummer, Sie können dann direkt Kontakt mit ihr aufnehmen.«
Anstatt zu sagen:
»Ich bin dafür nicht zuständig. Sie müssen sich an jemand anderen wenden, der Ihnen weiterhelfen kann.«

Sagen Sie lieber:
»Ich helfe Ihnen gern und leite Ihre Nachricht an die richtige Abteilung weiter.«

28. Wollen Sie zu den Verlierern gehören?

Sie bekleiden eine Position, die eigentlich nicht Ihren Qualifikationen entspricht. Sie wollen an den Wochenenden Zeit für Ihre Familie haben und nicht jeden Abend einen schweren Aktenkoffer nach Hause schleppen. Ein Freund fragt Sie, warum Sie Ihren beruflichen Aufstieg nicht aktiver betreiben.
Sagen Sie sich laut vor:
»Ich bin einfach bis jetzt nicht dazu gekommen, wegen der Familie und allem. Ich könnte schon sehr viel mehr aus mir machen, aber leider muß sich jemand an den Wochenenden um die Kinder kümmern. Margit kommt unter der Woche kaum aus dem Haus, und samstags vormittags will sie immer unbedingt Tennis spielen. Mir bleibt keine andere Wahl.«
Und jetzt sagen Sie folgendes:
»Ich habe beschlossen, mich auf absehbare Zeit meiner Familie zu widmen. In drei oder vier Jahren konzentriere ich mich dann wieder mehr auf meine Karriere. Stellenangebote werde ich in meinem Beruf immer finden, und jetzt ist die einzige Zeit, die ich mit meinen Kindern zusammen sein kann, solange sie noch im Vorschulalter sind. Ich finde es gut, wenn Margit dadurch an den Wochenenden auch mal Zeit für sich hat. Unter der Woche, wenn ich im Büro bin, schuftet sie ganz schön.«
Wer ist der Glücklichere? Wer hält sich für ein Opfer der Umstände?

Einer der schlimmsten Urlaube, die ich jemals verbracht habe, war ein zweiwöchiger Ferienaufenthalt »im Paradies« mit meiner Familie. Wir waren luxuriös untergebracht, das Wetter konnte nicht besser sein, der Strand war phantastisch. Wie war es möglich, daß ich mich trotzdem erbärmlich fühlte?

Meine Frau hat zwei Kinder aus erster Ehe, beide Teenager. Außer in den langen Sommerferien und abwechselnd in den kurzen Ferien wohnen sie bei ihrem Vater; ich bin also so etwas wie ein Teilzeitstiefvater für sie. Für diese Reise hatten wir den beiden Stiefkindern erlaubt, jeweils einen Freund ihres Alters einzuladen und mit uns zwei Wochen auf Hawaii zu verbringen. Zusätzlich nahmen wir noch unsere drei Monate alte Tochter Kelcie mit, die noch nicht soweit war, daß sie die ganze Nacht durchschlief.

Das Ergebnis war, daß ich zwei Wochen lang jede Nacht schlecht schlief. Dann wachte ich morgens auf und verbrachte den Tag damit, die vier Teenager zu ermahnen, sie sollten die Kühlschranktür schließen, wenn sie etwas zu essen rausholten, sie sollten das Licht löschen, bevor sie ins Bett gingen, und so weiter und so weiter. Meine Belehrungen wurden natürlich so gut wie nie beherzigt.

Die Ferien nahmen ihren Fortgang, und ich wurde immer gereizter, und zum Schluß brüllte ich meine Frau an, ich hätte noch nie in meinem Leben schlimmere zwei Wochen verbracht. Ich gab den vier Teenagern die Schuld, sie hätten uns den Urlaub verdorben. In Wahrheit sind diese vier Jugendlichen prima Kerle, die sich gut benehmen (im Rahmen dessen, was für Dreizehn-, Vierzehnjährige normal ist). Kelcie ist ein liebes Kind und schlief so gut oder schlecht, wie man es von jedem drei Monate alten Säugling erwarten kann. Es waren nicht die vier Teenager und das Kind, die mir den Urlaub verdarben. Ich verdarb mir meinen Urlaub selbst.

Eine Herausforderung, der ich mich beim Schreiben dieses Buches gegenübersehe, liegt darin, meinen eigenen Ratschlägen gerecht zu werden. Immer wenn ich mich bei meiner Frau darüber beklagte, daß mir die Kinder meinen Urlaub versauten und ich unglücklich sei, erinnerte sie mich daran, daß die Entscheidung, sich im Urlaub zu amüsieren oder nur zu jammern, ganz allein bei mir läge. Ich hatte »beschlossen«, mir alles zu vermiesen. Sie kam sogar noch weniger

zum Schlafen als ich, und die Unordnung der Kinder und ihre mangelnde Mitverantwortung störten sie genauso wie mich. Julie aber hatte beschlossen, sich zu amüsieren, und das tat sie auch.
Das Verhalten der Kinder war eindeutig zu erwarten gewesen. Ich hätte mir vor der Urlaubsplanung überlegen sollen, wie das aussehen wird. Als ich anfing, mich zu ärgern, hätte ich mir sagen können:
»Vier Teenager haben andere Sorgen, als daran zu denken, das Licht abends zu löschen oder ihre Zimmer aufzuräumen. Und wahrscheinlich wird uns das Kind nachts öfter wecken. Das muß ich eben in Kauf nehmen und mir vornehmen, mit meiner Familie einen schönen Urlaub zu verleben.«
Da ich diesen Entschluß nicht gefaßt hatte, war ich für meine schlechte Laune selbst verantwortlich. Ich hatte meine Wahl getroffen.

Eine Eigenschaft, die man durchgehend bei allen Siegern antrifft, ist die, daß sie die Verantwortung für ihren Zustand selbst übernehmen. Sie spielen nie die »Opferrolle«. Sie bleiben nicht dabei stehen, sich etwas als Verdienst anzurechnen, wenn eine Sache gut gelaufen ist. Sie glauben an die Idee einer persönlichen Verantwortung, auch wenn mal nicht alles perfekt läuft. So erhalten sie sich die Kraft, die Dinge zu ändern.
Machtlosigkeit, die Unmöglichkeit, etwas Schreckliches zu verändern, Ohnmacht also, ist ein gräßliches Gefühl. Fragen Sie mal die Geiseln, die im Mittleren Osten in Haft saßen, oder Männer, die in Kriegsgefangenschaft waren.
Dabei gibt es kaum etwas, was wir nicht verändern könnten. Na gut, den Kurs eines Wirbelsturms, der über Ihr Haus hinwegfegt, kann man schlecht beeinflussen. Aber diese absolut unabänderlichen Umstände sind wahrlich selten.
»Zwei starke Kräfte üben ihre Wirkung aus, externe und interne. Über die externen Kräfte wie Tornados, Erdbeben,

Überschwemmungen, Katastrophen, Krankheit und Schmerz haben wir wenig Gewalt. Was aber zählt, ist die *interne Kraft*. Wie reagiere ich auf deren Katastrophen? Darüber habe ich vollständige Gewalt« (Leo Buscaglia).

Die Sieger sehen den Unterschied. Wir alle kennen das alte Gebet: »Gott, gib mir die Gelassenheit, Dinge hinzunehmen, die ich nicht ändern kann, Dinge zu ändern, die ich nicht hinnehmen kann, und die Weisheit, das eine vom anderen zu unterscheiden.«

Der Schlüssel liegt also darin, den Unterschied zu erkennen. Das meiste von dem, was wir als unabänderlich ansehen, ist in Wahrheit zu ändern. Und unsere Reaktion auf die wenigen Dinge, die tatsächlich nicht zu ändern sind, ist wiederum in sich eine Frage der Entscheidung. Das Schlafverhalten meiner kleinen Tochter konnte ich nicht ändern, und ich hatte auch nicht die »Gewalt« über die vier Teenager, um aus ihnen umgehend vernünftige, kleine Erwachsene zu machen. Meine Reaktion auf diesen Umstand hätte ich gleichwohl ändern können. Ich hätte beschließen können, mich zu amüsieren – trotz des Verhaltens der Kinder.

Sehen Sie ein, daß das meiste von dem, was Ihnen im Leben gefällt oder nicht gefällt, veränderbar ist. Und selbst bei den wenigen Dingen, die Sie nicht ändern können, haben Sie immer noch die Wahl zwischen einer positiven oder negativen Reaktion. Übernehmen Sie Verantwortung, akzeptieren Sie Ihre Entscheidung, und sprechen Sie von *wählen,* wenn Sie die Situation beschreiben, in der Sie sich befinden.

Lektion

Was Sie sofort tun können:

Vermeiden Sie die »Opfersprache«; übernehmen Sie Ihre Verantwortung, indem Sie von *»Wahl treffen«* oder *»entscheiden«* reden. Wenn Sie unzufrieden mit Ihrer Situation sind, dann entscheiden Sie sich, sie zu verändern.

Anstatt zu sagen:
»Ich hasse meinen Job, aber ich kann nun mal nichts ändern. Ich sitze da fest, ohne Aufstiegschancen, und arbeite für einen Chef, den ich nicht mag und dem ich eigentlich auch keinen Respekt entgegenbringe.«
Sagen Sie lieber:
»Vorläufig habe ich mich für einen sicheren Arbeitsplatz und keine großen beruflichen Herausforderungen entschieden. Ich könnte, wenn ich wollte, mit Kollegen zusammenarbeiten, von denen mehr Anregung ausgeht, und eines Tages werde ich das auch tun. Ich werde mich fortbilden, um meine Aufstiegschancen zu verbessern, und mich nach anderen Möglichkeiten umsehen. Fürs erste bin ich ganz froh, daß ich mir hier einen sicheren Posten geschaffen habe.«
Anstatt zu sagen:
»Klar hätte ich gern ein neues Auto, aber wir können es uns nicht leisten. Ich weiß, es ist langsam peinlich, immer mit dieser alten Schrottkiste rumzufahren, aber das ist momentan nicht zu ändern.«
Sagen Sie lieber:
»Ja, ich möchte ein neues Auto haben, und eines Tages werden wir uns eins kaufen. Im Moment jedoch sieht es so aus, daß wir entschieden haben, den alten Wagen zu behalten, damit Geld für den Urlaub da ist und wir abends mal nett ausgehen können, wenn wir Lust dazu haben.«
Anstatt zu sagen:
»Ich kann daran nichts ändern. Ich habe mich nicht freiwillig in diese festgefahrene Situation gebracht.«
Sagen Sie lieber:
»Ich habe beschlossen, das Beste aus der Situation zu machen.«

V Power Talker fördern Zusammenarbeit und bauen Konflikte ab

Zig Ziglar behauptet:
»Ich glaube, daß man alles, was man sich wünscht, im Leben erreichen kann, wenn man selbst auch anderen Menschen hilft, das zu bekommen, was sie wollen.«
Power Talker sind Meister darin, mit anderen Menschen zusammenzuarbeiten und ihnen zu helfen, ihre Ziele zu erreichen. Die erfolgreichsten Leute sind diejenigen, die dafür sorgen, daß ihre Partner ebenfalls einen Vorsprung haben.
Power Talker setzen ihre Sprache ein, um Kooperation zu fördern und potentielle Konflikte zu entschärfen. Sie gebrauchen beiderseitig aufbauende Redewendungen und gehen Partnerschaften mit anderen ein. Ihr Bestreben ist es, dafür zu sorgen, daß bei allen Verhandlungen *beide* Seiten gewinnen, daß es keine Verlierer gibt.
Einer meiner Klienten, die ich berate, ist erfolgreicher Grundstücksmakler, der im ganzen Land große Immobilien ankauft und sie in gewinnträchtige Eigentumswohnanlagen oder Ferienwohnungen umwandelt. Mark ist heute Manager eines wunderschönen Urlaubsortes in der herrlichen Landschaft unweit der Wisconsin Dells. Er hat nicht nur eine erfolgreiche Laufbahn hinter sich, er hat außerdem ein ganzes Team von Telemarketing-Profis dazu gebracht, mit ihm zusammenzuarbeiten und ein beeindruckendes gemeinsames Ergebnis zu erzielen.
Als ich ihn fragte, welche Techniken er dabei einsetze, bekam ich eine Menge Power Talking zu hören. Er erklärte, daß jeder Mitarbeiter des Teams zu Anfang des Jahres sein persön-

liches Leistungsziel entwirft, das dann wöchentlich einmal mit den Teamleitern neu bewertet wird. Angestellte, die gerade erst anfangen, neigen dazu, zu schreiben: »Folgendes hoffe ich zu erreichen«, oder: »Es wäre doch toll, wenn ...« Mark machte deutlich, daß die persönlichen Leistungsziele der Mitarbeiter ständig revidiert werden, um sich die positive Erwartungshaltung, die aus einem starken Satz wie *»Ich werde dies und das erreichen«* spricht, zunutze zu machen.
Er machte gleichfalls deutlich, daß sich die Leistungsziele nicht allein auf die einzelnen Mitarbeiter beziehen, sie betreffen auch die Organisation als ganze, wie in dem Satz »Als nächstes wollen wir *gemeinsam* erreichen« zum Ausdruck kommt. Die konfliktreduzierende Sprache des PowerTalking ist wirkungsvoller, als seine Mitarbeiter zu versammeln und zu verkünden: »Folgendes haben Sie zu tun, damit meine Wohnanlage ein Erfolg wird.«
In den nachfolgenden Kapiteln werden Sie Menschen kennenlernen, die erfolgreich Ideen verkauft und Kooperation mit anderen bewirkt haben, die ausgezeichnet Gruppenaktivitäten stimulieren können und die außergewöhnlich erfolgreich darin sind, andere dazu zu bringen, das zu tun, was sie von ihnen erwarten. Wir alle sind irgendwie »Verkäufer«, jeden Tag. Wir verkaufen anderen unsere Vorstellungen und fordern sie auf, uns zuzustimmen.
Außerdem erfahren Sie mehr über die wirkungsvollen Methoden, die sich sogenannte »Friedensengel« zunutze machen, deren Spezialgebiet darin liegt, Leute zu beruhigen, die sich aufregen und der Teamarbeit grundsätzlich feindlich gegenüberstehen. Power Talking führt zu einer intensiveren Kooperation und einer Abnahme der Konflikte. Wenn Sie gezwungen sind, in Ihrem Beruf mit anderen zusammenzuarbeiten, dann werden Ihnen diese Methoden dabei helfen.

29. Kein Aber!

Ihre Tochter hat nach der Teilnahme an einer Seminarreihe über Computerprogrammierung gerade einen Leistungstest bestanden. Sie arbeitet auf eine Beförderung in ihrer Firma hin.
Sagen Sie sich laut vor:
»Das hast du gut gemacht, Susanne, aber du mußt noch mehr leisten, wenn du die Beförderung kriegen willst, die du anstrebst.«
Und jetzt sagen Sie folgendes:
»Das hast du gut gemacht, Susanne, und du mußt noch mehr leisten, wenn du die Beförderung kriegen willst.«
Was hört sich ermutigender an? Welche Äußerung wird Susanne eher anspornen, ihr Ziel weiter zu verfolgen?

Der Immobilienmarkt hat seine Höhen und Tiefen, Kalifornien ist da keine Ausnahme. In den 80er Jahren schien Südkalifornien von einer Hochkonjunktur gesegnet. Mein Freund Peter Schweizer und ich investierten in diesen Jahren in kalifornische Immobilien.
1990 flog Peter Richtung Norden und besuchte mich in Seattle. Bei einem Waldspaziergang, als wir vergangene Tage im sonnigen Kalifornien Revue passieren ließen, kam er auf unseren Grundbesitz zu sprechen und meinte:
»Meine Eigentumswohnung in Mammoth war eine gute Wertanlage, aber sie ist zu weit weg von Los Angeles, so daß ich sie kaum nutzen kann. Du hast dein Apartment in Venice Beach zu einem guten Preis weiterverkauft, aber wenn du noch zwei Jahre abgewartet hättest, hättest du fast das Doppelte dafür gekriegt.«
Peter hat noch immer seine komfortable Eigentumswohnung in dem luxuriösen Skierholungsgebiet in Kalifornien. Er hat sie 1980 für nicht mal 20 000 Dollar erworben, nutzt sie selbst

vier- bis fünfmal im Jahr zum Skifahren, untervermietet sie öfter an Freunde und Bekannte und erfreut sich regelmäßiger Mieteinnahmen. Seine Investition hat sich prächtig rentiert, und er würde die Wohnung spielend für das Mehrfache des ursprünglichen Preises wieder loswerden.

Während unserer Unterhaltung war Peters Augenmerk jedoch allein auf den negativen Aspekt gerichtet: »... aber sie ist zu weit weg.« Die Betonung lag auf dem Teil des Satzes, der nach dem *aber* folgte.

Ich bin froh, daß ich in Seattle lebe, und ich bereue nicht, daß ich damals aus Los Angeles weggezogen bin. Meine Immobilieninvestitionen in Washington haben sich besonders gut entwickelt. Doch auch hier konzentrierte sich Peter auf den negativen Aspekt: »... aber du hättest fast das Doppelte dafür bekommen.«

Vielleicht hätte ich tatsächlich einen besseren Preis erzielt, wenn ich meinen Besitz in Kalifornien zwei Jahre später abgestoßen hätte. Allerdings hätte ich dann in Washington nicht investieren können, kurz bevor dort der Markt boomte.

Der Effekt des Wörtchens »aber« besteht darin, zwei Gesichtspunkte einer Sache gegenüberzustellen und dabei einen zu entwerten.

»Es war eine gute Investition, aber ...«

läßt Zweifel aufkommen, ob es wirklich eine so gute Investition war.

»Du hast zu einem guten Preis weiterverkauft, aber ...«

schmälert das Kompliment, als das ich es zuerst empfand. Aus dem ersten Teil des Satzes hörte ich heraus:

»Das war eine Glanzleistung, George. Du hast einen Riecher fürs Timing, hast den Markt richtig eingeschätzt und einen guten Abschluß getätigt.«

Sobald das »aber« auftauchte, stutzte ich und hörte folgendes raus: »Na ja, so raffiniert warst du nun auch wieder nicht, denn wenn du noch ein bißchen abgewartet hättest, wärest du noch gerissener gewesen.«

Peter und ich ließen uns auf einem Stein nieder, der einen Ausblick auf den im Sonnenlicht schimmernden Puget-Sund bot. Ich erklärte ihm, daß der Austausch eines einzigen Wörtchens einen ungeheuren Unterschied in der Wirkung seiner Äußerung auf ihn selbst und auf andere ausmache.

Der simple Austausch des Wörtchens »aber« durch das Wörtchen *»und«* wirkt konfliktreduzierend, indem er nahelegt, daß zwei gegensätzliche Vorstellungen *gleichzeitig* nebeneinander existieren können, ohne daß die eine die andere umstößt. Peters ursprüngliche Aussage hat eine weitaus stärkere, positivere Wirkung, wenn er »und« statt »aber« sagt.
Manchmal kommt man allerdings ohne »aber« nicht aus.
»Das Haus ist sehr teuer, aber es bietet keinerlei Aussicht, die Zimmer sind klein, und das Einzugsgebiet der Schule hat einen schlechten Ruf.«
In den meisten Fällen jedoch benutzen wir »aber« aus reiner Gewohnheit, wenn »und« eine viel passendere Wortwahl wäre. Sofern Sie den vorausgegangenen Gedanken nicht wirklich herabsetzen wollen (das Haus ist teuer – aber seinen Preis nicht wert), wären Sie besser beraten, das konfliktmildernde »und« einzusetzen.
Auf den Schulungsseminaren, die ich für Verkaufspersonal durchführe, ist ein häufiges Thema die Frage, wie mit Widerspruch umzugehen ist. Wie soll man sich zum Beispiel verhalten, wenn ein Kunde sagt: »Aber Ihr Preis ist zu hoch.« Der erste Schritt besteht darin, den Einwurf des Kunden umzuformulieren und statt »aber« lieber »und« zu benutzen.
Einer meiner ersten Klienten in Sachen Verkaufstraining war die Firma Xerox. Deren Produktabteilung verkauft Kopierpapier, Toner und anderes Zubehör. Potentielle Kunden weisen gerne darauf hin, daß sie Kopierpapier wesentlich preiswerter beziehen können, wenn es nicht den Markennamen Xerox trägt. Verkäufer, die neu im Geschäft sind, antworten instinktiv:

»Es mag Ihnen so vorkommen, als sei unser Papier teurer, *aber . . .*«

Sobald dem Verkäufer ein »aber« entschlüpft, »hört« der Kunde lediglich, daß seinen eigenen Vorstellungen widersprochen wird, und schaltet auf stur. Die Menschen mögen es nun mal nicht, wenn man ihnen sagt, daß sie im Unrecht sind. Ich brachte meinen Verkäufern statt dessen bei, den potentiellen Kunden beizupflichten:

»Ja, unser Papier scheint teurer, und die Kopierkosten enthalten weit mehr als nur das Papier. Billigeres Papier neigt zum Beispiel dazu, sich zusammenzurollen und die Maschine zu verstopfen. Das führt dazu, daß Ihr Personal dauernd damit beschäftigt ist, blockierte Maschinen in Ordnung zu bringen, und von wichtigeren Aufgaben abgehalten wird.«

Hier wird dem Kunden nicht gesagt, daß er unrecht hat, es wird ihm lediglich mehr Information geliefert, auf die er seine Kaufentscheidung gründen kann.

»Aber« durch »und« zu ersetzen schafft eine kooperative Atmosphäre bei Verkaufsgesprächen, Verhandlungen, familiären Diskussionen und in vielen anderen Situationen, in denen es darauf ankommt, Konflikte zu vermeiden. Sagen Sie niemals »aber«, es sei denn, Sie haben wirklich die Absicht, einen Gedanken zu entwerten.

Lektion

Was Sie sofort tun können:

Treffen Sie bewußt die Entscheidung, »aber« durch »und« zu ersetzen, wenn Sie mit sich selbst oder anderen reden. Spüren Sie, wie sich Ihr Denken erweitert, wenn zwei Ideen koexistieren, statt aufeinanderzuprallen.

Anstatt zu sagen:

»Langsam habe ich den Dreh an meinem neuen Arbeitsplatz raus, aber es gibt noch ein paar Dinge, die ich einfach nicht begreife.«

Sagen Sie lieber:
»Langsam habe ich den Dreh an meinem neuen Arbeitsplatz raus, und es gibt noch ein paar Dinge, die ich einfach nicht begreife.«
Anstatt zu sagen:
»Ich weiß, Sie wollen die Verkaufsleiterkonferenz auf drei Tage ausdehnen, aber bedenken Sie die Auswirkungen auf das Budget.«
Sagen Sie lieber:
»Ich weiß, Sie wollen die Verkaufsleiterkonferenz auf drei Tage ausdehnen, und bedenken Sie die Auswirkungen auf das Budget.«
Statt zu sagen:
»Ich sehe ein, daß es ein Qualitätsprodukt ist, aber es ist teuer.«
Sagen Sie lieber:
»Ich sehe ein, daß es ein Qualitätsprodukt ist, und es ist teuer.«

30. Fangen wir an!

Während einer Brainstorming-Feedback-Sitzung mit Ihrem Verkaufsteam wird deutlich, daß es einige wunde Punkte gibt, die der Gruppe aufstoßen. Eine Mitarbeiterin beklagt sich darüber, daß ihre Abteilungsleiterin jedesmal eine Klingel läutet, wenn sich die eingehenden Anrufe stauen. Sie findet das Läuten jedesmal störend und schlägt vor, die Klingel abzuschaffen.
Sagen Sie sich laut vor:
»Tut mir leid, daß Ihnen das Bimmeln nicht gefällt, aber es ist die einzige Möglichkeit der Abteilungsleiterin, den Mitarbeitern klarzumachen, daß es Zeit wird, wieder an die Arbeit zu gehen. Ohne das Läuten müßte sie ständig umhergehen und ihre Leute einsammeln. Es ist die einzige praktische Lösung.«
Und jetzt sagen Sie folgendes:
»Ich kann verstehen, daß das Läuten ablenken kann. Wir können uns etwas anderes überlegen, um allen Bescheid zu geben, wenn die Abteilung zu stark belastet ist. Wie wäre es mit einer Lichterkette an der Decke? Wenn die Klingel eher stört, als daß sie hilft, probieren wir andere Lösungsvorschläge aus.«
Was entspricht einer Reaktion, die ein wirkliches Brainstorming auslöst, mit vielen neuen Ideen, die eher dazu angetan sind, zu einem innovativen Durchbruch zu führen? Welche Antwort blockiert das kreative Denken der Mitarbeiter?

Marktforscher in den USA bedienen sich manchmal sogenannter »focus groups«, um stichprobenartig Erhebungen über die Meinung von Kunden zu den Produkten und dem Service einer bestimmten Firma durchzuführen. Etwa zehn Personen werden zu einer informellen Gesprächsrunde in die Räumlichkeiten eines Meinungsforschungsinstituts geladen

und durch eine Spionglasscheibe beobachtet. Es wird ihnen gleich zu Anfang mitgeteilt, daß Vertreter der Firma hinter der Scheibe das Geschehen verfolgen und daß sie sich alles von der Seele reden können, was ihnen gerade in den Sinn komme. Ein Moderator übernimmt die Gesprächsleitung, vorsichtig darauf bedacht, seine eigene Meinung zurückzuhalten, um die Ansichten der Diskussionsteilnehmer nicht zu beeinflussen.
Gleich nach Beendigung meines Studiums fand ich eine Anstellung bei einer führenden Werbeagentur als Sachbearbeiter für Kundenwerbung. Ich verhandelte mit mehreren millionenschweren Kunden, unter anderen Continental Airlines, McCulloch Chain Saws und dem Tiefkühlkosthersteller Van de Kamp. In besagten »focus groups« einmal zu hören, was die Kunden tatsächlich von unseren Anzeigen und den Produkten unserer Klienten hielten, war oft sehr aufschlußreich (außerdem machte es Spaß, den »Spanner« hinter der Glasscheibe zu spielen).
Kürzlich erzählte mir Stew Leonard, Besitzer des größten Lebensmittelgeschäftes der Welt, dem wir in Kapitel 23 schon einmal begegnet sind, von einer solchen »focus group«-Sitzung, bei der einige von seinen Abteilungsleitern auf 16 Frauen stießen, die über ihre Erfahrungen beim Kauf von Fisch berichten sollten.
Eine Frau in der Gruppe sagte:
»Ich kaufe keinen Fisch mehr in Ihrem Laden, weil ich nur frische Ware will, und Ihr Fisch ist nicht frisch.«
Der Leiter der Fischabteilung sprang von seinem Sitz auf und entgegnete: »Was soll das heißen, der ist nicht frisch? Ich tätige den Einkauf selbst, und wir kaufen unseren Fisch täglich frisch auf dem Fulton-Markt.«
Die Frau antwortete:
»Wenn das stimmt, warum schweißen Sie ihn dann in die Plastikverpackung ein, wie den gefrorenen Fisch im Supermarkt? Ich mag Fisch hübsch dekoriert, frisch vom Eis.«

Das Unternehmen verkaufte wöchentlich bereits an die 7000 Kilogramm frischen Fisch, es wäre also nur zu verständlich, wenn die Fischeinkäufer wortstark sich darangemacht hätten, die Frau davon zu überzeugen, daß sie unrecht hätte. Statt dessen sagte Stew:
»Sie will ihren Fisch also frisch vom Eis. Wenn sie meint, das sei ein entscheidender Unterschied, na gut, tun wir ihr den Gefallen.«
Am Tag darauf baute die Dekorationsabteilung eine Verkaufstheke mit einem Eisbett auf. In der Woche nach der Aufstellung der Fischbar verdoppelte sich der Umsatz! Und das interessante war, daß der Verkauf der normalen, verpackten Fischware trotzdem nicht zurückging. Die *zusätzlichen* 7000 Kilogramm Fisch, die pro Woche über die Theke gingen, wurden offenbar von Kunden gekauft, die ähnlich empfanden wie die Frau aus der »focus group«.

Power Talker haben ihre eigenen Ansichten und fürchten sich nicht, sie zum Ausdruck zu bringen – wenn es angebracht ist. Den anderen davon zu überzeugen, daß Ihre Sichtweise die richtige ist, läßt Sie vielleicht eine Schlacht gewinnen – aber den Krieg verlieren. Als Power Talker möchten Sie, daß andere Menschen ungeschminkt ihre Meinung sagen können, und Sie fordern sie auf, kreativ weiterzudenken. Erst wenn die Vorzüge der unterschiedlichen Herangehensweisen geklärt sind, legen Sie den Kurs fest, der Ihnen am besten scheint.
Einer meiner Klienten aus der Immobilienbranche hat erfolgreich Mitgliedschaften für einen internationalen Verbund privater Campingplätze verkauft. Bei derartigen Verkaufsorganisationen haben die potentiellen Interessenten, die von Stammkunden empfohlen werden, die besten Chancen, ebenfalls zufriedene Kunden zu werden. Die Investition, sie ausfindig zu machen, ist niedrig, die Überzeugungsrate hoch, und sie sind in der Regel glücklicher mit ihrem Neuerwerb als Kunden, die nicht über eine Empfehlung angeworben wur-

den. Empfohlene Interessenten sind bereits von der stärksten Form der Werbung beeinflußt – der Mund-zu-Mund-Propaganda eines zufriedenen Kunden.
Als meine Klientin ihre Mitarbeiter versammelte und ihnen das Brainstorming vorschlug, fiel mir auf, daß sie in Windeseile zig neue Ideen für eine Erweiterung des Geschäftes zusammenhatte. Sie stellte ihre eigenen Gedanken dabei nicht in den Vordergrund, und sie kritisierte auch keinen einzigen Vorschlag. In nicht mal einer halben Stunde hatte das Team 15 ausgezeichnete Ideen zur Kundenwerbung.
Die Teamleiterin machte sich bewußt die Sprache des Power Talking zunutze, sie wirkte eher wie eine aufmunternde Animateurin denn als alles dominierende Kritikerin. Ihre Rolle bestand darin, immer wieder zu sagen: »Das ist toll. Das gefällt mir. Das könnte klappen. Hat noch jemand eine Idee? Nur raus mit der Sprache! Hat jemand einen Vorschlag, wie man die beiden miteinander verbinden könnte?«
Und wenn jemand aus der Gruppe einen Gedanken als unerheblich abtat, ermahnte sie ihre Leute, vorurteilslos an die Dinge heranzugehen.
Ermuntern Sie andere Menschen zur Zusammenarbeit, fordern Sie sie auf, *eigene* Beiträge und *eigene* Ideen beizusteuern. Begrüßen Sie ungewöhnliche Vorschläge, statt sie zu verwerfen. Bringen Sie alle Beteiligten dazu, ihre Gedanken auf den Tisch zu packen, um am Ende mit kreativen Lösungen aufwarten zu können.

Lektion

Was Sie sofort tun können:
Immer wenn Sie auf Ideen und Vorschläge anderer aus sind, regen Sie einen ungehemmten Gedankenfluß an, egal wie verrückt die Lösungen zunächst scheinen.
Anstatt zu sagen:
»Ich möchte jedem die Gelegenheit geben, ein oder zwei Vor-

schläge zu diesem Projekt zu machen. Bitte bedenken Sie dabei unser begrenztes Budget.«
Sagen Sie lieber:
»Lassen Sie Ihren Gedanken freien Lauf. Machen Sie sich keine Sorgen, was die Lösungsvorschläge kosten würden. Über die Praktikabilität denken wir später nach. Erst einmal ist alles möglich.«
Anstatt zu sagen:
»Ihre Idee ist in der Praxis einfach nicht durchführbar. Glauben Sie mir. Ich habe selbst erlebt, wie es bei zwei anderen Firmen schiefgelaufen ist.«
Sagen Sie lieber:
»Gute Idee. Weiter so! Was fällt uns noch ein?«
Anstatt zu sagen:
»Das funktioniert nicht. Sowas klappt nie.«
Sagen Sie lieber:
»Ein ungewöhnlicher Vorschlag, greifen wir ihn auf, und sehen wir, wohin er führt.«

31. Und was springt für mich dabei raus?

Ein privater Fernsehsender ruft Sie zu Hause an und bittet um eine Spende. Nachdem sich der Anrufer vorgestellt hat, erklärt er, er hoffe, Sie seien bereit, einen Geldbetrag zu überweisen.
Sagen Sie sich laut vor:
»Ich wollte mal fragen, ob Sie mir einen Gefallen tun könnten und unserem Sender eine kleine Spende geben könnten. Wir veranstalten hier einen kleinen Wettbewerb unter den Spendensammlern, und wenn es weiter so gut läuft bei mir, dann gewinne ich eine Reise nach Disneyland mit meiner Familie.«
Und jetzt sagen Sie folgendes:
»Wir möchten Ihnen und Ihrer Familie auch weiterhin ein gutes Bildungsprogramm anbieten. Mit Ihrem Beitrag erhalten Sie unser informatives wöchentliches Magazin, und natürlich verschafft Ihnen eine Spende das gute Gefühl, daß Sie dazu beitragen, daß Ihre Familie mit qualitativ hochwertigen Fernsehprogrammen versorgt wird.«
Welche Spendenaufforderung würde Sie eher motivieren, Ihr Scheckbuch hervorzuholen?

Es gibt viele Gründe, die Menschen dazu veranlassen, miteinander ins Geschäft zu kommen. Oft sind diese Gründe ganz selbstsüchtig, was sich kontraproduktiv auswirken kann, wenn es darum geht, jemanden für eine Zusammenarbeit zu gewinnen. Nur ein einziger Grund ist letztlich ausschlaggebend: *Der andere muß glauben, daß er besser dran ist, wenn er das tut, was Sie ihm vorschlagen.*
Ich bin nicht dagegen, einem Freund aus der Patsche zu helfen. Wenn mir jemand dagegen ein Geschäft vorschlägt, dann habe ich nur die Interessen einer einzigen Seite im Auge: *meiner* Seite! Es ist schon erstaunlich, wie viele Verkäufer sich

gerne darauf konzentrieren, ihren Kunden zu vermitteln, warum sie, die Verkäufer, besser dastehen, wenn sie ihm dies oder jenes abkaufen. Als Kunde ist es mir völlig gleichgültig – es sei denn, wir sind befreundet –, ob sie nun ihre Reise nach Disneyland gewinnen oder nicht, ob sie ihren monatlichen Umsatz erreichen oder sich für irgendeinen Preis qualifizieren.

Anfang der 80er Jahre, als ich mein erstes Schulungsseminar abhielt, kursierte bei Verkaufstrainern der beliebte Spruch: *»Und was springt für mich dabei raus?«* Das erklärt sich folgendermaßen:

»Wenn Sie das ›Drehbuch‹ für eine Verkaufspräsentation schreiben, eine Anzeige entwerfen oder den Text für eine Postwurfsendung schreiben, dann zählt nur eins: Was springt für mich dabei raus? Das will der Kunde wissen; das ist seine erste Frage, wenn Sie Ihre Gründe für das vortragen, was Sie von ihm verlangen. Der Hersteller, die Produktmerkmale oder die Privatangelegenheiten des Verkäufers interessieren den Kunden nicht im geringsten. Er denkt allein an sich. Er will wissen, welche Vorteile er davon hat, wenn er sich auf das von Ihnen vorgeschlagene Geschäft einläßt.«

Die Mitarbeiterin einer telefonischen Erste-Hilfe-Auskunft stellte mir kürzlich während eines Seminars nach meiner Präsentation folgende Frage:

»Wenn ich Anrufer nach ihrer Versicherung frage, reagieren sie oft eingeschnappt oder verärgert. Einige haben überhaupt keine Versicherung, und ich glaube, sie befürchten, ich würde ihnen nicht weiterhelfen, wenn das rauskäme. Wenn ich ihnen dann sage, ich brauchte die Information nur für unsere interne Telefonstatistik, sind sie immer noch nicht kooperativ. Wie kann ich es anstellen, daß sie auskunftsbereit sind?«

Ich wollte, daß sie das selber herausfindet. Ich stellte mich einfach mit verschränkten Armen vor sie hin und sagte:

»Wieso soll ich Ihnen meine Versicherung angeben?«

Sie stutzte. Sie hatte nicht gleich erkannt, daß ich in ein Rollenspiel mit ihr eingestiegen war und den Standpunkt einnahm, den ihre Anrufer vertraten. Ich fuhr fort:
»Ihre Statistik oder die Bedingungen, die Ihr Krankenhaus stellt, sind *mir* völlig egal. Erklären Sie mir doch bitte schön mal, wieso ich Ihnen diese Information geben soll.«
Sie hatte verstanden. Mir kam es darauf an, daß sie von der Annahme ausgehen muß, daß jeder Anrufer sich sofort die Frage stellt: Was springt für mich dabei raus?
Es dauerte nur wenige Sekunden, bis sie eine Erklärung parat hatte, die dem Anrufer den Nutzen der Angelegenheit vor Augen führte:
»Wenn ich etwas mehr über Ihren Versicherungsschutz weiß, kann ich sicherstellen, daß Sie die für Ihre Situation beste medizinische Versorgung bekommen. Sind Sie nicht versichert, kann ich eine Einrichtung der öffentlichen Gesundheitsfürsorge benachrichtigen. Haben Sie eine Versicherung, kann ich herausfinden, welcher unserer Ärzte mit Ihrem Versicherungsträger direkt abrechnet. Das macht die Sache nur einfacher für Sie und erspart den ganzen Papierkram.«
Sie hatte begriffen! Die Interna ihres Krankenhauses interessieren die Anrufer nicht. Sie denken nur an sich selbst. Die Telefonistin machte sich daran, den Wert eines Entgegenkommens auf ihren Wunsch nach Information an die Anrufer regelrecht zu »verkaufen«.
Wenn Sie Kooperation von jemandem erwarten, wenn Sie wollen, daß sich jemand unter Ihre Führung begibt, etwas für Sie tut – dann nehmen Sie Ihre Brille ab, und setzen Sie sich die Brille des anderen auf. Sehen Sie die Situation von seiner Warte, von seinem Standpunkt aus, und zeigen Sie ihm, welchen Nutzen er davon hat, wenn er das macht, was Sie ihm empfehlen.

Was Sie sofort tun können:
Wenn Sie auf die Kooperation eines anderen angewiesen sind, dann finden Sie zunächst heraus, warum seine Mithilfe *ihm* nützt, *nicht Ihnen.* Unterstreichen Sie die Vorteile, die er genießen wird, wenn er Ihrem Ratschlag folgt.
Anstatt zu sagen:
»Die Pfadfindergruppe meines Jungen verkauft Kaminholz. Wenn Sie so freundlich sind, mir ein paar Säcke abzukaufen, dann kann er nächsten Monat mit ins Zeltlager fahren.«
Sagen Sie lieber:
»Die Pfadfindergruppe meines Jungen verkauft Kaminholz. Es ist ausgezeichnetes Brennholz. Der Preis ist korrekt, und Sie werden feststellen, daß es hervorragendes, lang brennendes Hartholz ist. Wieviel möchten Sie kaufen?«
Anstatt zu sagen:
»Hör mal, wenn du mich mehrmals am Tag mit deinen Fragen traktierst, dann kann ich unmöglich ernsthaft arbeiten. Tu mir doch den Gefallen, und heb dir die Fragen auf, damit ich nicht immer unterbrochen werde.«
Sagen Sie lieber:
»Du hast meine volle Aufmerksamkeit verdient, wenn ich deine Fragen beantworte. Das beste wäre, wir treffen uns ein- bis zweimal am Tag, dann kann ich mich ganz auf dich konzentrieren und dir helfen und jedesmal gleich mehrere Fragen eingehender beantworten.«
Anstatt zu sagen:
»Können Sie mir einen Gefallen tun?«
Sagen Sie lieber:
»Es bringt Ihnen was ein, wenn Sie das und das tun.«

32. Sie bekommen immer nur das, wonach Sie fragen

Sie haben einen Termin mit einem wichtigen Kunden, weil Sie in Erfahrung gebracht haben, daß er mit einem Konkurrenten im Gespräch ist. Aus Angst, es könnte Ihnen ein Geschäft entgehen, wollen Sie herausfinden, warum er unzufrieden ist.
Sagen Sie sich laut vor:
»John, Sie sind doch zufrieden mit unserem Service oder nicht?«
Und jetzt sagen Sie folgendes:
»John, Sie sind ein wichtiger Kunde, und es ist mein Bestreben, unseren Dienst am Kunden fortwährend zu verbessern. Gibt es ein paar Punkte, wo Sie meinen, da könnten wir noch zulegen?«
Welche Frage wird Ihren Kunden ermuntern, Ihnen freimütig kompetentes Feedback zu geben? Welche Frage eröffnet einen Dialog, der zu einer noch intensiveren Geschäftsbeziehung führen wird?

»Guten Abend, Mr. Walther, hier spricht Debra vom Zimmerservice. Ich rufe an, um Sie zu fragen, ob Sie mit der Pizza, die wir Ihnen heute abend auf Ihr Zimmer geliefert haben, zufrieden waren?«
Ich übernachte viel in Hotels, aber noch nie hat mich ein Zimmerservice angerufen. Debra wollte wissen, ob meine Pizza noch warm war, ausreichend gewürzt und rechtzeitig geliefert worden war. Ich sagte ihr, alles sei wunderbar gewesen. Ihr Anruf überraschte mich, und ich fragte mich, ob irgendeine Absicht dahintersteckte. Gab es neben dem Pizza-Lieferservice jetzt auch schon den Rückruf, ob's einem geschmeckt habe? Ich vergaß die Angelegenheit, legte mich schlafen und hielt am nächsten Tag mein Schulungsseminar ab.

Im Monat darauf hatte ich wieder ein Seminar dort und stieg in demselben Hotel ab. Am Abend vor meiner Präsentation gehe ich so gut wie nie aus dem Haus. Meistens bestelle ich etwas über den Zimmerservice, sehe noch mal die Unterlagen für mein Seminarprogramm durch und gehe früh zu Bett, damit ich am nächsten Morgen ausgeschlafen vor mein Publikum treten kann. Ich bestellte einen Hähnchenteller, und er schmeckte mir. Wieder klingelte das Telefon, nachdem ich mein Mahl beendet hatte.

»Guten Abend, Mr. Walther. Hier spricht Debra vom Zimmerservice. Ich wollte nur wissen, ob das Hähnchen zu Ihrer Zufriedenheit war.«

Es war dieselbe junge Frau. Ich beantwortete ihre Frage und stellte dann meinerseits ein paar Fragen. Ich wollte mehr über den Grund ihres Anrufs erfahren. Debra erklärte, sie rufe jeden Gast eine halbe Stunde, nachdem die Bestellung durch den Zimmerservice abgegeben worden sei, an, um sicherzugehen, ob auch alles in Ordnung gewesen sei.

Die Einfachheit ihres Ansatzes überwältigte mich. Aber natürlich! Wenn man herausfinden will, wie man seinen Zimmerservice oder irgendeinen anderen Service verbessern kann, dann ist es das beste, man spricht die Gäste *direkt* darauf an. Nur wenige machen sich die Mühe, die Beschwerdekarten auszufüllen, die manchmal auf Nachttischen in Hotels ausliegen, und werfen sie in den dafür vorgesehenen »Kummerkasten«. Ruft man dagegen die Gäste auf ihrem Zimmer direkt an, bringt man sie leichter zum Reden.

Als ich mein siebtes Seminar für Ford abhielt, waren Debra und ich gute Freunde. Ich signierte eine Ausgabe meines ersten Buches, *Phone Power,* für sie und gab es persönlich in ihrem Büro ab, damit ich sie einmal in Aktion erleben konnte, wenn sie das Feedback ihrer Gäste einholte. Später verbrachte ich zwei ganze Stunden in ihrer schäbigen Kabine neben dem Warenaufzug im Kellergeschoß, wo auch die Hotelküche untergebracht war.

Überlegen Sie mal: Wie oft hat man Ihnen im Restaurant nicht schon ein überteuertes, mittelmäßiges Gericht vorgesetzt, und wie oft haben Sie sich bei Ihren Tischpartnern über den schlechten Service beklagt. Kommt dann der Kellner und fragt: »Waren Sie zufrieden? Hat es Ihnen geschmeckt?«, setzen Sie stets ein lächelndes Gesicht auf und antworten: »Ja, danke, es war ausgezeichnet.« *Wieso sagen Sie nicht die Wahrheit?* Vielleicht weil Sie das Gefühl haben, es interessiere den Kellner eigentlich nicht? Seine Frage wäre reine Routine, nur eine hohle Geste der Freundlichkeit?

Als ich an jenem Abend neben Debra saß und ihre Gespräche mit anhörte, fiel mir auf, daß die meisten Gäste über ihren Anruf überrascht waren, und trotzdem konnten ihr nur sehr wenige mit wirklich guten Anregungen weiterhelfen. Waren die Gäste tatsächlich alle hundertprozentig zufrieden, oder mußten Debras Fragen anders formuliert werden?

Die meisten Gespräche liefen etwa so ab:

»Guten Tag, Frau Hightsman, hier spricht Debra vom Zimmerservice. Ich rufe an, weil ich wissen wollte, ob Sie mit dem Salat und der Suppe zufrieden waren? War alles in Ordnung?«

Die Gäste sagten dann fast immer etwas in der Art:

»Oh, wie nett, daß Sie sich erkundigen! Ja, es war alles prima. Danke für Ihren Anruf.«

Nachdem ich mehrere derartige kurze Konversationen überhört hatte, fragte ich Debra:

»Wollen Sie wirklich nur wissen, ob Ihre Gäste zufrieden waren? Oder erwarten Sie nicht doch auch Verbesserungsvorschläge? Wenn Sie Feedback haben wollen, das Ihnen weiterhilft, dann stellen wir mal eine Frage, die ganz direkt darauf abzielt. Anstatt zu fragen: ›Sind Sie zufrieden?‹, fragen wir das nächste Mal: ›Wie können wir Sie noch zufriedener machen?‹ Wenn wir sie schon so zufriedengestellt haben, daß sie sich eine Steigerung nicht mehr vorstellen können, dann werden sie uns das schon mitteilen.«

Beim nächsten Mal variierte Debra also ihre Frage:
»Guten Abend, Herr Blackstone. Hier ist Debra vom Zimmerservice. Ich hoffe, Sie waren mit dem vorzüglichen Rippenstück zufrieden, das Sie bestellt hatten. Ich wollte Sie fragen, ob es irgend etwas an dem Essen gab, das man besser hätte machen können.«
Herr Blackstone war völlig überrascht.
»O ja, es hat sehr gut geschmeckt. Und jetzt wollen Sie wissen, was man noch besser hätte machen können. Warten Sie mal, das Entree war genau richtig, aber mir fiel auf, daß das beigelegte Brötchen ziemlich hart war. Bei der Frische hapert's etwas. Es ist nur eine Kleinigkeit. Alles andere war gut.«
Debra stürzte sich sofort auf die Brotbeilage; die anderen Gäste erzählten, daß ihr Brötchen ebenfalls etwas fade geschmeckt habe. Sie nahm Verbindung mit dem Chef der Backstube auf, bestellte frischere Ware und setzte ihre Anrufe fort, um mitzuhelfen, daß ihr Hotel beim Service immer die Nase vorn hat.

Die beste Methode, eine Beziehung zu vertiefen oder zu verbessern, ist die, innezuhalten und Bestandsaufnahme zu machen. Ob es sich um einen Kunden handelt, einen Kollegen, den Ehepartner oder einen Freund – stellen Sie Ihren genauen Standpunkt in dieser Beziehung fest, und machen Sie ihn deutlich, falls nötig. Wenn Sie eine Beziehung, ob privat oder geschäftlich, bereichern wollen, dann nehmen Sie sich die Zeit, und bitten Sie um ein ernstgemeintes, freimütiges und vollständiges Feedback, wie man die Sache besser machen könnte.
Häufig erhalten wir Feedback ganz zufällig, ohne danach zu fragen. Manchmal ist es recht kritisch und in harte Worte gefaßt. Wird Ihnen Kritik entgegengebracht, dann ist es wichtig, die andere Seite umgehend wissen zu lassen, daß Sie die Kommentare begrüßen. Das muß nicht notwendigerweise

heißen, daß Sie einverstanden sind oder die Kritik berechtigt finden. Es kommt darauf an, den Gesprächsfaden zwischen Ihnen beiden nicht abreißen zu lassen und dem anderen zu zeigen, daß Sie seine Ansicht respektieren.
Ich empfehle gern eine Art Doppelstrategie in einem solchen Dialog. Zunächst antworten Sie auf die geäußerte Kritik:
»Ich bin wirklich froh, daß Sie mir das sagen. Es interessiert mich natürlich, wie Sie mich sehen. Danke, daß Sie den Mut gefunden haben, mir einmal zu sagen, was Sie von mir halten.«
Dann haken Sie nach und erbitten Genaueres. Schieben Sie die Kritik nicht beiseite, auch wenn nur Gemeinplätze geäußert worden sind. Fragen Sie statt dessen:
»Bitte, helfen Sie mir zu verstehen, warum Sie so empfinden. Was habe ich getan, um bei Ihnen diese Reaktion auszulösen? Ich möchte in Zukunft gewappnet sein, damit mir so etwas nicht noch mal passiert.«
Kundendienstexperten, Arbeitspsychologen und Familientherapeuten ermahnen uns immer wieder, unsere Partner zu *fragen,* wie die Beziehung besser zu gestalten wäre. Ein guter Rat. *Wie* Sie fragen, ist mindestens ebenso wichtig wie, *daß* Sie fragen. Gehen Sie einfach mal davon aus, daß Sie einen bestimmten Aspekt Ihrer Beziehung verbessern könnten, und fragen Sie dann, welcher Aspekt das genau sein sollte. Fragen Sie sich nicht, ob alles nur in Ordnung sei, fragen Sie sich, wie Sie es und was Sie besser machen könnten.

Lektion

Was Sie sofort tun können:
Machen Sie es sich zur Gewohnheit, sich mindestens einmal täglich zu fragen, wie eine bestimmte Beziehung verbessert werden könnte.
Anstatt zu sagen:
»Fühlst du dich immer noch wohl in unserer Ehe?«

Sagen Sie lieber:
»Nenn' mir einen Punkt, den ich ändern sollte, damit ich ein besserer Ehepartner für dich bin.«
Anstatt zu sagen:
»Sind Sie zufrieden mit unserem Service?«
Sagen Sie lieber:
»Wie können wir unseren Service für Sie noch verbessern?«
Anstatt zu sagen:
»Sind Sie zufrieden mit meinen Leistungen, nachdem Sie mich befördert haben?«
Sagen Sie lieber:
»Ich habe ein gutes Gefühl, was meine Leistungen nach der Beförderung betrifft, und ich will mich noch steigern. Gibt es zwei, drei Punkte, auf die ich mich noch konzentrieren könnte, um Ihre Erwartungen zu übertreffen?«
Anstatt zu sagen:
»War alles zufriedenstellend?«
Sagen Sie lieber:
»Wie können wir Ihre Erwartungen noch besser erfüllen?«

33. Also, was *können* Sie tun?

Sie arbeiten am Ticketschalter einer Fluggesellschaft. Eine Dame kommt aufgelöst auf Sie zu und erklärt, sie sei unterwegs zu ihrem kränkelnden Großvater und habe ihr Ticket verloren. Sie bittet um einen Ersatz.
Sagen Sie sich laut vor:
»Nein, ich kann Ihnen keinen Ersatz für das Ticket geben. Sie müssen schon eine Verlustmeldung ausfüllen und sich gedulden. Vor Ablauf von drei bis vier Wochen brauchen Sie nicht mit einer Antwort zu rechnen.«
Und jetzt sagen Sie folgendes:
»Ich kann Ihnen ein Ersatzticket ausstellen und Ihre Kreditkarte damit belasten. Ich helfe Ihnen beim Ausfüllen der Verlustanzeige und leite sie an die Nachforschungsabteilung weiter.«
Welcher Ansatz vermittelt Ihrem aufgeregten Passagier eher das Gefühl, daß Sie kooperativ sind und auf eine positive Lösung ihrer Probleme hinarbeiten? Welche Antwort wird die Dame dagegen noch mehr in Rage bringen?

Während eines Kurzurlaubs an einem beliebten Ferienort beschlossen meine Frau und ich eines Tages, das Mittagessen schon etwas eher einzunehmen und gingen frühzeitig runter zu den Restaurantterrassen neben dem Swimmingpool. Das Lokal war leer, es hatte noch keiner Platz genommen, nur der Hilfskellner legte schon die Bestecke auf den Tischen aus. Die Gastwirtin sah uns warten, kam mit einem freundlichen Lächeln auf uns zu und sagte: »Wir öffnen in wenigen Minuten und können Ihnen das Mittagessen servieren. Ich kann Sie dann an einen Tisch Ihrer Wahl plazieren.«
Das erste, was mir durch den Kopf ging, war: »Wenn Sie ohnehin in wenigen Minuten öffnen, warum lassen Sie uns nicht schon mal rein? Wir setzen uns an einen Tisch und warten

solange.« Wahrscheinlich hätte ich mich mit ihr angelegt, wenn sie sich so ausgedrückt hätte, wie ich es gewohnt war: »Das Restaurant ist geschlossen, und es dauert noch eine Weile, bis wir öffnen. Ich kann Sie noch nicht hereinlassen.«
Was sie sagte, hatte genau dieselbe Bedeutung wie die eher verbreitete, negative Version. Ihr Ansatz jedoch vermittelte uns die Information auf absolut positive Art und Weise, indem sie betonte, was sie für uns tun kann, statt zu sagen, was sie nicht kann. Statt uns herumzustreiten oder einen Konflikt vom Zaun zu brechen, gingen Julie und ich in den Salon, warteten dort und bestellten einen Aperitif. Es waren noch ein paar andere Paare gekommen, und auch ihnen trat die Gastwirtin mit demselben freundlichen Lächeln und ihrer Art, die Dinge positiv auszudrücken, entgegen, worauf sich die Gäste ebenfalls in den Salon begaben und tropische Drinks bestellten. Diese Gastwirtin hatte sich eines Prinzips von Power Talking bedient – *positive Umformulierung einer Negativäußerung.* Das Ergebnis war, daß wir allesamt gerne bereit waren, noch ein wenig zu warten; die Hilfskellner und das Personal konnten ungestört unser Mittagessen vorbereiten, und die Bar machte zusätzlichen Umsatz!

Für jedes »Ich kann nicht« gibt es die positive Version *»Ich kann«.* Das negative »Ich kann nicht« baut sofort eine Art Sperre auf und löst beim Gesprächspartner möglicherweise Verärgerung aus. Vergleichen Sie mal die Wirkung der beiden folgenden Äußerungen: »Wir haben am Wochenende geschlossen. Ich fürchte, ich kann Ihre Bestellung nicht vor Montagnachmittag fertigmachen«, und: »Wir haben am Montag wieder geöffnet. Ich sorge dafür, daß Ihre Bestellung dann für Sie bereitliegt.« Die positive Variante ist einfacher zu verstehen. Außerdem vermittelt sie einen freundlicheren, hilfsbereiteren Eindruck.
Neulich beobachtete ich während eines Fluges nach Chicago den Flugbegleiter, wie er den Passagieren die verschiedenen

Vorspeisen beschrieb. Den ersten Sitzreihen bot er Lasagne, Huhn und Filets an. Als er zu meiner Sitzreihe kam, war das Rindfleisch bereits ausgegangen. Er sagte:
»Mr. Walther, ich kann Ihnen Lasagne als Vorspeise anbieten, die gern genommen wird, oder Huhn, das ich Ihnen persönlich empfehlen würde. Was hätten Sie gern?«
Er sagte nicht: »Es tut mir leid, aber das Rindfleisch ist schon alle.« Dadurch, daß er die noch verbliebenen Alternativen positiv darstellte, war ich zufrieden mit der Auswahl.
Wählen Sie immer die positive Version einer Negativäußerung. Sagen Sie, *was Sie tun können,* nicht, was Sie nicht tun können. Die Menschen werden leichter verstehen, was Sie meinen, und werden sich mit dem Gesagten zufriedengeben.

Lektion

Was Sie sofort tun können:
Immer wenn Sie dazu ansetzen, jemandem zu sagen, was Sie nicht tun können, verändern Sie den Blickwinkel, und wählen Sie statt dessen eine Äußerung, in der zum Ausdruck kommt, was Sie tun können.
Anstatt zu sagen:
»Ich kann Ihnen heute abend kein Zimmer mit Blick auf den Fluß geben. Ich muß Sie für eine Nacht in ein Zimmer zur Straße raus unterbringen und Sie morgen umquartieren.«
Sagen Sie lieber:
»Ich kann Ihnen heute abend ein Zimmer nach vorne raus anbieten und Sie morgen in ein Zimmer mit Blick auf den Fluß umquartieren. So kommen Sie in den Genuß beider Varianten.«
Anstatt zu sagen:
»Ich kann Ihre Frage auch nicht beantworten. Ich muß erst einen unserer Kundenberater auftreiben und Sie dann später zurückrufen.«

Sagen Sie lieber:
»Ich helfe Ihnen gerne weiter und rede mit der Kundendienstabteilung, um eine eindeutige Auskunft in dieser Sache einzuholen. Ich rufe Sie heute nachmittag noch mal an und sage Ihnen genau Bescheid. Um wieviel Uhr wäre es Ihnen recht?«
Anstatt zu sagen:
»Ich kann nicht . . .«
Sagen sie lieber:
»Ich kann . . .«

34. Sprachbarrieren durchbrechen

Einer Ihrer Kunden ist verärgert über eine Lieferung. In äußerst erregtem Zustand ruft er Sie an und sprudelt gleich los.
Sagen Sie sich laut vor:
»Okay, Chris, sieht ganz so aus, als hätten Sie da ein kleines Problem. Was soll ich Ihrer Meinung nach tun?«
Und jetzt sagen Sie folgendes:
»Chris, was Sie da sagen, leuchtet mir ein. Das ist eine echte Herausforderung. Gehen wir gemeinsam an die Sache ran, und versuchen wir, eine Lösung zu finden.«
Welcher Ansatz bringt Sie einer Lösung näher und ist eher dazu angetan, eine kooperative Atmosphäre zu schaffen?

Zu meinen Schulungsseminaren gehört auch, den Unternehmen oder Organisationen zu zeigen, wie man besser mit aufgebrachten Kunden fertig wird. Einer meiner Auftraggeber ist das Führungsteam des Kundendienstes von US WEST, einem Unternehmen der Mobilfunkbranche, auch bekannt als die »Retention Group«. Ihre Arbeit besteht darin, Kunden zu »retten«, die so unzufrieden sind, daß sie angedroht haben, ihr Konto zu kündigen. Chris B. lernte ich gleich am ersten Tag kennen, als ich bei meinem neuen Kunden Telefongespräche aufzeichnete.
Jeder Mitarbeiter im telefonischen Kundendienst des Unternehmens hatte bereits Bekanntschaft mit Chris gemacht, hatte sich entweder selbst von ihm anbrüllen lassen müssen oder hatte Geschichten über seine Wutanfälle gehört, über die Forderungen, die er stellte, oder seine verbalen Entgleisungen. Jeder hoffte inständig, nicht schon wieder einen Anruf von Chris entgegennehmen zu müssen, weil der einfach völlig uneinsichtig war.
Dann stieß Mary Hatcher zu dem Beraterteam. Ihr Tonfall,

ihr Verhalten und ihre ausgezeichneten sprachlichen Fähigkeiten geben einem das sichere Gefühl, daß man sich keine Sorgen zu machen braucht, daß alles wieder ins richtige Lot kommt.

Als Chris' Anruf zum erstenmal auf Marys Apparat gelegt wurde, beschwerte sich Chris bereits seit zwei Jahren heftig und ununterbrochen bei USWEST über ihren miserablen Service. Mary hatte allerlei über ihn gehört und beschlossen, ihn zu ihrem »Spezialfall« zu erklären. Mary nahm die Umpolung dieses jähzornigen Kunden als eine ernste, professionelle Herausforderung an.

Gleich beim erstenmal wurde Mary persönlich:

»Chris, ich bin mit Ihrer Situation vertraut, und ich werde Ihnen helfen. Ich habe mich folgendes gefragt: Wie ist es möglich, daß unser Service so schlecht ist, wenn Sie Ihre geschäftlichen Beziehungen zu uns immer noch aufrechthalten? Vielleicht sind Sie mit irgend etwas anderem nicht zufrieden? Wenn Sie Schwierigkeiten in anderen Bereichen haben, dann bin ich die letzte, die noch zu Ihrem Kummer beitragen will.«

Chris war sprachlos. Mary hatte die geschäftliche Fassade einfach durchbrochen, um zum Kern des Problems vorzustoßen.

Chris öffnete sich ihr gegenüber und gestand, daß er im Berufsleben praktisch gescheitert sei. Er hatte Probleme mit seinen Arbeitgebern. Er kam mit seinen Kollegen nicht zurecht. Chris hatte an vielen Fronten versagt. Sein Lieblingsventil war das Autotelefon, von dem aus er den Kundendienst anrief und gebührenfrei eine Tirade ablassen konnte gegen jemanden, dem er nie von Angesicht zu Angesicht gegenübertreten mußte.

Chris war Fachmann im Aufstellen von Barrieren. Sein Ansatz lautete:

»Ich bin der arme, geprellte Kunde, und Sie das große, reiche Unternehmen, das mir das Geld aus der Tasche zieht. Sie

haben ja keine Ahnung, wie die Gegenseite aussieht, auf der ich sitze. Was werden Sie nun unternehmen, um wieder wettzumachen, daß Sie mich so schlecht behandelt haben?«
Mary ist Spezialistin im Abbauen von Barrieren. Ihr Ansatz ist genau entgegengesetzt: Sie schlägt sich auf die Seite des Kunden. Ja, sie beschreibt ihre Situation als die einer Kundenanwältin. Ihre Sprache ist gespickt mit Begriffen, die Gräben zuschütten und Teamgeist beschwören:
»Wir haben es hier wirklich mit einer nicht angenehmen Situation zu tun. Wir werden *gemeinsam* an einer Lösung arbeiten.«
Statt zuzulassen, daß eine verbale Barriere sie von dem Kunden trennt, löst sie diese auf. Statt zu versuchen, den Kunden davon zu überzeugen, daß er im Unrecht ist, bestätigt sie ihn vielmehr in seinen Gefühlen und setzt von dort aus neu an.
»Ich verstehe, daß Sie so empfinden. Sie haben ein Recht auf umfassenden Service. Finden wir gemeinsam heraus, was da schiefläuft, damit wir es beheben können.«
Marys Ansatz funktioniert immer. Allein mit Worten machte sie Chris deutlich, daß es keine trennende Barriere zwischen ihnen gab. Sie richtete sich ganz nach ihm, stellte sich auf seine Seite, und er beruhigte sich wieder. Andere Mitarbeiter im Kundenservice berichteten, daß Chris jetzt tatsächlich freundlicher klang, wenn er sie anrief. Mary war es gelungen, Chris B. umzustimmen, indem sie die trennende Barriere, die er sich einbildete, entschlossen demontierte.

Die meisten Konfliktsituationen sind auf eingebildete Barrieren zurückzuführen. Wenn man zusammenarbeitet, auf derselben Seite steht, dann gibt es keine Konfrontation. Der erste Schritt zur Konfliktreduzierung besteht darin, diese Barrieren aufzulösen. Sie müssen dem anderen zeigen, daß Sie darauf abzielen, ihn als Partner zu gewinnen, nicht als Gegner.
Vermeiden Sie, wenn es eben geht, Pronomen, die das Ich-

Du-Schema nur verstärken. Sagen Sie »wir« oder »uns« statt »Sie/du« und »ich«, um deutlich zu zeigen, daß Sie die Beziehung als eine Partnerschaft betrachten.

Vergessen Sie nicht, die *Gemeinsamkeiten* hervorzuheben, die Sie mit Ihrem Gegenpart teilen. Machen Sie es der anderen Person leicht, zu erkennen, daß Sie es ehrlich mit ihr meinen. Sobald Sie eine Gemeinsamkeit mit jemandem festgestellt haben, ist dieser eher bereit, Sie als einen Partner anzuerkennen, der das anstehende Problem lösen wird, und nicht als einen Feind, der es nicht einmal ernst nimmt.

Friedensengel wie Mary Hatcher sind Meister im Gebrauch *konfliktreduzierender Sprache.* Die Prinzipien, die sie sich zunutze machen, sind leicht zu beherrschen, und sehr wahrscheinlich haben Sie noch heute die Gelegenheit, sie anzuwenden. Gebrauchen Sie Worte, die Ihrem Gegenüber zeigen, daß Sie es darauf anlegen, Barrieren abzubauen und mit ihm zusammenzuarbeiten.

Lektion

Was Sie sofort tun können:

Wenn Sie in Konflikt mit jemandem stehen, dann drücken Sie sich ihm gegenüber so aus, daß Ihre Absicht deutlich wird, mit ihm zusammenzuarbeiten, nicht *gegen* ihn zu arbeiten. Machen Sie deutlich, daß Sie und er auf derselben Seite stehen.

Anstatt zu sagen:

»Das ist Ihr Problem. Was soll ich Ihrer Meinung nach tun?«

Sagen Sie lieber:

»*Wir* haben da eine gemeinsame Herausforderung. Und *wir* werden sie auch gemeinsam lösen.«

Anstatt zu sagen:

»Sie müssen folgendes tun.«

Sagen Sie lieber:

»Wir werden jetzt folgendes tun.«
Anstatt zu sagen:
»Ich verstehe, was Sie da verlangen. Aber ich muß mich an meine Richtlinien halten.«
Sagen Sie lieber:
»Wir haben beide wichtige gemeinsame Ziele. Wollen wir doch mal sehen, wie wir zusammenarbeiten können.«

35. Teilnahme erwünscht

Ihre Nachbarn haben sich zu einer Bürgerinitiative zusammengeschlossen und wollen den Antrag einer örtlichen Deponie, die Landaufschüttung auf das Dreifache des Areals zu erweitern, anfechten. Sie fordert, daß die Halde geschlossen wird. Das kostet Geld. Ihre Nachbarn treffen sich nun und beschließen das weitere Vorgehen.
Sagen Sie sich laut vor:
»Das wird eine Menge Geld kosten, und Sie alle müssen kräftig spenden. Sie müssen auch die anderen Nachbarn aus der Gegend animieren, etwas zu geben, es sei denn, Sie hätten eine bessere Idee.«
Und jetzt sagen Sie folgendes:
»Wir brauchen eine Menge Geld, um erfolgreich gegen die Deponiebetreiber kämpfen zu können. Wir können jeden bitten, Bargeld zu spenden oder auch ein Nachbarschaftsfest organisieren oder einen Flohmarkt, und alle einladen, daran teilzunehmen. Oder wir machen was ganz anderes. Gibt es noch Vorschläge, wie wir an die Sache herangehen können?«
Welche Taktik wird wohl mehr nachbarschaftliche Zusammenarbeit auslösen? Welche ist garantiert zum Scheitern verurteilt?

Eine Herausforderung, der ich als Redner regelmäßig gegenüberstehe, besteht darin, mein Publikum nach einer Kaffeepause wieder in den Saal zu kriegen. Normalerweise setzt der Veranstalter oder Tagungsleiter irgendwann während des Programms eine Viertelstunde für die Pause an. Die zieht sich aber regelmäßig länger hin und kann sich schon mal auf eine halbe Stunde ausdehnen, bis ich meinen Kunden daran erinnere, daß wir noch viel Material zu bewältigen haben, und ihm nahelege, das Publikum wieder einzusammeln.

Der Tagungsleiter geht dann ins Foyer, wo alle Plätzchen kauen und Kaffee schlürfen. Er versucht vergeblich, die Menge dazu zu bringen, wieder in den Saal zu gehen, und schließlich stellt er sich auf einen Schemel und verschafft sich Gehör. »Wir sind spät dran. Sie müssen jetzt zurück auf Ihre Plätze.«

Ich habe da einen wesentlich effektvolleren Ansatz: Power Talking. Kurz bevor die Pause eingeläutet wird, sage ich den Zuhörern:

»Es ist alles für eine Kaffeepause vorbereitet, und ich möchte, daß Sie entscheiden, wie wir die Sache handhaben. Wir können eine lange Pause machen, 25 Minuten oder eine halbe Stunde, oder wir widmen uns wieder unseren Power-Talking-Methoden und setzen unser Programm in genau 15 Minuten fort. Bitte heben Sie die Hand, wenn Sie für . . .«

Mein Publikum entscheidet sich jedesmal für die kürzere Pause. Sie sind nicht zum Kaffeetrinken hergekommen, sie erwarten Ideen und Strategien, die sie anwenden können und die ihnen weiterhelfen, und zwar sofort. Ich achte auch immer darauf, daß ich bekanntgebe, etwa: »Auf meiner Uhr ist es jetzt 12 Minuten nach 10, wir fangen also um 10.27 Uhr wieder an. Ich wünsche Ihnen eine angenehme Pause, und wir sehen uns um 10.27 Uhr wieder.« (Ich weiß aus Erfahrung, daß man sich ungerade Zahlen bei Zeitangaben besser merken kann. Wenn Sie die Fortsetzung einer Veranstaltung auf 10.27 Uhr ansetzen, dann sind im Endeffekt mehr Leute rechtzeitig zurück als bei einer Uhrzeit von 10.30 Uhr.)

Trotzdem scheint dem Menschen so etwas wie ein Herdeninstinkt innezuwohnen. Jeder wartet darauf, daß irgendeiner den Anfang macht und sich als erster wieder zurück in den Veranstaltungsraum begibt. Bei meinen Seminaren habe ich festgestellt, daß ich für diese Aufgabe der geeignetste bin. Um 10.25 Uhr gehe ich raus ins Foyer und bringe die Herde in Bewegung. Statt mich auf einen Schemel zu stellen und den Ausrufer zu spielen, gehe ich auf zwei, drei Gruppen von

Teilnehmern zu, die sich miteinander unterhalten, und sage: »Ich möchte Sie einladen, Ihren Kaffee mit reinzunehmen; wir setzen unsere Veranstaltung gleich fort.«
Zwei Schlüsselelemente machen meine »Leithammelmethode« so wirkungsvoll: Erstens, die Teilnehmer bestimmen ihre Handlungsweise selbst. Ich schreibe ihnen nicht vor, was sie zu tun haben. Ich lasse ihnen die Wahl. Zweitens, ich gebrauche ganz bewußt das Wort »einladen«. Niemand nimmt gerne Befehle oder Anordnungen entgegen. Einer Einladung dagegen kommt jeder gern nach. Bedient man sich der üblichen Methode, sein Publikum wieder einzusammeln, denken die Leute: »Oh, schade, müssen wir schon wieder zurück in den Saal?«
Bei meiner Methode schauen mich dieselben Leute an und sagen:
»Oh, wie nett. Eine Einladung. Die nehme ich gerne wahr.«
Dieser Ansatz klappt immer. Schließlich ist man ja hergekommen, um sich so viele Anregungen wie möglich zu holen. Ich bediene mich der Power-Talking-Methode und biete damit Gewähr, daß meine Zuhörer den maximalen Nutzen aus meinem Programm ziehen.
Auch an Ihrem Arbeitsplatz und im Alltagsleben sehen Sie sich den unterschiedlichsten Situationen gegenüber. Wenn Sie Kooperation fördern wollen, dann geben Sie Ihrem Gegenüber die Chance, zwischen mehreren Optionen auszuwählen, und laden Sie ihn oder sie dann dazu ein, die Sache mit Ihnen gemeinsam weiterzuverfolgen.

Es ist doch eigentlich seltsam, daß wir das Hilfsverb *müssen* verwenden, wenn wir jemanden einladen, mit uns in einer Angelegenheit zu kooperieren. Das Wort suggeriert, daß dem Angesprochenen keine andere Wahl bleibt, daß die Sache, die wir dann anschließend näher bestimmen, verbindlichen Charakter hat und womöglich unangenehm ist.

Freunde von uns meinten neulich:
»Ihr müßt unbedingt mal zum Essen kommen.«
Wir mögen unsere Freunde sehr, und wir sind auch gern mit ihnen zusammen, aber es hörte sich eher wie ein Befehl und nicht wie eine nett gemeinte Einladung an. Wenig später ertappte ich mich selbst dabei, wie ich zu einem anderen befreundeten Paar sagte:
»Wir müssen uns mal an einem der nächsten Wochenende treffen.«
Auch hier wird angedeutet, daß »gesellschaftlicher Verkehr« mit Freunden eher eine unangenehme Verpflichtung ist, der man nicht gerne nachkommt, statt eine Sache, die eigentlich Freude macht. Es hört sich viel einladender an, wenn man sagt:
»Wir *möchten* uns gern nächste Woche mit euch treffen. Wie wäre es Freitag mit einem Kinoabend und anschließendem Essen oder Samstag bei uns zum Brunch?«
Um Kooperation zu fördern, sollten Sie denjenigen, um die es geht, nicht vorschreiben, was sie Ihrer Meinung nach zu tun haben. Laden Sie sie ein, zwischen verschiedenen Optionen auszuwählen, damit sie eine selbstbestimmte Entscheidung treffen.

Lektion

Was Sie sofort tun können:
Wenn Sie andere dazu bewegen wollen, Ihnen entgegenzukommen, »laden Sie sie dazu ein«, und lassen Sie ihnen die Wahl, frei zu entscheiden, was sie tun wollen.
Anstatt zu sagen:
»Um als Mitbewerber zu gelten, müssen Sie dieses Formular vollständig ausfüllen und es morgen früh wieder hier abgeben.«
Sagen Sie lieber:
»Sie können dieses Formular über Nacht mit nach Hause neh-

men und es ausfüllen, wann es Ihnen paßt. Dann lade ich Sie ein, wieder hierherzukommen und es morgens abzugeben.«

Anstatt zu sagen:

»Sie müssen das ganze Bauteil ans örtliche Service-Center schicken und es reparieren lassen.«

Sagen Sie lieber:

»Sie können das Bauteil entweder an Ihr örtliches Service-Center schicken oder zu einem Vertragshändler gehen. Was wäre bequemer für Sie?«

Anstatt zu sagen:

»Folgendes müssen Sie tun.«

Sagen Sie lieber:

»Ich lade Sie ein, das zu wählen, was Ihnen am besten zusagt.«

36. Ich empfehle Ihnen ...

Sie verkaufen Lebensversicherungen und unterhalten sich mit einem jungen Paar über den notwendigen Versicherungsschutz. Das erste Kind ist schon unterwegs, und der Ehemann plant die Anlage in einer kapitalintensiven Versicherungspolice. Sie sind der Ansicht, er solle auch für seine Frau eine Police abschließen.
Sagen Sie sich laut vor:
»Was Sie vielleicht auch noch in Erwägung ziehen sollten, ist eine Versicherungspolice als Schutz für Ihre Frau. Auch wenn sie sich augenblicklich in einem ausgezeichneten gesundheitlichen Zustand befindet, kann man doch nie wissen, ob nicht während der Entbindung irgend etwas passiert.«
Und jetzt sagen Sie folgendes:
»Das ist klug gedacht von Ihnen, Versicherungsschutz zu erwerben für den Fall, daß Sie persönlich nicht mehr für den Unterhalt Ihrer Familie sorgen können. Angesichts möglicher Komplikationen während der Entbindung empfehle ich einen zeitlich begrenzten Versicherungsschutz, der auch Ihre Frau mit einschließt.«
Welcher Ansatz wird das Interesse Ihres angehenden Kunden eher wecken und zeigt, daß Sie ernsthaft besorgt um sein Wohlergehen sind? Welcher Ansatz führt wahrscheinlich zu einer Unterschrift unter einen Kaufvertrag?

Das Beispiel ist nicht aus der Luft gegriffen: Genau das hat mein Versicherungsagent mir gesagt, als ich kürzlich meine erste Police erwarb. Ich hatte mich immer beharrlich gegen jeglichen Versicherungsschutz gewehrt – bis wir erfuhren, daß unser erstes Kind unterwegs war.
Später wollten wir unseren Garten neu gestalten lassen und einen kleinen Spielplatz für unser Kind anlegen. Nach dem Abschluß mit der Gartenbaufirma sagte der Vertreter:

»Es ist eine kleine, zusätzliche Investition. Ich empfehle Ihnen, Unkrautmatten unter den Zierpflanzen und dem Mutterboden auslegen zu lassen. Das hält 95% des Unkrauts zurück, und Sie haben immer Freude an Ihrem Garten, ohne jedes Wochenende Unkraut jäten zu müssen.«
Wir haben die Unkrautmatten gekauft.
Mein Versicherungsvertreter und der Gartenbauarchitekt bedienten sich einer weitverbreiteten Redewendung: Sie *empfahlen* eine bestimmte Vorgehensweise.

»Empfehlen« ist ein erstaunlich kraftvoller Ausdruck. Wo Sie auch tätig sein mögen, Sie verkaufen anderen Leuten Ideen, jeden Tag. Immer wenn Sie verkaufen, bedienen Sie sich des Wortes »empfehlen«.
Resort Condominiums International in Indianapolis, ein Unternehmen, das Ferienwohnungen in aller Welt vermittelt, hatte mich angestellt, um eine Gruppe Verkaufsprofis zu trainieren. Eines der Verkaufsziele bestand darin, Anrufern nahezulegen, ihre Anwartschaft rechtzeitig zu erneuern, und zwar für einen längeren Zeitabschnitt. Als das Schulungsseminar anfing, fiel mir auf, daß die Vertreter am Telefon etwa folgendermaßen vorgingen:
»Oh, sagen Sie, wo ich Sie schon mal an der Strippe habe, ich sehe gerade, daß Ihre Anwartschaft in ein paar Monaten ausläuft. Aber vielleicht haben Sie ja schon daran gedacht, sie zu erneuern. Und wenn Sie schon dabei sind, dann sollten Sie eines in Betracht ziehen, nämlich die Kostenersparnis bei einer Verlängerung auf drei oder fünf Jahre statt auf nur zwölf Monate. Wäre das vielleicht von Interesse für Sie?«
Ich legte Ihnen eindringlich nahe, nicht so zaghaft aufzutreten und statt dessen die *BPE*-Verkaufsmethode aufzugreifen, die ich in meinem ersten Buch *Phone Power* beschrieben habe. Ich habe viele Zuschriften von Lesern erhalten, die berichten, daß diese Methode ihnen hilft, eine positive Beziehung zu ihren Kunden aufzubauen.

Zunächst: *B*eraten Sie sich mit Ihrem Kunden und erkundigen sich nach seinen Zukunftsplänen. Genießt er die Privilegien, die ihm das Anwartschaftsverfahren gibt? Besitzt er das Anrecht auf Nutzung der Ferienwohnung auf Lebenszeit? Will er den Papierkram reduzieren und Geld sparen?
Als nächsten Schritt stellen Sie die *P*ersönlichen Vorteile heraus, die der Anrufer bei einer Verlängerung des Vertrages auf mehrere Jahre erfährt. Sie sollen dem Mitglied zeigen, daß für seine ganz persönliche Situation und Interessenlage eine mehrjährige Verlängerung besser ist.
Schließlich bedient sich der Vertreter des Wortes *E*mpfehlen, um den Kauf zum Abschluß zu bringen:
»Bei Ihrer Situation *empfehle* ich die fünfjährige Verlängerung. Sie erwähnten, daß Sie Ihre Nutzungsrechte weiterhin wahrnehmen und mit der jährlich verschickten Aufforderung oder unseren Anrufen nicht belästigt werden möchten. Bei der Fünfjahresvariante werden Ihr Vertrag und Ihre Nutzungsrechte automatisch verlängert. Sie sparen sich also den Papierkrieg jedes Jahr, und Sie können keinen Termin versäumen. Ich empfehle, daß wir das jetzt gleich so vereinbaren.«
Wenige Tage nach dem Trainingsseminar rief mich einer der Vertreter in meinem Büro an und rief in den Hörer:
»Es klappt! Phantastisch! Ich achte darauf, daß ich bei jedem Anruf auch ja ›empfehlen‹ sage, und meine Verkaufsabschlußmarke ist um 25% in die Höhe gegangen.«
Empfehlen ist ein Zauberwort. Und es funktioniert! Es funktioniert, weil es einen Verhaltensmechanismus in Gang setzt. Für einen Verkäufer ist es leichter, sich auf die eigenen Bedürfnisse zu konzentrieren, als für den Kunden. Er hat den Verkaufswettbewerb im eigenen Haus im Hinterkopf, die Provision und alle möglichen anderen Dinge, nur nicht das, worauf es am meisten ankommt: die Belange des Kunden.
Machen Sie Ihre *Empfehlung* zu einem wichtigen Teil Ihrer abschließenden Argumentation, wenn Sie ein Produkt ver-

kaufen, einen Service oder eine Idee. Mit der Befolgung des *BPE*-Ansatzes und der Betonung auf der *Empfehlung* richten Sie Ihr Augenmerk genau auf das, was zählt: das Wohlergehen der anderen Seite.

Lektion:

Was Sie sofort tun können:
Immer wenn Sie etwas verkaufen wollen, eine Idee, einen Service oder ein Produkt, dann konzentrieren Sie sich auf die möglichen Vorteile für den Kunden, und benutzen Sie das Wort *empfehlen,* um den Handel zum Abschluß zu bringen.
Anstatt zu sagen:
»Hätten Sie Interesse an einer Verlängerung?«
Sagen Sie lieber:
»Ich gehe von dem aus, was Sie mir erzählt haben, und ich empfehle Ihnen, daß Sie jetzt gleich verlängern und sich so die Gebührenerhöhung ab 15. September sparen.«
Anstatt zu sagen:
»Ich möchte Ihnen dies oder jenes verkaufen ...«
Sagen Sie lieber:
»Ich empfehle Ihnen, dies oder jenes zu erwerben.«
Anstatt zu sagen:
»Was Sie vielleicht in Betracht ziehen sollten ...«
Sagen Sie lieber:
»Ich empfehle Ihnen ...«

37. Was ist Ihrer Ansicht nach fair?

Ihr Nachbar hat zwei große Fichten auf dem schmalen Streifen stehen, das sein Grundstück von Ihrem trennt. Ein Baum sieht ganz so aus, als würde er absterben, und da er Ihren Schreibtischplatz vor neugierigen Blicken abschirmt, möchten Sie ihn gern erhalten. Ihr Nachbar zeigt keinerlei Interesse, etwas zu unternehmen, aber Sie haben sich bei einer Baumschule erkundigt und erfahren, daß eine Wurzelbehandlung mit einer Düngespritze 250 DM kostet. Sie meinen, Ihr Nachbar sollte die Kosten tragen, da es sein Baum ist.
Sagen Sie sich laut vor:
»Die Pflege Ihrer Fichten scheint Sie nicht sonderlich zu kümmern. Aber das sieht doch jeder, daß einer der beiden Bäume am Absterben ist. Ich habe eine Baumschule angerufen und mir ihren Rat eingeholt. Die meinen, eine Düngebehandlung würde 250 DM kosten, und ich finde, Sie sind dafür verantwortlich, daß der Baum am Leben bleibt.«
Und jetzt sagen Sie folgendes:
»Mir ist aufgefallen, daß eine von den beiden Fichten nicht mehr so recht wachsen will. Ich weiß, daß Sie sehr beschäftigt sind, und als ich die ganzen braunen Nadeln auf dem Boden sah, habe ich schon mal eine Baumschule angerufen, um mich zu erkundigen, ob man die Fichte noch retten kann. Sie haben gemeint, das würde 250 DM kosten. Der Baum steht auf Ihrem Grundstück. Wir beide profitieren jedoch gleichermaßen davon, was meinen Sie, wie könnte man die Kosten fairerweise aufteilen?«
Welcher Ansatz führt wohl eher zu einem vernünftigen Kompromiß, mit dem Sie beide zufrieden sind? Welcher verleitet Ihren Nachbar eher dazu, einen hohen Zaun zwischen den Grundstücken zu errichten und Ihnen vorzuhalten, Ihre Nase in fremde Angelegenheiten zu stecken?

Donna, Managerin eines führenden japanischen Kopiergeräteherstellers, rief eines Tages mein Büro an und erkundigte sich nach den Verkaufsbedingungen für die Bestellung von Cassetten- und Videomaterial zu *Phone Power* für ihre Vertragshändler. Sie wollte den selbständigen Einzelhändlern effektives Telemarketing für den Weiterverkauf von Kopierern und Zubehör ermöglichen. Telemarketing ist für viele Unternehmen, die auf ein Netz unabhängiger Geschäftsinhaber und Großhändler angewiesen sind, eine hervorragende Absatzmöglichkeit. Wenn Sie Ihren Händlern zu einer Gewinnsteigerung verhelfen, kaufen die letztlich verstärkt Ihre Produkte.
Gleich bei unserem ersten Telefonat hatte ich das Gefühl, daß Donna bei Geschäftsverhandlungen ein schwieriger Partner sein würde. Sie wollte unbedingt für alles einen Sonderpreis vereinbaren. Ich respektiere Kunden, die den bestmöglichen Preis aushandeln wollen, aber in diesem Fall hatte ihre Art etwas Aufdringliches. Ich erklärte, daß ich ihr 30% Rabatt gewähren könne, wenn ihre Bestellung eine Stückzahl von 250 oder mehr Bänder umfaßte. Sie wollte nur 225, was sie zu einem 25%igen Rabatt berechtigt hätte. Schließlich gab sie eine Bestellung von 250 Stück auf. Ich hatte ein gutes Gefühl, als ich ihr die Bänder zusammen mit einer Rechnung schickte, da es sich um ein großes und führendes Unternehmen handelte.
Drei Monate später war die Rechnung noch immer nicht bezahlt, obwohl Donna mir wiederholt mitgeteilt hatte, die Rechnung werde »gerade bearbeitet«. Dann erhielt ich ein Paket mit 25 Bändern, und auf einer von ihr handgeschriebenen Notiz war zu lesen:
»Ich sende Ihnen diese 25 Bänder zurück mit der Bitte um Gutschrift. Schreiben Sie eine neue Rechnung, sie wird umgehend beglichen.«
Meine spontane Reaktion war: »Das ist doch der reinste Betrug! Sie wollte von Anfang an bloß 225 Stück. Drei Mona-

te hat sie auf der Rechnung gesessen, dann schickt sie mir die 25 Bänder zurück, die noch fehlten, um den Preisnachlaß wahrzunehmen, und jetzt erwartet sie, daß ich ihr die gutschreibe, damit sie den gesamten 30%igen Rabatt auf die 225 kriegt. Damit kommt sie bei mir nicht durch.«

Da stand ich also und regte mich furchtbar darüber auf, daß sie versucht hatte, mich reinzulegen. In Gedanken entwarf ich sofort einen Brief: »Sagen Sie mal, für wie blöd halten Sie mich eigentlich?« Dann überlegte ich mir, sie am Telefon zur Rede zu stellen und ihr zu sagen, mit so lächerlichen Tricks könne sie bei mir nicht landen. Dann hielt ich eine Minute inne und beruhigte mich wieder. Die Gesamtsumme, um die es ging, belief sich auf etwas weniger als 200 Dollar. Und ich war nicht absolut sicher, ob Donna bloß mein Angebot ausnutzen wollte, ich nahm es nur an, auf Grund meiner Einschätzung ihrer Persönlichkeit.

Mir wurde klar, daß die 200 Dollar nicht meine Sorge waren, ich wollte nur einfach fair behandelt werden. Sie hatte allerdings alle Trümpfe in der Hand, da sie noch keinen Cent gezahlt hatte. War das zusätzliche Geld also vorrangig? Nein. Meine wirklichen Motive waren: (1) Mein ursprünglich gutes Gefühl bei der ganzen Transaktion zu behalten; (2) die Tür für eine zukünftige geschäftliche Beziehung mit dem Unternehmen nicht zuzuschlagen und (3) meine Rechnung bezahlt zu kriegen. Alle drei Ziele hingen davon ab, wie gern oder ungern Donna mit mir kooperieren würde. Statt einen häßlichen Brief aufzusetzen oder mich auf eine Konfrontation am Telefon einzulassen, entschied ich mich für den Power-Talking-Ansatz. In Situationen wie dieser bringen einen gute Fragen weiter als starke Formulierungen.

Am nächsten Morgen rief ich Donna an und sagte:

»Guten Morgen, Donna. Ich habe die 25 Bänder erhalten, die Sie mir zurückgeschickt haben. Danke, daß Sie sie so sorgfältig verpackt haben. Sie sind unbeschädigt angekommen. Ich habe auch Ihre Nachricht bekommen, in der Sie

mich um eine neuerliche Rechnung bitten. Ich hätte da gern Ihren Rat. Ihre Originalrechnung enthielt doch einen 30%igen Rabatt, der sich auf die 250 Bänder gründete. Wenn Sie gleich beim erstenmal 225 Bänder bestellt hätten, dann hätte ich Ihnen einen Preisnachlaß von 25% gewähren können. Ich berechne keine Lagergebühr oder andere Unkosten, die mir durch die Rücksendung entstanden sind, und ich habe drei Monate auf die Zahlung gewartet. Bitte sagen Sie mir doch, wie können wir das auf faire Weise lösen?«
Mit diesen Fakten konfrontiert, überlegte sie einen Moment und antwortete dann: »Also, ich hätte natürlich gern den 30%igen Nachlaß, aber ich schätze, es wäre nur fair, wenn Sie mir nur die 25% Rabatt neu berechnen.«
Hätte sie auf dem 30%igen Rabatt bestanden, ich hätte die neue Rechnung ohne weitere Diskussion ausgestellt. In diesem Fall schickte ich ihr zusammen mit der Rechnung ein Werbegeschenk, da ich wieder ein gutes Gefühl hatte, auch weiterhin mit ihr zusammenzuarbeiten.

Worauf es mir ankommt, ist folgendes: Fast jeder Mensch wird Sie fair behandeln, wenn Sie ihm nur eine Chance geben. PowerTalker haben das langfristige »Gesamtbild« im Auge, sie verlieren keine Tränen über Kleinkram. Sie denken an die Beziehung. Was am Ende zählt, ist das *gute Gefühl.* Wenn Sie die zusätzlichen 200 Dollar einstreichen und eine unzufriedene Kundin hinterlassen, die sich unfair behandelt fühlt – dann ist es das nicht wert. Erkaufen Sie sich um den Preis schlechter Gedanken, böser Unterstellungen auch nur eine Minute Zufriedenheit – haben Sie schon verloren. Statt Konfrontation suchen Sie lieber die Kooperation mit anderen Menschen.

Lektion:

Was Sie sofort tun können:
Immer wenn Sie das Gefühl haben, jemand ist drauf und

dran, Sie ungerecht zu behandeln, dann appellieren Sie an seinen Sinn für Fairneß. In den wenigen Fällen, wo er sich weiter unfair Ihnen gegenüber verhält, vergessen Sie die Sache ganz einfach.

Anstatt zu sagen:

»Ihre Werkstatt hat mir vor drei Wochen neue Bremsen eingebaut, und jetzt machen sie schon wieder so ein komisches Quietschgeräusch. Sagen Sie nicht, das hätte nichts mit Ihrer Reparaturarbeit zu tun. Ich erwarte, daß Sie das wieder in Ordnung bringen.«

Sagen Sie lieber:

»Sie haben vor drei Wochen vorzügliche Arbeit geleistet, als Sie meine Bremsen repariert haben. Jetzt höre ich immer so ein quietschendes Geräusch, das vorher nicht da war. Was wäre die fairste Lösung für beide Seiten?«

Anstatt zu sagen:

»Ich habe den Kassenbeleg verloren, aber ich habe vor nicht mal vier Wochen diesen Rasenmäher bei Ihnen gekauft, und jetzt ist er schon kaputt. Ich habe noch die Originalverpackung mit Ihrem Firmennamen drauf, und ich verlange, daß Sie mir das Geld zurückerstatten.«

Sagen Sie lieber:

»Vor einem Monat habe ich bei Ihnen diesen Rasenmäher gekauft, der leider schon kaputtgegangen ist. Ich habe noch die Originalverpackung mit Ihrem Firmennamen drauf, den Kassenbeleg habe ich nicht mehr. Was meinen Sie, wie ließe sich das fairerweise lösen?«

Anstatt zu sagen:

»Ich kenne meine Rechte, und ich verlange, daß Sie die Sache so in Ordnung bringen, wie ich das will.«

Sagen Sie lieber:

»Unter Berücksichtigung aller Fakten – was wäre hier eine faire Lösung für Sie und mich?«

38. Mal von einem anderen Standpunkt ausgehen

Ihnen wird die Aufgabe übertragen, neue Büromöbel für Ihre Abteilung auszuwählen. Nachdem Sie einige Prospekte ausgewertet haben, kommen Sie zu dem Schluß, daß ein individuell verstellbares Wabensystem das beste ist, und wählen eins mit 1,20 Meter hohen Trennwänden aus. Sie wollen gerade den Bestellzettel ausfüllen, als die für die Einrichtung zuständige Vizedirektorin Sie bittet, Ihre Empfehlung noch einmal mit ihr zu besprechen. Sie meint: »Es sieht alles ganz ansprechend aus, nur mit Ihrer Wahl der Trennwände bin ich nicht einverstanden. Die niedrige Höhe erlaubt einfach nicht genügend Möglichkeiten, sich auch mal zurückzuziehen. Wir sollten uns lieber an das Zweimeterformat halten.«

Sagen Sie sich laut vor:

»Cynthia, ich bin nicht Ihrer Meinung. Die zwei Meter hohen Wände trennen die Leute zu sehr voneinander ab, und das schafft ein weniger ausgeprägtes Zusammengehörigkeitsgefühl in der Abteilung. Bei einer derartigen Vereinzelung wird die Produktivität zwangsläufig sinken.«

Und jetzt sagen Sie folgendes:

»Ich verstehe, warum Sie höhere Trennwände bevorzugen, Cynthia, und ich möchte noch einen anderen Gesichtspunkt in Betracht ziehen. Es stimmt, die höheren Trennwände schaffen eine intimere Arbeitsatmosphäre, und die kann in vielen Situationen ganz hilfreich sein. Unser Verkaufsleiter berichtet jedoch, daß die Abteilungsleiter Führungsschwierigkeiten haben, wenn sie von ihren Mitarbeitern abgeschnitten sind. Mit anderen Worten: Die größere Privatsphäre, die höhere Wände ermöglichen, kann leicht ein Absinken der Produktivität zur Folge haben. Bei den Profitraten, die wir uns zum Ziel gesteckt haben, dürfen wir den Punkt nicht außer acht lassen.«

Welcher Ansatz wird in einen auf Kooperation angelegten Dialog münden? Und welcher führt eher dazu, daß sich beide Seiten hinter ihrer Meinung verschanzen?

Als zweiter Vorsitzender eines Vorbereitungskomitees einer regelmäßig stattfindenden Versammlung unserer Organisation gehörte es zu meinen Aufgaben, bei den anderen Ausschußmitgliedern innovatives Denken zu fördern. Einer unter ihnen, Jason, stand in dem Ruf, bei Brainstorm-Sitzungen immer die anregendsten, aber auch verrücktesten Ideen zu haben.

Diese spezielle Versammlung beginnt immer Freitag nachmittags mit einem Grußwort, gefolgt von einem kurzen Cocktailempfang. Der Abend steht dann zur freien Verfügung. Man erwartet von den Teilnehmern, daß sie früh zu Abend essen, ausschlafen und am nächsten Morgen frisch und ausgeruht das Programm über sich ergehen lassen.

In den zurückliegenden Jahren hat der Programmpunkt vom Freitagabend regelmäßig zu Beschwerden geführt. Die rechtzeitig Erschienenen betrachten die feinen *Horsd'œuvres* auf der Cocktailparty als ihr Abendessen, und den später Eintreffenden erwarten lange Schlangen und leere Platten. Der gute alte Jason nun machte folgenden Vorschlag: »Ich hab' die Lösung! Da die Versammlung in Los Angeles stattfindet, direkt neben dem Strand, veranstalten wir eine Strandparty. Wir servieren Hamburger und Bier und spielen alte Beach-Boys-Hits, und jeder kriegt genug zu essen. Außerdem kostet es viel weniger als diese schicken Appetithäppchen.«

Der Vorbereitungsausschuß hielt das für eine wunderbare Idee, und Jason machte sich gleich daran, die notwendigen Vorbereitungen zu treffen. Zwei Monate später war dem Präsidenten des Berufsverbandes die Sache zu Ohren gekommen. Mein leitender Mitstreiter in dem Komitee und ich erhielten daraufhin dringende Nachrichten auf unseren Anrufbeantwortern.

»Ich bin absolut nicht einverstanden mit dieser Strandparty-Idee. Das muß sofort rückgängig gemacht werden. Ich will nicht, daß die Leute bis in die Puppen feiern und dann am nächsten Morgen mit einem Kater in die Sitzungen torkeln.«
Ich schaltete sofort auf stur, als ich nur die ersten drei Worte gehört hatte, und dachte bei mir:
»Er setzt einen Ausschuß ein, delegiert einen Job, und wir erledigen ihn gut. Dann kommt er zwei Monate später her und sagt, wir hätten alles falsch gemacht. Soll er doch seine eigene Versammlung organisieren!«
Janet, meine Mitstreiterin, agierte als Friedensengel. Ich glaube, den Begriff »nicht einverstanden« kennt sie überhaupt nicht. Er kommt in ihrem Wortschatz einfach nicht vor – was dazu führt, daß die Leute auf sie hören.
»George, ich verstehe, daß er sich Sorgen macht. Er stellt sich auf einen Standpunkt, den man auch in Betracht ziehen muß. Mit dem Trinken und dem ausgelassenen Feiern hat er einen wunden Punkt erwischt. Wir wollen doch auch nicht, daß die Leute bei der ersten entscheidenden Sitzung am nächsten Morgen gleich mit einem Kater aufkreuzen. Trotzdem, Jasons Idee hört sich gut an.«
Wir verstanden, daß der Präsident nichts gegen die Strandparty an sich einzuwenden hatte; er war besorgt, er könne mitternächtlicher Ruhestörung Vorschub leisten. Die Herausforderung für uns bestand darin, einen Weg zu finden, der es möglich machte, daß wir Freitagabend unseren Spaß hatten, der Jason zu verstehen gab, daß man seine Kreativität zu schätzen wußte, und gleichzeitig sicherstellte, daß alle am nächsten Morgen ausgeschlafen waren.
Es dauerte nicht lange, da hatte Janet die Lösung: Wir würden die Strandparty veranstalten, an jeden Gast zwei Getränkebons ausgeben, statt eine regelrechte Bar zu eröffnen, und die ganze Sache um zehn Uhr beenden. Dieser Plan brachte alles unter einen Hut.

Als Janet mit dem Präsidenten sprach, sagte sie nicht:
»Das Komitee ist mit Ihrem Vorschlag, die Strandparty abzusagen, nicht einverstanden.«
Statt dessen fing sie so an:
»Wir verstehen Ihre Befürchtung, daß sich die Party zu lange in die Nacht hinziehen könnte, und wir sind mit Ihnen der Meinung, daß das nicht unsere Absicht sein kann. Statt die Party einfach abzusagen, können wir andere Möglichkeiten in Erwägung ziehen!«

Niemand läßt sich gern Vorwürfe machen oder schlecht beurteilen. Man versteift sich automatisch, widersetzt sich, geht auf Angriff über, wenn man gesagt bekommt, dieser oder jener sei »nicht einverstanden« mit dem, was man mache. Es ist ein Begriff, den man tunlichst vermeiden sollte, wenn man auf die Kooperation anderer aus ist. Auch wenn man es vielleicht nicht so gemeint hat, aber der andere »hört« schnell heraus, daß man ihn beurteilt und seine Denkweise als falsch abkanzelt.
Bestätigen Sie andere vielmehr in ihren Ansichten, und lassen Sie diese gleichberechtigt neben Ihren eigenen existieren. Anstatt zu sagen: »Ich bin nicht mit Ihnen einverstanden«, werden sich die Menschen weitaus kooperationsbereiter zeigen, wenn Sie sagen: »Ich verstehe Ihre Ansicht, und ich habe eine andere Interpretation, die ich gerne mit Ihnen diskutieren möchte.«

Lektion

Was Sie sofort tun können:
Anstatt zu unterstellen, daß die Meinung eines anderen weniger Gültigkeit hat als die Ihre, akzeptieren Sie neue Ideen, und lassen Sie sie neben Ihren eigenen bestehen. Klopfen Sie beide auf ihre Vorzüge hin ab, und warten Sie anschließend mit einer noch schlagkräftigeren Alternative auf.

Anstatt zu sagen:
»Ich bin mit Ihrer Auswahl dieses bestimmten Unternehmens als unserer offiziellen Mietwagenfirma nicht einverstanden. Sie ist zu teuer.«
Sagen Sie lieber:
»Ich verstehe, daß Sie diesem Unternehmen als unserer offiziellen Mietwagenfirma den Vorzug geben. Lassen Sie uns angesichts unserer Haushaltskürzungen noch ein paar andere Möglichkeiten in Betracht ziehen.«
Anstatt zu sagen:
»Mit der Farbe liegst du völlig daneben. Ein schwarzes Badezimmer ist einfach scheußlich.«
Sagen Sie lieber:
»Ich verstehe schon, du hast dich eben in den Gedanken verliebt, mal ein ganz besonderes Farbmuster für die Toilette zu kreieren. Schwarz wäre eine Möglichkeit, und es gibt noch andere, mit denen sich ein ähnliches Ergebnis erzielen ließe.«
Anstatt zu sagen:
»Ich bin nicht einverstanden mit Ihnen.«
Sagen Sie lieber:
»Ich verstehe, und ich möchte noch ein paar andere Ansichten hören.«

VI Power Talker zeigen Entschlossenheit

Wenn Sie einen Power Talker reden hören, dann erleben Sie einen Menschen, der *stets auf den Punkt kommt,* der unnötiges Wortgetöse beiseite schiebt *und sagt, was er meint.* Es gibt so viel vages Gerede und dummes Geschwätz heutzutage, daß man es als eine angenehme Abwechslung empfindet, wenn jemand nichtssagende Worthülsen sprengt und sich darauf konzentriert, kurz und bündig zur Sache zu reden.

Power Talker sind eindeutig in dem, was sie sagen. Sie verpflichten sich, sie machen feste Zusagen – sie versprechen nicht »vielleicht, möglicherweise mal zu versuchen, was sich machen läßt«. Sie sind stets darauf bedacht, Verläßlichkeit zu vermitteln.

Kommunikation ist immer eine zweigleisige Spur, und Power Talker haben zusätzlich zu ihrem guten Ausdruck auch die Gabe, *aktiv zuhören* zu können. Jedoch verlassen sie sich nicht darauf, alles gleich beim erstenmal richtig zu verstehen. Sie demonstrieren ihre kommunikative Kompetenz, indem sie sich Zeit lassen, um *nachzufragen,* ob das, was sie verstanden haben, auch das ist, was der jeweilige Gesprächspartner gesagt hat.

In den folgenden Kapiteln werden Sie Menschen kennenlernen, deren Verläßlichkeit sich in ihrer Sprache manifestiert. Sie stellen ihre kommunikativen Fähigkeiten unter Beweis, indem sie sich ihr Verständnis des Gesagten bestätigen lassen und in ihrem eigenen Ausdruck effizient und effektiv mit Worten umgehen.

39. Sollten Sie? Oder: *Wollen* Sie?

Sie machen Urlaub in der Karibik und wollen ihren Bekannten zu Hause ein Paket frischer tropischer Früchte schikken.
Der Obstverkäufer sagt zu Ihnen:
»Das Geschenkpaket wird ungefähr in einer Woche in Iowa sein.«
Achten Sie auf den Unterschied, wenn er gesagt hätte:
»Ihr Geschenkpaket ist innerhalb von fünf Werktagen in Iowa.«
Was hört sich eher danach an, als bekämen Ihre Bekannten das Obst auch bestimmt, bevor es schlecht wird? Und welche Version vermittelt Ihnen eher ein unsicheres Gefühl, ob das Paket überhaupt ankommt?

Der Verkäufer, der meinen Anruf entgegennahm, meinte:
»Wie ich Ihnen schon sagte, als Sie Ihre Bestellung aufgaben, Ihre Fensterblenden müßten in zwei Wochen fertig sein.«
Dabei lag meine Bestellung bereits zweieinhalb Wochen zurück! Je mehr ich berufsbedingt mit Menschen zu tun habe, desto überzeugter bin ich, daß der *spontane Eindruck,* den man beim allerersten Zusammentreffen hat, *ziemlich verläßlich* ist.
Die Handzettel der Firma waren in der ganzen Nachbarschaft verteilt worden und warben mit dem Versprechen: »Jede Fensterblende 14,95 Dollar, Ausmessen und Installieren inklusive.« Lange vor Ausbruch unseres für Seattle typischen kurzen und herrlichen Sommers ließ ich mir einen Kostenvoranschlag machen. Der Mitarbeiter der Telefonzentrale der Firma sagte mir: »Ned müßte Sie im Laufe des Tages anrufen.« Wer nicht anrief, war Ned. Am nächsten Tag rief ich wieder an. Ich erwischte denselben Mitarbeiter. »Tja, da bin ich überfragt. Er müßte Sie eigentlich gleich nach der Mittagspause

anrufen.« Das wußte ich auch, daß er das müßte, aber ich glaubte nicht mehr, daß er es auch tatsächlich tun würde.
Nach weiteren drei Tagen schrieb ich Ned als wieder so einen unzuverlässigen Spinner ab und bat eine andere Firma um einen Kostenvoranschlag. Nachdem ich gerade mit der neuen einen Termin ausgemacht hatte, rief Ned an. Obwohl ich erklärte, ich hätte ihn bereits aufgegeben und seinen Konkurrenten beauftragt, meinte er, er sei morgen gerade in meiner Gegend und würde gegen Mittag bei mir vorbeischauen.
Er kam nicht um die Mittagszeit. Statt dessen kam er um 4.30 Uhr und vermaß die Fenster im Eilverfahren. Und weil seine Preise sich von den anderen nicht unterschieden und er bereits alle Fenster ausgemessen hatte, erteilte ich ihm den Auftrag. Er antwortete, die Blenden müßten in zwei Wochen fertig sein.
Nach zweieinhalb Wochen ohne ein Wort von ihm rief ich an und hinterließ eine Nachricht. Kein Rückruf. Ein zweiter Anruf. Wieder kein Rückruf. Meine dritte Nachricht lautete: »Meine Blenden sind überfällig. Bitte heute zurückrufen oder Auftrag storniert.« Ned rief mich zurück, er tat so, als hätte er den zugesagten (und nicht eingehaltenen) Liefertermin vergessen. Seine typische Standardformulierung »müßte in zwei Wochen fertig sein« klang wie blanker Hohn, da er die Zeit längst überschritten hatte. Die Zeit verging. Beim ersten Jubiläum, die Bestellung lag genau einen Monat zurück, hinterließ ich meine letzte Nachricht für Ned:
»Bestellen Sie Ned, er soll mit seinen Blenden sonstwohin. Ich werde mir jemanden suchen, der seine Zusagen einhält, und den Auftrag neu vergeben.«
Schließlich rief Ned doch zurück, versprach um ein Uhr am nächsten Tag vorbeizukommen. Er kam erst um 4.45 Uhr, und es stellte sich heraus, daß ein paar Blenden nicht richtig paßten. Er baute sie an Ort und Stelle mit seinem Werkzeug im Wagen um und bat mich noch um den Rechnungsscheck, bevor er wieder aus der Tür war.

Ich folgte ihm nach draußen auf die Straße und sagte zu ihm:
»Ned, ich möchte Ihnen einmal sagen, was ich von Ihrem Service halte. Es hat doppelt so lange gedauert wie ursprünglich zugesagt. Sie haben die meisten Anrufe von mir einfach nicht zur Kenntnis genommen. Und Sie haben nicht ein einziges mir gegebenes Versprechen eingehalten. Ich finde, Sie haben mich als Kunden nicht gut behandelt.«
Meine Enttäuschung konnte er kaum verstehen.
»Ich konnte nichts dafür. Bei dieser Hitzewelle, was haben Sie erwartet? 99% meiner Kunden sind zufrieden, aber es gibt immer das eine Prozent, das man einfach nicht zufriedenstellen kann, was man auch anstellt. Was wollen Sie? Ich werd' vor Ihnen nicht zu Kreuze kriechen.«
In diesem Augenblick wurde mir klar, daß ich im Unrecht war. Ned hatte keine einzige Zusage gebrochen, er hatte überhaupt nie eine gegeben. Er hatte nie gesagt: »Ja, ich bin um ein Uhr da«, sondern: »Ich könnte um ein Uhr kommen«, nie: »Die Blenden sind vor Ende nächster Woche fertig«, sondern: »Sie müßten in zwei Wochen fertig sein«.

Lektion

Was Sie sofort tun können:
Legen Sie sich auf einen bestimmten Termin, einen bestimmten Zeitpunkt und auf eine bestimmte Menge fest. Das Wort »müßte« oder »könnte« läuft einer Zusage zuwider und ist unpräzise.
Anstatt zu sagen:
»Das müßte sich dann etwa auf 80 bis 100 DM belaufen.«
Sagen Sie lieber:
»Ich stelle Ihnen 89,80 DM in Rechnung.«
Anstatt zu sagen:
»Sie müßten es in ein paar Tagen da haben.«
Sagen Sie lieber:

»Ich werde es gleich morgen als erstes mit der Post rausschikken.«
Anstatt zu sagen:
»Wir müßten es dann und dann fertig haben.«
Sagen Sie lieber:
»Wir sind dann und dann damit fertig.«

40. Geben Sie Ihr Wort – und übertreffen Sie sich dann selbst

Sie arbeiten halbtags in einem Kopierladen. Ein Kunde bringt einen umfangreichen Auftrag herein und fragt, wann er ihn wieder abholen könne.
Sagen Sie sich laut vor:
»Wahrscheinlich komme ich noch heute im Laufe des Tages dazu. Ich würde mal sagen, so gegen vier Uhr.«
Und jetzt sagen Sie folgendes:
»Ich habe es heute vor 17.00 Uhr fertig.«
Wenn Sie der Kunde wären – welche Zusage ist in Ihren Augen verläßlicher? Welche Version wirkt überzeugender?

Ich war erstaunt, als der Zimmerkellner sagte: »Wir bringen Ihr Frühstück in 20 Minuten auf Ihr Zimmer.« Ich gestehe, ich war etwas gereizt nach meiner verspäteten Ankunft; außerdem hatte ich die Nacht davor nur wenig geschlafen.
Ich wachte um 7.00 Uhr auf und gab sofort meine Bestellung über den Zimmerservice auf. Die 20 Minuten Lieferzeit, die man mir zugesagt hatte, gaben mir genügend Zeit, unter die Dusche zu springen, mich anzuziehen, die 7.30-Uhr-Nachrichtensendung beim Essen zu sehen und um 8.00 Uhr unten im Seminarraum zu sein und ihn für mein auf 9.00 Uhr angesetzes Referat vorzubereiten.
Um 7.35 Uhr hatte ich geduscht und stand angezogen fertig da, hatte aber noch immer nichts im Magen. Ich rief den Zimmerservice an und fragte, was mit meinem Frühstück sei. »Es ist unterwegs, mehr kann ich Ihnen auch nicht sagen.« Um 7.45 Uhr wurde ich ungeduldig und fing an mich zu ärgern. Es hatte schon doppelt so lange gedauert wie angekündigt, und meine morgendliche Routine war durcheinandergeraten, was ich ganz und gar nicht schätzte. Jede weitere Minute, die ich wartete, kamen mir wie zehn vor. Um 7.52 Uhr kam der Kell-

ner schließlich mit meinem Tablett. Er war nicht schuld an der Verzögerung, aber ich grüßte ihn nicht gerade besonders freundlich. Ich sagte ihm, daß er reichlich spät dran sei, und murmelte etwas davon, wie sehr ich die obligatorischen Trinkgelder haßte, die regelmäßig auf den Zimmerservice aufgeschlagen würden.

War mein dreiviertelstündiges Warten auf das Frühstück unzumutbar? Eigentlich nicht, nur hatte man mir zugesagt, es würde in 20 Minuten ausgetragen. Wenn derjenige, der meine Bestellung entgegengenommen hatte, gleich gesagt hätte: »Mr. Walther, ich sorge dafür, daß Sie Ihr Frühstück vor 8.00 Uhr auf Ihr Zimmer gebracht bekommen«, wäre ich hocherfreut darüber gewesen, daß es dann sogar noch ein paar Minuten eher kam.

Mein Ärger rührte von der Lücke her, die zwischen den geweckten *Erwartungen* meinerseits und der *Leistung* des Hotelpersonals klaffte. Je weiter diese Lücke klafft, desto größer meine Unzufriedenheit. Wenn sie 45 Minuten versprochen hätten und in 46 geliefert hätten, mir wäre es kaum aufgefallen. Wenn sie einen zehnminütigen Expreßservice zugesagt und in 46 Minuten geliefert hätten, wäre mein Ärger noch größer gewesen. Hätten sie gesagt, in einer Stunde, und ich hätte es in 46 Minuten vor der Tür gehabt, wäre ich jedoch vollauf zufrieden gewesen.

Ein sicheres Mittel, um seine Mitmenschen zufriedenzustellen, ist, »mehr zu halten, als man verspricht«. Wenn Sie einen Bestellservice beanspruchen und einen Sweater ordern, dann freuen Sie sich, wenn er schon nach zehn Tagen eintrifft – vorausgesetzt, die Firma hat Ihnen eine Lieferzeit von drei Wochen zugesagt. Hätte es geheißen, eine Woche, hätten Sie sich geärgert, wenn Ihre Bestellung zehn Tage unterwegs gewesen wäre. Der Grad der Zufriedenheit des Kunden resultiert aus den Erwartungen, die die Lieferfirma oder die jeweilige Organisation bei ihm weckt.

Unsere Mitmenschen rechnen damit, daß wir mindestens halten, was wir versprechen. Sie reagieren positiv, wenn wir unsere Zusagen übertreffen, und negativ, wenn wir ihnen nicht entsprechen. In den meisten Fällen wecken wir beim anderen dadurch Erwartungen, daß wir ihm mitteilen, wie wir die Lage einschätzen. Wenn man um eine feste Zusage gebeten wird, gibt es drei mögliche Antworten zur Auswahl:

1. Keine feste Zusage – vage bleiben:
»Tja, ich will sehen, was sich machen läßt, aber ich kann nicht mit Bestimmtheit sagen, wann ich den Auftrag fertig habe. Wahrscheinlich Ende der Woche. Wir müssen einfach abwarten und dann weitersehen.« Das wird Ihr Image als zuverlässiger Profi nicht gerade stärken.

2. Eine optimistische Zusage machen, die man sehr wahrscheinlich nicht einhalten kann:
»Ich peile mal Mittwochnachmittag an. Dann können Sie das Gerät abholen.« Wenn Sie statt dessen erst Donnerstag fertig sind, haben Sie soeben einen Kunden verstimmt.

3. Eine Zusage treffen, die man auf jeden Fall einhalten, vielleicht sogar übertreffen kann:
»Ich werde Ihr Gerät vor Feierabend am Freitag fertig haben.« Wenn Sie jetzt schon Donnerstag fertig sind, gelten Sie als Held!

Jimmy Colano ist Mitbegründer von CareerTrack, einem erfolgreich arbeitenden Unternehmen für Weiterbildungsmaßnahmen. Ich lernte Jimmy kennen, als seine Organisation noch in den Kinderschuhen steckte, und ich als Berater in der im Aufbau befindlichen Abteilung für Telemarketing tätig war. Ein Grund für die beneidenswerte Erfolgsbilanz von CareerTrack ist die Verpflichtung der Direktion, mehr zu halten als versprochen. Wenn Jimmy gebeten wird, Unterlagen zu schicken, ist es seine Angewohnheit zu sagen: »Ich schicke sie morgen raus«, obwohl er vorhat, sie noch am selben Tag zu versenden. Auf diese Weise hat er immer noch sein

Wort gehalten, selbst wenn mal eine unerwartete Verzögerung eintritt. In den meisten Fällen jedoch übertrifft er die Zusage noch, was den Kunden angenehm überrascht.
General Pattons Erfolgsrezept lautete ähnlich:
»Immer mehr geben, als verlangt wird.«

Lektion

Was Sie sofort tun können:
Fügen Sie ein »Sicherheitspolster« ein, wenn Sie eine Verpflichtung eingehen. Und überraschen Sie dann den anderen damit, indem sie alles daransetzen, die geweckten Erwartungen zu übertreffen.
Anstatt zu sagen:
»Ich müßte den Bericht bis – sagen wir mal – zum 15. geschafft haben.«
Sagen Sie lieber:
»Ich habe den Bericht auf jeden Fall vor dem 17. fertig.«
Anstatt zu sagen:
»Ihre Bestellung müßte Mittwoch rausgehen, vielleicht auch Donnerstag. Es hängt davon ab.«
Sagen Sie lieber:
»Ihre Bestellung geht noch vor dem Wochenende raus.«
Anstatt zu sagen:
»Es kann sein, daß ich gegen zwei, drei Uhr dazu komme.«
Sagen Sie lieber:
»Ich komme noch vor fünf Uhr dazu.«

41. Ich glaube, ich weiß, was Sie sagen wollten

Sie haben gerade die Bestellung eines Kunden aufgenommen, nur ist sie diesmal umfangreicher als gewöhnlich. Er gibt Ihnen für diesen bestimmten Auftrag eine geänderte Lieferadresse durch, und die Lieferbestimmungen sind komplizierter als sonst.
Sagen Sie sich laut vor:
»Okay, ich bin sicher, ich habe jetzt alles richtig verstanden.«
Und jetzt sagen Sie folgendes:
»Ich wiederhole die Bestimmungen noch mal, damit wir sicher sein können, daß ich alles richtig verstanden habe.«
Welche Version macht deutlich, daß Ihnen an dem Kunden etwas liegt und daran, daß die Lieferung sicher ihren Empfänger erreicht? Bei wem wird die Bestellung wahrscheinlich falsch verschickt, zu spät ankommen und schließlich zu einem unzufriedenen Kunden führen?

Wenn es um Kaffeesorten geht, bin ich ein Fan von General Foods »International Coffee Flavors«, die in kleinen Viertelliterportionen abgepackt und ziemlich teuer sind. »Suisse Mocha« und »Café Français« sind meine Lieblingssorten, und zu Hause verbrauchen wir jeden Monat eine ganze Menge davon. Ich wünschte mir, der Hersteller würde dasselbe Produkt auch in größeren Packungen zu einem niedrigeren Preis pro Portion anbieten. Es ärgert mich jedesmal, daß ein nicht geringer Teil des Preises allein auf den Behälter fällt. Würden sie ihr Produkt bei meinem Lebensmittelhändler um die Ecke in größeren Packungen anbieten, ich würde es sofort kaufen.
Sicher ist Ihnen in den USA schon einmal aufgefallen, daß auf vielen Lebensmittelpackungen, aber auch auf anderen Pro-

dukten, die man heute kaufen kann, irgendwo eine Telefonnummer aufgedruckt ist, die man gebührenfrei anrufen kann. Hersteller wie General Foods stützen sich weitgehend auf Kundenreaktionen, um Produktverbesserungen vorzunehmen, Mißverständnisse auf dem Markt auszuräumen und auf Gerüchte oder Krisen zu reagieren. Wenn Sie beim Öffnen einer Lebensmittelkonserve Metallsplitter obenauf schwimmen sehen, will der Hersteller umgehend Bescheid wissen. Die Servicenummer an herausragender Stelle ihrer Produkte aufzudrucken ist defensive Marktstrategie bei Firmen, die über Probleme informiert werden möchten, um sie zu lösen, bevor sie sich zu unkalkulierbaren Kostenrisiken entwickeln.

Während die Mikrowelle mir die letzte Tasse »Suisse Mocha« von einem wieder leeren Behälter aufwärmte, wählte ich die Telefonnummer von General Foods und fragte, ob sie sich als Hersteller mal überlegt hätten, ihre Produkte auch in größeren Mengen anzubieten. Ein sehr zuvorkommender junger Mann namens Jerry nahm meinen Anruf im Kundendienstcenter entgegen und hörte sich interessiert meinen Vorschlag an. Er betonte, daß Anregungen wie die meine genau das seien, was seinem Unternehmen helfe, seine Produkte zu verändern und zu verbessern.

Nachdem er mir dargelegt hatte, warum nur kleine Mengen verwendet werden (wegen der Frische!), und nachgefragt hatte, ob ich mich noch zu irgendeinem anderen Aspekt kritisch äußern wolle, erklärte er mir, daß die Marketingabteilung verfolge, aus welchem Landesteil welche Fragen kämen. Er bat mich um meine Anschrift und Telefonnummer, und als ich ihm beides genannt hatte, fragte er:

»Darf ich nochmals Ihre Anregung wiederholen, um sicherzugehen, daß ich alles korrekt aufgeschrieben habe?«,

und bestätigte genau das, was ich gerade gesagt hatte.

Die simple Äußerung, er wolle mir meine Aussage zur Sicherheit noch einmal vorlegen, zeigte mir, daß er stolz darauf war, seinen Job professionell zu erledigen.

Es ist leicht gesagt:
»Wozu der Umstand? Wieso nimmt das hier einen so großen Raum ein?«
Das Image, das man vermittelt, sich selbst und seinen Mitmenschen gegenüber, setzt sich aus vielen kleinen Einzelteilen zusammen. Das Image dieser Firma beispielsweise gründet sich auf die Botschaften, die die Werbung transportiert, auf die Farbkombination, die sich die Produktplaner für die verschiedenen Geschmacksrichtungen ausdenken, und auf die Art und Weise, wie im Kundendienstcenter Ihre Anrufe behandelt werden. Jedes Element trägt zu dem Gesamteindruck bei.
Die Methode, der sich Jerry bediente, ist gleichzeitig eine Bestätigung für ihn. Er sagte, er wolle alles noch einmal wiederholen, »... um sicherzugehen, daß ich alles richtig notiert habe«. Die Bestätigung, die er sich dabei selbst gibt, lautet:
»Ich arbeite professionell. Ich erledige die Dinge gleich richtig, weil ich mir Zeit lasse und mir die Mühe mache, selbst so etwas Einfaches wie eine Anschrift bestätigen zu lassen.«
Mir fiel auch auf, daß seine Formulierung jede Möglichkeit, ich könnte heraushören, er würde an meiner Ausdrucksfähigkeit zweifeln, ausschloß. Wenn ich undeutlich gesprochen hätte und meine Worte durch Kaugummikauen unverständlich gewesen wären, hätte Jerry mit Fug und Recht fragen können:
»Man kann Sie ja kaum verstehen. Besser, wenn Sie mir noch mal bestätigen, ob Sie auch gemeint haben, was Sie gesagt haben.«
Er hätte auf eine Weise um eine Bestätigung des Gesagten bitten können, die ich als Vorwurf hätte auffassen können, ich würde undeutlich sprechen. Jerry dagegen übernahm selbst die Verantwortung, meine Anschrift richtig zu notieren.
Profis wie Jerry lösen bei allem, was sie anpacken, Vertrauen und Respekt aus, selbst dann, wenn es nur darum geht, sich eine Anschrift bestätigen zu lassen. Machen Sie sich diese

kleine, zusätzliche Mühe, im Umgang mit anderen Gesagtes zu verifizieren, damit auch Sie das Image eines beharrlichen Profis vermitteln. Und gehen Sie dabei so vor, daß deutlich wird: Sie sind für die Verständigung *selbst* verantwortlich.

Lektion

Was Sie sofort tun können:
Nehmen Sie sich die Zeit, um sich bestätigen zu lassen, daß Sie – bei einem Telefonat zum Beispiel – alles richtig verstanden haben. Machen Sie dabei deutlich, daß Sie verantwortlich für die korrekte Übermittlung der Information sind.
Anstatt zu sagen:
»Man kann Sie so schlecht verstehen – ich weiß nicht, ob ich das richtig gehört habe.«
Sagen Sie lieber:
»Würden Sie mir bestätigen, daß ich alles richtig verstanden habe?«
Anstatt zu sagen:
»Ich glaube, ich habe jetzt alles notiert. Wenn ich irgendwo den roten Faden verloren habe, rufe ich Sie zurück.«
Sagen Sie lieber:
»Darf ich kurz wiederholen, um sicherzugehen, daß ich die Wegbeschreibung richtig verstanden habe, damit ich auch rechtzeitig ankomme?«
Anstatt zu sagen:
»Ich glaube, das wäre damit erledigt. Ich denke, wir haben uns verstanden.«
Sagen Sie lieber:
»Lassen Sie uns noch einmal klarstellen, daß wir beide vollkommen übereinstimmen, indem wir die Argumente kurz rekapitulieren.«

42. Geben Sie sich nicht mit einem schlichten Ja oder Nein als Antwort zufrieden

Ihr Nachbar hat Sie zu einer Grillparty eingeladen. Sie rufen einen Tag vorher an und fragen, was Sie zum Fest beisteuern sollen.
Sagen Sie sich laut vor:
»Kann ich irgend etwas mitbringen?«
Und jetzt sagen Sie folgendes:
»Was bringe ich am besten mit?«
Was hört sich eher so an, als wollten Sie wirklich etwas mitbringen? Welche Frage löst bloß die übliche, wenn auch nicht unbedingt zutreffende Antwort aus: »Nichts, außer sich selbst.«

Eine der herausforderndsten Aufgaben für Verkaufstrainer ist, die Verkäufer darauf zu drillen, *keine einfachen Ja-Nein-Fragen zu stellen.* Multiple-choice – und Erkundigungsfragen, bei denen man nachhaken kann, sind weit effektiver, um Kaufmotivationen zu wecken.
Einer meiner Klienten verkauft *Voice-mail*-Systeme für Anrufbeantworter. Diese tragbaren Helfer sind toll, vorausgesetzt, man ist immer erreichbar. Für die meisten Kunden, die sich so etwas zulegen, ist das »Kontakthalten« von vitalem geschäftlichem Interesse. Besitzer von Autotelefonen benutzen ihre Geräte während der Fahrt häufig, so daß eingehende Anrufe blockiert werden, es sei denn, das System verfügt über ein »Anklopf-Merkmal«. Mit anderen Worten, die Kunden haben die gewünschte ständige Erreichbarkeit, wenn sie sich Mobilfunk zulegen.
Genau hier setzt *Voice mail* an. Bei diesem Service werden Anrufer stets mit der Stimme des Teilnehmers begrüßt. Wenn er sein Gerät gerade benutzt oder abgeschaltet hat, hört der Anrufer diese Ansage:

»Leider benutze ich gerade mein Telefon oder bin im Moment nicht erreichbar. Bitte hinterlassen Sie nach dem Piepton eine Nachricht. Ich werde Sie dann in Kürze zurückrufen.«
Dieser Service kostet nur eine geringe monatliche Gebühr und erhöht den Nutzwert eines Mobilfunkgerätes ungeheuer. Trotzdem kamen die Kundendienstvertreter meines Klienten mit dem Verkauf dieses *Voice-mail*-Systems nicht so recht voran.
Was machten sie falsch? Sie stellten Ja-Nein-Fragen, etwa:
»Haben Sie Interesse am *Voice-mail*-System für Ihr Mobilfunkgerät?«
Die meisten antworteten darauf natürlich mit einem klaren Nein, ohne überhaupt zu verstehen, um was es sich bei *Voice mail* handelt. Steht das Nein eines potentiellen Kunden erst einmal im Raum, werden die meisten Vertreter zaghaft, geben auf und rufen den nächsten Kandidaten an.
Ich wurde gebeten, das Telemarketing-Personal meines Klienten zu schulen, um den Verkauf dieses sinnvollen Systems zu fördern. Ausgangspunkt unserer Betrachtung waren die Fragen. Nach einem kurzen Brainstorming hatten wir zwei Dutzend gute Multiple-choice- und Ergänzungsfragen auf einer Tafel zusammengetragen. Zum Beispiel: Wie setzen Sie Ihr Funktelefon im Geschäftsleben ein? Oder: Wenn es heißt, es sei schwierig, Sie über Mobilfunk zu erreichen, dann deswegen, weil Sie nicht in der Nähe des Apparats sind und nicht drangehen, oder weil Sie das Gerät benutzen, und ein Besetztzeichen ertönt?
Als sie von Entscheidungsfragen abgelassen hatten und sich auf Multiple-choice- und Ergänzungsfragen konzentrierten, verdoppelte sich der Verkaufsumsatz. Viele Vertreter berichteten, daß, hätten sie erst einmal die richtigen Fragen gestellt, ihre Kunden sofort auf die Vorteile von *Voice mail* angebissen hätten.

Man stellt Fragen, um eine Information zu erhalten. Entscheidungsfragen führen zu wenig Informationen. *Gute, umfangreiche Information erfordert gute Fragen.*

Wenn Ihr bester Freund nach einer kleinen Operation aus dem Krankenhaus entlassen wird, wollen Sie doch wissen, wie Sie ihm am besten behilflich sein können. Stellen Sie in so einem Fall eine Entscheidungsfrage, etwa:

»Kann ich irgendwas für dich tun?«,

wird die Antwort vermutlich Nein lauten. Als wirklich hilfsbereiter Freund erweisen Sie sich, wenn Sie statt dessen fragen:

»Was wünscht du dir am meisten von mir? Was soll ich für dich tun, damit du dich wieder richtig zu Hause einlebst?«

Gewöhnen Sie sich an, Entscheidungsfragen durch Multiple-choice- und Ergänzungsfragen zu ersetzen. Sie tragen Ihnen sehr viel Informationen ein, nach denen Sie dann Ihr Handeln ausrichten können.

Lektion

Was Sie sofort tun können:

Immer wenn Sie jemandem eine Frage stellen wollen, fragen Sie sich zuerst selbst: Ist das eine Entscheidungsfrage? Wenn ja, formulieren Sie Ihre Frage um zu einer Multiple-choice- oder Ergänzungsfrage.

Anstatt zu sagen:

»Soll ich dir irgend etwas mitbringen, wenn ich am Supermarkt vorbeikomme?«

Sagen Sie lieber:

»*Was* darf ich dir mitbringen, wenn ich am Supermarkt vorbeifahre?«

Anstatt zu sagen:

»Ich überlege, ob ich Mark einen Posten in meiner Firma anbieten soll?«

Sagen Sie lieber:

»Welche persönlichen Stärken und Schwächen muß ich bei

der Überlegung, Mark einen Posten in meiner Firma anzubieten, berücksichtigen?«

Anstatt zu sagen:

»Gibt es einige Funktionen, die Ihr neuer Computer auf jeden Fall haben soll?«

Sagen Sie lieber:

»Welche Funktionen soll Ihr neuer Computer auf jeden Fall haben?«

Anstatt zu sagen:

»Haben Sie noch weitere Fragen?«

Sagen Sie lieber:

»Welche Fragen haben Sie noch?«

43. Sagen Sie, was Sie zu sagen haben!

Sie werden zu einem Bewerbungsgespräch geladen, und der Personalchef fragt Sie, was Sie bei Ihrem alten Arbeitgeber in Ihrem Beruf erreicht haben.
Sagen Sie sich laut vor:
»Tja, das ist eine gute Frage, und ich bin Ihnen dankbar, daß Sie sie stellen. Zunächst einmal muß ich festhalten: Als ich meine Abteilung übernahm, herrschte dort so ziemlich allgemeines Chaos. Innerhalb von sechs Monaten nach meiner Anstellung lief alles wieder mehr oder weniger wie geschmiert.«
Und jetzt sagen Sie folgendes: »Die Leistung, auf die ich besonders stolz bin, ist die Umstrukturierung meiner Abteilung. Sie arbeitete völlig ineffektiv, bevor ich zum Abteilungsleiter befördert wurde. In den ersten sechs Monaten nach meiner Ernennung führten wir einen Aktionsplan durch, der den unnötigen Papierkram um 30% kürzte!«
Wer hört sich wie jemand an, der ernsthaft in Frage käme, der für die Position geeignet scheint? Wer redet wie die Katze um den heißen Brei?

Es gibt viele Menschen, die viel reden und wenig sagen. Ich möchte Ihnen nur ein paar von meinen »Lieblingsfloskeln« aufzählen, dann fallen Ihnen selbst sicher noch ein gutes Dutzend ein.
Zu diesem Zeitpunkt: Ist das nicht dasselbe wie »jetzt«? Ein Geschäftspartner von mir benutzt diese Redewendung häufig. Die einzige Rechtfertigung, die mir in den Sinn kommt, ist die, daß er vielleicht glaubt, es klingt irgendwie schicker als »jetzt«. Aber das tut es nicht. Es hört sich eher eingebildet an. Benutzen Sie statt dessen lieber das Wörtchen »dann«. Wenn Sie etwas mit weniger Worten einfacher ausdrücken können, dann tun Sie es!

Darf ich Ihnen eine Frage stellen? Sie haben gerade eine gestellt! Warum aus einer Frage zwei machen? Fragen Sie einfach drauflos, wenn es angebracht ist. Sie brauchen keine Erlaubnis einzuholen, um eine Frage zu stellen.

Darf ich Sie unterbrechen? Auf einer Liste der beliebtesten »Kommunikationsblocker«, die in *USA Today* abgedruckt war, rangierten unnötige Unterbrechungen solcher Art an erster Stelle. Die beste Methode ist immer, den Gesprächspartner ausreden zu lassen und dann zu antworten. Schweift der andere zu sehr vom Thema ab, sollte man besser höflich seine eigene Bemerkung einflechten, ohne erst um Erlaubnis zu bitten.

Ich würde mal annehmen: Hört sich unpräzise an. Sagen Sie geradeheraus, was Sie meinen, ohne erst ein abschwächendes Sicherheitspolster aufzubauen, hinter dem Sie Schutz suchen können, sollte sich Ihre Meinung als unpopulär oder gar falsch erweisen.

Ich wollte sagen: Diese Phrase sagt überhaupt nichts aus und schwächt möglicherweise die Wirkung dessen, was der Betreffende gleich von sich geben wird. Da könnte man doch gleich sagen: »Es war nur so ein flüchtiger Gedanke, und es lohnt sich gar nicht, ihn vorzutragen, aber ich wage es trotzdem mal; also, ich habe eben folgendes sagen wollen . . .«

Irgendwie so: Es gibt eine ganze Palette von verschwommenen Einschränkungen, die den Eindruck dessen, was jemand zu sagen hat, schmälern. Diese ungenauen Einschränkungen fügen nichts an Bedeutung hinzu: Werfen Sie sie zum alten Eisen!

Darf ich fragen, mit wem ich spreche? Auf dem Flug zu einem Vortrag in Kanada saß ich neben einem erfolgreichen Geschäftsmann aus Alabama. Er sah mich an dem Manuskript für dieses Buch arbeiten und fragte mich, worum es sich dabei handle. Als ich es ihm erklärte, sagte er: »Soll ich Ihnen sagen, was ich nicht ausstehen kann? Wenn mich jemand fragt, ob es mir etwas ausmachen würde, ihm zu sagen, wer ich sei. Ich sage dann immer Ja. Das haut sie regelmäßig um. Warum diese Frage, wenn man nicht auf die Antwort gefaßt ist?«

Sekretärinnen, die Anrufe entgegennehmen und vorsortieren, stellen immer wieder gedankenlos dieselbe Frage, wenn es um die Identität des Anrufers geht. Wird man mit einem »Darf ich ihm bestellen, wer angerufen hat?« empfangen, und die Sekretärin meldet sich einen Moment später wieder in der Leitung zurück und bestellt Ihnen, ihr Chef sei gerade in einer Besprechung, unterstellen Sie da nicht automatisch, Sie seien als *NWG*ler (*N*icht *W*ichtig *G*enug) eingestuft worden, um durchgestellt zu werden? Eine viel wirkungsvollere und höflichere Methode ist, dem Anrufer zu erklären, welchen Vorteil das für ihn hat. »Bitte nennen Sie mir Ihren Namen, damit ich meinem Chef Ihren Anruf schon mal voranmelden oder einen Termin für einen Rückruf ausmachen kann.«

Können Sie Ihren Namen buchstabieren? Meine Lieblingsfrage! Ich bin immer drauf und dran zu sagen: »Sie werden es nicht glauben – aber ich kann es tatsächlich. Ich habe es vor etlichen Jahrzehnten mal in der Grundschule gelernt, und mittlerweile bin ich ganz gut im Buchstabieren.« In Wirklichkeit will man natürlich wissen, wie der Name geschrieben wird; ich empfehle also, die eigentlich gemeinte Frage zu stellen, und zwar in einer höflichen Form: »Ach, bitte, würden Sie mir Ihren Namen buchstabieren?«

Im Geschäftsleben ist die Notwendigkeit, sich *direkt und ohne Umschweife* zu einem Punkt zu äußern, besonders groß. Denken Sie allein an die Telefongebühren, die Papierkosten, die Portokasse und die Computerzeit, bei denen Einsparungen möglich wären, wenn man gleich sagen würde, was man meint. Und dann erst bei Konferenzen und Sitzungen! Ich bin ein Anhänger von Stehkonferenzen, von »Steh-Sitzungen«, wenn Sie so wollen. Ich habe schon zeitbewußte Manager fordern hören, bei Routinebesprechungen vorher alle Stühle aus dem Raum zu entfernen. Wie leicht findet man sich mit langen Sitzungen ab und hört nur noch mit halbem Ohr hin, wenn wieder einmal jemand wortreich vom Thema abschweift. In einem Stuhl läßt es sich bequem eine bis anderthalb Stunden aushalten, auf den Füßen nur halb so lang. Man kommt schneller zum eigentlichen Kern einer Sache, wenn man gezwungen ist zu stehen.

»Ökonomisches« und entschiedenes Reden spart nicht nur Zeit, es weckt auch Vertrauen bei Ihrem Zuhörer. Machen Sie viele unnütze Worte, erweckt es den Anschein, als hätten Sie etwas zu verbergen oder seien sich Ihrer Sache nicht so ganz sicher.

Die Kundenberater bei der Telefongesellschaft Pacific Bell sind angehalten, ihre Kunden bei Kaufentscheidungen mit entschiedenen, nutzenorientierten Äußerungen zu bestätigen. Statt zu sagen:

»Ich glaube, das könnte sich ganz gut bei Ihnen anlassen. Der Service bietet Ihnen hoffentlich das, was Sie suchen«,

betonen die Schulungsleiter, wie wichtig es ist, sich unmißverständlich auszudrücken:

»Das ist genau das Richtige für Sie. Ich weiß, mit diesem Service haben Sie das, was Sie suchen.«

Das Wort *»hoffentlich«,* für sich betrachtet, untergräbt Ihre Chance, als entschiedener Redner verstanden zu werden.

Ein Satz wie:

»Das wird die Dinge hoffentlich in Bewegung bringen«,

stimmt nicht gerade besonders hoffnungsvoll. Es ist weitaus wirkungsvoller zu sagen:

»Das wird Ihre Situation verbessern.«

Der Power Talker ist nicht kaltschnäuzig, unfreundlich, wortkarg oder gar mechanisch in seiner Art zu kommunizieren. Er vermeidet nur unnützen Wortschwall, äußert seinen Standpunkt – und damit hat sich's! Es ist ein gewaltiger Unterschied, ob man einem Freund in Nöten gut zuredet oder im

Geschäftsleben eine Frage aufwirft. Der PowerTalker ist *flexibel* und bedient sich des Sprachstils, der der jeweiligen Situation *angemessen* ist.

Lektion

Was Sie sofort tun können:
Überlegen Sie sich *vorher,* was Sie sagen wollen, und sagen Sie es dann geradeheraus!
Anstatt zu sagen:
»Ich möchte hier doch anmerken ...«
Sagen Sie, was Sie zu sagen haben.
Anstatt zu sagen:
»Darf ich Ihnen eine Frage stellen?«
Fragen Sie!
Anstatt zu sagen:
»Also, im allgemeinen neige ich doch eher zu der Annahme, daß ...«
Sagen Sie:
»Ich meine ...«

VII Power Talker sagen die Wahrheit

Power Talker schätzen Integrität. Menschen, die unehrlich sind, mögen das Gefühl haben, besser im Leben abzuschneiden als diejenigen, die immer die Wahrheit sagen. Sie mögen sich ihr Glück erschleichen. Aber auch wenn materieller Wohlstand zum Glück eines Menschen beitragen kann, ist Besitz noch kein wahres Anzeichen von Erfolg. Wie viele Superreiche sind nicht emotional verarmt? Am Ende gewinnen doch immer die Guten. Kennen Sie auch nur einen unehrlichen Menschen, der wirklich glücklich ist?

Power Talker lassen durchblicken, daß sie es hundertprozentig ehrlich meinen, indem sie solche »Saubermann-Phrasen« wie »Um Ihnen die Wahrheit zu sagen« aus ihrem Vokabular streichen. Wenn jemand ankommt und sagt: »Also, wenn ich ehrlich mit Ihnen sein soll . . .«, denken Sie dann nicht auch im stillen: Heißt das, er ist für gewöhnlich nicht ehrlich?

Die folgenden Kapitel sollen Sie daran erinnern, daß es sich am Ende *immer* auszahlt, im Leben ehrlich zu sein. Sie werden sehen, wie schwierig es ist, selbst die geringste Unehrlichkeit verborgen zu halten. Als Power Talker bekräftigen Sie durch Ihre Wortwahl und Ausdrucksweise immer wieder Ihre Integrität.

44. Ich will ehrlich mit Ihnen sein

Sie haben einen Termin mit einem Anlageberater, der Ihr Vertrauen gewinnen und einen Abschluß mit Ihnen tätigen will. Sie erkundigen sich nach dem Erfolg seiner eigenen Investmentgeschäfte, und er entgegnet:
»Also, ich muß Ihnen die Wahrheit sagen, um ehrlich zu sein . . .«
Haben Sie sich schon einen Fluchtweg ausgeguckt?

Bei meinem ersten Gespräch mit Herrn M., einem Veranstalter, der mich für eine öffentliche Seminarreihe in Poughkeepsie gebucht hatte, sagte dieser:
»Wir setzen alle Hebel in Bewegung, das neue Opernhaus von Bardavon für Ihre Präsentation zu kriegen. Um ehrlich zu sein, es könnte uns gelingen, alle 1000 Plätze für jedes Seminar auszuverkaufen, wenn . . .«
Ich wittere sofort Unrat, wenn jemand angeblich »wahrhaftige« Äußerungen mit dem Satz einleitet: »Um ehrlich zu sein . . .« Wenn jemand gewöhnlich die Wahrheit sagt, wenn seine Glaubwürdigkeit absolut zuverlässig ist, warum muß er dann hervorheben, daß er gleich die Wahrheit verkündet?
Einen Monat vor dem vereinbarten Termin rief mich Herr M. wieder an, um mir mitzuteilen, daß der Kartenvorverkauf erbärmlich sei:
»Tja, also, um ganz ehrlich mit Ihnen zu sein, die Marketingprognose in unserem Computer hat da ein bißchen schiefgelegen, und wir müßten da vielleicht einen Rückzieher machen. Wäre es Ihnen irgendwie möglich, den Termin um ein paar Wochen zu verschieben?«
Eine Besonderheit war mir gleich aufgefallen: Der Veranstalter hatte keine Privatnummer angegeben. Für den Fall, daß ich in letzter Minute umdisponieren muß, möchte ich den Veranstaltungsleiter erreichen können. Herr M. dagegen mein-

te, sein Zuhause sei sein Refugium, das Telefon klingele tagsüber während der Arbeitszeit schon häufig genug. Spater brachte ich in Erfahrung, daß er gar kein eigenes Zuhause besaß. Er wohnte bei seinen Eltern, im Kellergeschoß, und nutzte ihren Anschluß! Soviel zum »Spitzenagenten«.

Jedesmal wenn ich ihn um die genaue Zuhörerzahl bat, reagierte er ausweichend.

»Tja, offen gesagt, kann alles mögliche passieren. Vielleicht gibt es in letzter Minute noch einen Andrang beim Vorverkauf. Keine Sorge, wir laden Oberschüler ein, die restlichen Plätze zu belegen, wenn es nicht voll genug wird.«

Schließlich kam der große Tag! Julie und ich flogen nach New York und wurden von unserem Hotel in Manhattan von einer schäbigen, überlangen Mietlimousine abgeholt. Herr M. entschuldigte sich:

»Tut mir leid, daß wir Sie mit dem Wagen abholen müssen, aber, um die Wahrheit zu sagen, unser Hubschrauber ist leider gerade unterwegs mit einem Kunden auf Sightseeing-Tour.«

(Später stellte sich heraus, daß er und seine Firma weder den abgewrackten Ford Pinto noch einen Hubschrauber besaßen.)

»Also«, setzte ich an, »die Seminare fangen gleich morgen früh an. Wie viele Karten haben Sie bis jetzt verkauft?«

»Na ja, ähem, um ganz aufrichtig zu sein, ähem, ich kenne den letzten Stand nicht, aber, ähem, um die Wahrheit zu sagen, es sieht so aus, als wären es nur ein paar Hundert.«

»Für jedes der drei Seminare?«

»Nein, für alle drei zusammen.«

»Erzählen Sie mir nicht, Sie haben ein Opernhaus mit 1000 Sitzplätzen gebucht, und am Ende haben wir bei jeder Veranstaltung weniger als hundert Leute im Zuschauerraum. Es würde so aussehen, als wäre das Programm ein Reinfall. Und ich hätte auch ein schlechtes Gefühl dabei.«

»Nein, nein, keine Sorge, wir haben die Veranstaltung in den

Konferenzraum eines Hotels in der Nähe verlegt. Der hat genau die richtige Größe.«

Am nächsten Tag ging ich frühmorgens rüber in den Konferenzraum, um meine Requisiten aufzustellen und die Projektoreinstellung an die Größe des Raums anzupassen. Der Saal hatte nur 25 Plätze, was mir am Ende ganz recht war, denn Herr M. hatte nur 18 Karten verkauft.

Teil meiner Absprache mit dem Veranstalter war, daß mein Vortragshonorar vor Beginn des Programms beglichen werden sollte. Draußen, vor dem Seminarraum stehend, fing er an, sich an die Taschen zu fassen, als ich um meinen Scheck bat.

»Oje, um die Wahrheit zu sagen, ich glaube, ich habe mein Scheckheft nicht eingesteckt.«

Meine Dispute mit Herrn M. wuchsen sich zu kleinen, theaterreifen Schaustücken aus. Allmählich machte es mir Spaß, ihn um schlichte, offene Antworten auf meine Fragen zu bitten und dann zu beobachten, wie er sich mit seinem phrasenhaften Gewäsch, das jede ehrliche Absicht Lügen strafte, herausredete.

Ich fing also mein erstes Seminar ohne die zugesagte Honorierung an und drohte ihm, ich würde das zweite erst dann abhalten, wenn er eine Bank aufgesucht hätte und mir einen Barscheck präsentieren könnte.

Ich war verblüfft, als ich nach drei Stunden das erste Seminar schloß, und er mit dem seltsamsten Scheck zurückkam, den ich je gesehen hatte. Obwohl er nicht die üblichen, eingeprägten Informationen des Chefkassierers aufwies, waren immerhin drei verschiedene Unterschriften hingekritzelt, und in der linken oberen Ecke war ordentlich angeheftet ein »Echtheitszertifikat«. Typischer Fall von Overkill, als wäre Herr M. zu einem befreundeten Bankangestellten gegangen und hätte gesagt:

»Sieh mal, ich will ehrlich mit dir sein, dieser Gastredner will einen beglaubigten Scheck haben, aber, um die Wahrheit zu

sagen, ich habe einfach nicht die Mittel zusammen bis heute abend. Kannst du nicht einen von den vorgedruckten Kassenschecks nehmen und den ein paarmal abstempeln und irgendeine Phantasieunterschrift druntersetzen und ein Zertifikat dranheften, damit alles richtig offiziell aussieht?«
Am nächsten Tag, nachdem ich alle drei Seminarblöcke hinter mich gebracht hatte (bei einer Gesamtzahl von weniger als 100 Teilnehmern – nur knapp unter Herrn M.s »hundertprozentig« sicherer Zusage von 3000), suchte ich hintereinander drei verschiedene Zweigstellen der betreffenden Bank auf, auf die der ominöse Scheck ausgestellt war. Die Angestellten musterten mich jedesmal skeptisch und versicherten mir, sie hätten noch nie so einen Scheck in der Hand gehabt. Keiner wollte ihn einlösen.

Traurig, aber wahr: Absolut ehrliche Menschen sind eine Seltenheit. Gehen Sie mal in Gedanken all die Menschen durch, denen Sie in Ihrem Leben begegnet sind. Da gibt es nur wenige, die sich immer genau an das halten, was sie versprechen, immer die Wahrheit sagen und absolut vertrauenswürdig sind.
Selbst Menschen, die ein ausgeprägtes ethisches Empfinden haben, bedienen sich Redewendungen, die ihre Integrität unterstreichen sollen, aber eher das Gegenteil bewirken. Eine Angewohnheit, die leicht abzulegen ist – und die es sich abzulegen lohnt.
Verschreiben Sie sich absoluter Aufrichtigkeit in Ihrem Verhalten, und beweisen Sie sie auch in Ihrem sprachlichen Ausdruck. Die Mühen, sich den Ruf eines absolut ehrlichen Menschen aufzubauen, werden sich Ihr Leben lang auszahlen. Ihre Mitmenschen sind nicht nur eher bereit, mit Ihnen zu kooperieren und Ihnen zu vertrauen, auch Ihre Selbstachtung steigt mit dem Wissen, daß Sie ein Mensch mit standhaftem Charakter sind.

Was Sie sofort tun können:
Wenn alles, was Sie sagen, absolut wahrhaftig ist, dann brauchen Sie keinen »vorzuwarnen«, daß Sie gleich die Wahrheit sagen werden. Streichen Sie alle integritätsmindernden Redewendungen aus Ihrem Wortschatz, die nur suggerieren, Sie seien nicht immer ehrlich und aufrichtig.
Anstatt zu sagen:
»Um ganz ehrlich zu sein . . .«
SEIEN Sie ehrlich.
Anstatt zu sagen:
»Um Ihnen mal die Wahrheit zu sagen . . .«
Sagen Sie IMMER die Wahrheit.

45. Neinsagen kann man lernen

Ein Kollege bittet Sie einzuspringen und ihm bei einem Projekt behilflich zu sein. Sie stehen mit Ihrem eigenen Arbeitspensum selbst unter Termindruck und haben keine Zeit übrig. Dennoch möchten Sie Ihren Mitarbeiter nicht enttäuschen.
Sagen Sie sich laut vor: »Ich bin ziemlich beschäftigt mit meinem eigenen Kram, Walter, aber ich glaube, ich könnte dir schon unter die Arme greifen. Ich weiß nicht, wann ich dazu komme, aber ich will sehen, was sich machen läßt.«
Und jetzt sagen Sie folgendes:
»Walter, ich bin vollkommen ausgelastet mit meinen eigenen Projekten und kann dir bei deinem Auftrag jetzt nicht helfen. Ich schlage vor, daß du dich an Thomas wendest. Er ist mit deiner Abteilung vertraut.«
Bei welcher Version werden Sie anschließend bereuen, was Sie gesagt haben? Was ist der ehrlichere Ansatz?

Im allgemeinen verweigern meine Berufskollegen ihren Klienten jede Videoaufzeichnung ihrer Präsentation. Wenn sie es doch einmal gestatten, berechnen sie in der Regel ein stattliches Honorar. Die Redner wollen so den allen nur zu bekannten Alptraum aus dem Wege gehen, daß der Klient ihren Vortrag oder das Seminar mit einer billigen Heimkamera aufnimmt, sie an einem schlechten Tag erwischt und dann die unedierten Bänder vertreibt. Tausende Zuschauer sehen dann diese Bänder und kommen zu dem Schluß, daß der betreffende Redner nicht gut sein kann – und das nur aufgrund dieses einen Films.
Im Mai 1990 ließ ich meine Frau und unsere neugeborene Tochter zu Hause zurück und flog zu einer Gratispräsentation nach Detroit. Ein Mitarbeiter meines Teams hatte einem Seminarveranstalter zugesagt, ich würde auf das Honorar ver-

zichten, obwohl seine Organisation kein gemeinnütziger Verein war – der einzige Fall, in dem ich eine Ausnahme machen und unentgeltlich auftreten würde.
Trotzdem halte ich ein einmal gegebenes Wort und war bereit, die eingegangene Verpflichtung zu respektieren. Mir gefiel die ganze Sache von Anfang an jedoch nicht.
In der Woche vor der Präsentation hatte mich der Veranstalter angerufen und mir ganz nebenbei mitgeteilt, daß er grundsätzlich alle Veranstaltungen zu Werbezwecken auf Video aufzeichne. Statt mich um meine Einwilligung zu bitten, bediente er sich eines billigen Tricks, der sonst nur von durchtriebenen Geschäftsleuten angewandt wird: »Sie haben doch keine Probleme damit, oder?« Eigentlich hatte ich Probleme damit, aber ich gab mein Einverständnis. Er willigte ein, mir die einzige Mastercassette des Bandes zu überlassen und nur kurze Ausschnitte seiner Kopie zu Werbezwecken zu verwenden. Kaum hatte ich den Hörer aufgelegt, sagte mir eine innere Stimme:
»Moment mal, wieso läßt du dir das alles gefallen? Du würdest diese Rede am liebsten sowieso nicht halten, schon gar nicht gratis; irgendwas ist faul an der ganzen Sache.«
Als ich in Detroit eintraf, fand ich genau das bestätigt, was ich erwartet hatte: eine »Billigproduktion«. Der Veranstalter rückte die Tische zurecht, stellte Stühle auf und kümmerte sich selbst um jede Kleinigkeit. Zu diesem Zeitpunkt jedoch konnte ich nicht mehr absagen. Erst einmal vor Ort, gilt meine Verantwortung dem Publikum. Ich wußte, daß sich 650 Menschen auf diese Abendveranstaltung freuten.
Eine Stunde vor Beginn betrat ein junger Mann namens Charlie mit einem VHS-Camcorder den Saal. Er war ein alter Bekannter des Veranstalters, der angeboten hatte, alle Seminare aufzuzeichnen, wenn er dafür Freikarten bekam.
Wie sich herausstellte, lief der Abend sehr gut. Die Zuhörer waren aufmerksam und aufgeschlossen, die Videocrew unaufdringlich, und ich hatte ein gutes Gefühl, was meine Präsenta-

tion betraf. Zum Schluß erhielt ich enthusiastischen Beifall, signierte viele Bücher und sah viele glückliche Gesichter. Hunderte Zuhörer gingen nach Hause mit der Absicht, die Ideen des Seminars in die Tat umzusetzen.

Als das Hotelpersonal Tische und Stühle zusammenklappte, bat ich Charlie um die Mastercassette. Er schaute mich verdutzt an und meinte, die gehöre ihm, aber er bot mir an, eine Kopie zu ziehen. Ich klärte ihn auf, die Mastercassette sei mein Besitz, und das sei mit dem Veranstalter auch so abgesprochen worden. »Nein«, sagte er wieder, »ich behalte das Masterband. Es gehört mir, aber Sie können eine Kopie haben, wenn Sie wollen.«

Charlie blieb stur, er bestand darauf, daß das Mastertape ihm gehöre. Ich wiederum beharrte darauf, daß das nicht stimme.

Dann versetzte mir Charlie mit dem Vorwurf der Scheinheiligkeit einen Seitenhieb, der es in sich hatte:

»Ich habe mir gerade Ihr Seminar angehört und viel Neues dabei gelernt. Ich bewundere Sie als begabten Redner und als jemand, der mit Menschen umgehen kann. Aber jetzt muß ich feststellen, daß die Art und Weise, wie Sie mit mir reden, absolut nicht übereinstimmt mit dem, was Sie in Ihrem Vortrag gesagt haben.«

Charlie hatte völlig recht! Nach nur wenigen Minuten unserer spannungsgeladenen Auseinandersetzung hatte er mich an einem wunden Punkt erwischt: der Wahrheit. Mein Kommunikationsverhalten stand im Widerspruch zu dem, was ich auf der Bühne so vehement vertreten hatte. Das Ergebnis war unser heftiger Streit. Wir hatten uns zwar nicht angebrüllt, aber ich hatte ihn gebeten, mir das Masterband zu überlassen, damit ich es unbrauchbar machen konnte, um so der Streitfrage, wem es gehört, ein Ende zu setzen.

Unsere Auseinandersetzung bekam erst dann eine Wendung zum Guten, als ich auf seinen Vorwurf der Scheinheiligkeit reagierte:

»Charlie, Sie haben recht. Ich habe keine gute Gesprächsgrundlage mit Ihnen geschaffen. Ich bin nicht wirklich ehrlich zu Ihnen gewesen. In Wahrheit fühle ich mich ausgenutzt. Ich war von Anfang an gegen die Videoaufzeichnung. Ich habe erst vor wenigen Tagen erfahren, daß Sie hier sein werden, und ich hätte gleich auf die Einhaltung meiner üblichen Konditionen drängen sollen, die Aufnahmen nur mit einer professionellen Ausrüstung und nur gegen Zahlung eines zusätzlichen Honorars vorsehen. Mir hat das ganze Drum und Dran nicht gefallen, und ich hätte meine Erlaubnis gleich verweigern sollen.«

Charlies Gesichtszüge entspannten sich, und er grinste. »Jetzt verstehe ich«, sagte er, »das hätten Sie gleich sagen sollen.«

Wir einigten uns schließlich darauf, daß er mir das Masterband zuschicken würde, nachdem er sich eine Kopie angefertigt hatte, die ausschließlich zu Werbezwecken verwendet werden sollte. Wir sagten dem Seminarveranstalter Bescheid und gingen noch einmal die Punkte unserer Abmachung durch. Am Ende schieden wir in freundlichem Einvernehmen.

Die Lehre war eindeutig. Wenn Sie nicht ja sagen wollen, dann tun Sie's nicht. Ich hatte zugesagt, und das Resultat war eine angespannte, aufgeladene Atmosphäre und zeitweilig sehr gereizte Stimmung. Wäre ich von Anfang an bei meiner Überzeugung geblieben, hätte ich die ganze Konfrontation vermeiden können.

Wenn man halbherzig einwilligt, etwas zu tun, wozu man eigentlich überhaupt keine Lust hat, wird man es später fast immer bereuen. Wenn man nicht ganz sicher ist, daß man auch wirklich will, sollte man lieber gleich nein sagen.

Als ich an dem Manuskript für dieses Buch saß, rief mich eine Nachbarin an und bat mich, ihr bei einer »kleinen Sache« behilflich zu sein. Sie wollte einen Brief an die Erschließungsgesellschaft aufsetzen, die durch ihre Ankäufe von Bauland unsere Wohngegend erweitert. Mich beschäftigt das Thema Erschließung sehr, und ich habe mich in unserer lokalen Initiativgruppe schon mit einigen Beiträgen in dieser Richtung engagiert. Ich war drauf und dran, den Brief einfach für sie zu schreiben. Bis ich mich mit ihr getroffen, die erste Fassung mit ihr besprochen hätte und so weiter, hätte mich die »kleine Sache« bereits zwei Stunden von meiner Arbeit an dem für mich viel wichtigeren Buchprojekt abgehalten. Ich sagte ihr daher:

»Sandy, meine ganze Aufmerksamkeit gilt im Augenblick meinem neuen Buch. Ich weiß, Sie schaffen das auch sehr gut alleine. Nein, ich kann Ihnen dabei nicht helfen.«

Ein gutes Gefühl, auch mal nein zu sagen! Es war nicht meine Absicht, unhöflich oder unkooperativ zu sein, ich wollte nur einfach meine Grenze aufzeigen.

Wir alle übernehmen Aufgaben und Pflichten, zu denen wir eigentlich keine richtige Lust haben. Das Ergebnis ist gewöhnlich, daß wir nur mit halbem Herzen dabei sind und zusätzlich ein schlechtes Gefühl bei der Sache haben und bedauern, daß wir überhaupt zugesagt haben. Dabei ist es viel besser, nein zu sagen, wenn das Ihrem eigentlichen Wunsch entspricht.

Lektion

Was Sie sofort tun können:

Bevor Sie sich auf etwas einlassen, bei dem Sie nicht ganz sicher sind, ob Sie es überhaupt wollen, bitten Sie sich eine *Bedenkzeit* aus. Überlegen Sie sich, ob Sie bei einem angebotenen Projekt gute Arbeit leisten können, Freude daran haben und es zum Abschluß bringen können, ohne ihre anderen, wichtigeren Projekte zu vernachlässigen. Wenn Sie zu dem Schluß kommen, daß Sie dazu eigentlich gar keine Lust haben, dann sagen Sie ab.

Anstatt zu sagen:
»Also, ich habe eigentlich gar keine Zeit, Ihnen behilflich zu sein, aber ich will sehen, ob ich nicht ein, zwei Stunden einschieben kann.«
Sagen Sie lieber:
»Nein, tut mir leid. Sie tun besser daran, sich jemanden zu suchen, der sich auch richtig in die Sache reinknien kann.«
Anstatt zu sagen:
»Oh, welche Ehre! Ich weiß nicht, was ich sagen soll. Ich bin nicht sicher, aber ich glaube, ich könnte schon im Elternbeirat tätig sein.«
Sagen Sie lieber:
»Vielen Dank für das ehrenvolle Angebot. Ich werde es mit meinem Arbeitspensum und anderen Verpflichtungen sorgfältig abwägen und lasse Ihnen bis heute abend eine Antwort zukommen.«
Anstatt zu sagen:
»Eigentlich habe ich keine Lust, aber ich sage mal ja.«
Sagen Sie lieber:
»Nein, ich kann nicht. Trotzdem danke, daß Sie mich fragen.«

46. Sagen Sie niemals »immer« (oder: nie, alles, nichts)

Sie haben gerade neue Pflanzen für Ihr Wohnzimmer gekauft, nachdem Sie mit ansehen mußten, wie wieder ein Usambaraveilchen eingegangen ist, so wie das Zypergras vor zwei Wochen und davor der Philodendron.
Sagen Sie sich laut vor:
»*Immer* gehen mir alle Pflanzen ein, die ich hochzuziehen versuche. Es gelingt mir einfach nie, auch nur eine einzige Pflanze mal über einen Monat am Leben zu halten.«
Und jetzt sagen Sie folgendes:
»Ein paar von meinen Pflanzen entwickeln sich eine Zeitlang ganz prächtig, und dann weiß ich nicht, was passiert. Ich werde in einem Pflanzenbuch nachschlagen und herausfinden, was ich anders machen muß.«
Welcher Ansatz legt nahe, es doch lieber gleich bleiben zu lassen und sich Kunstblumen zu kaufen? Und welcher läßt Sie hoffen, schon bald ein »grünes Händchen« zu haben?

Ich konnte genau verfolgen, wie sich ihr Papierteller erst um 10 Grad neigte, dann um 15 und schließlich um 20 Grad. Die Hochzeitsfeier fand in einem Yachtclub statt, was die schwere Schlagseite des Tellers nicht erklärte, denn wir befanden uns an Land, im Festsaal des Clubs. Die knapp sechzigjährige Frau vor mir in der Schlange am kalten Buffet war attraktiv und munter. Ihr Teller war überladen mit Shrimps, Roastbeef, Nudelsalat und, aus irgendeinem Grund, einem Häufchen gesalzener Erdnüsse. Sie wartete konzentriert auf den Champagnerkellner, während ihr Teller eine immer gefährlichere Schieflage einnahm. Als der Winkel 25 Grad betrug, kullerten die ersten Nüsse in meine Richtung, und ich sah schon die ganze Mischung vom Teller rutschen und auf meine Schuhe klatschen.

»Entschuldigen Sie, Ihr Essen rutscht gleich runter.«
»Oh, lassen Sie sich durch mich nicht stören. Ich verschütte *immer* alles. Ha, ich bin so ungeschickt. Den Champagner werde ich sicher auch verschütten. Das tu' ich immer.«
Die Vorwürfe an ihre eigene Person, obwohl in scherzhaftem Tonfall vorgebracht, ließen mich vermuten, daß es mit ihrer Selbstachtung nicht weit her sein konnte. Wahrscheinlich wollte sie sagen, daß sie immer alles verpfuscht – ob es ums Kochen geht, um Börsenspekulation oder sonstwas. Obwohl sie scheinbar ganz vergnügt war, tat mir die Frau leid. Sie hielt nicht viel von sich selbst.

Sicher haben Sie schon einmal erlebt, wie peinlich es sein kann, mit einem Paar zusammenzusein, das Eheprobleme hat. Man trinkt ein paar Gläser gemeinsam, und dann lassen sie ihren gegenseitigen Frust und ihre Wut ab.
»Wenn wir durch ihr Verschulden nicht so spät dran gewesen wären, hätte ich beim Grillen geholfen. Sie ist einfach nie rechtzeitig fertig. Sie kommt *immer* zu spät!«
»Ich? Er war derjenige, der die Autoschlüssel verlegt hat. Jedesmal verliert er sie. Er verliert einfach *immer* alles. Bei unserem ersten Rendezvous hat er sogar die Konzertkarten vergessen.«
Man will eingreifen, aber es ist bereits zu spät. Schon sind die beiden bei unzutreffenden Verallgemeinerungen angelangt: *immer, nie, alles, nichts.*
Derart verallgemeinernde Aussagen entsprechen selten der Wahrheit und sind alles andere als konstruktiv. Stimmt es wirklich, daß er *immer* die Schlüssel verliert und *alles* mögliche sonst noch? Die Frau in der Buffetschlange – verschüttet sie *immer alles*?
Erster und wichtigster Ausgangspunkt, um »Allgemeinplätzchen« aus Ihrem Wortschatz zu verbannen, sind Sie selbst.
»Das darf doch nicht wahr sein, jetzt ist mir das schon wieder passiert. Jedesmal wenn ich etwas ausdrucken will, vergesse

ich, von Matrix- auf Laserdrucker umzuschalten. Ich werde das *nie* begreifen. Was ist bloß los mit mir?«
Diese Art Selbstbeschimpfung hilft Ihnen auch nicht weiter und verändert nichts an der Situation. Viel produktiver dagegen ist es, wenn Sie die Allgemeinbegriffe durch nähere Bestimmungen ersetzen:
»Manchmal vergesse ich, den Druckerschalter einzustellen. Langsam kann ich es mir besser merken, nur kriege ich es noch nicht immer richtig hin. Ich muß mich ab jetzt darauf konzentrieren, den Schalter genau einzustellen.«
Wenn Sie Ihr eigenes Verhalten oder das anderer kommentieren, dann streichen Sie die unzutreffenden Allgemeinbegriffe, und ersetzen Sie sie durch genauere Beschreibungen dessen, was sich wirklich abspielt. Sie tun sich damit selbst einen Dienst und ermuntern andere, mit Ihnen zusammenzuarbeiten.

Lektion

Was Sie sofort tun können:
Vorsicht bei Allgemeinbegriffen! Streichen Sie solche Worte wie *»immer«, »nie«, »alles«* und *»nichts«* aus Ihrem Wortschatz – vor allem, wenn Sie damit Ihr eigenes Verhalten oder das eines anderen kritisch beschreiben wollen.
Anstatt zu sagen:
»Ich kann mir deine Telefonnummer nie merken.«
Sagen Sie lieber:
»Manchmal habe ich Schwierigkeiten, mir Telefonnummern zu merken, deswegen werde ich mir deine jetzt in meinen Kalender schreiben.«
Anstatt zu sagen:
»Du fährst immer zu dicht ran, wenn du den Wagen in die Garage setzt. Kannst du das nicht einmal richtig machen?«
Sagen Sie lieber:
»Wenn du mit dem Wagen nicht ganz so dicht auffahren wür-

dest, käme ich leichter an meine Werkbank. Das wäre nett.«

Anstatt zu sagen:

»Jedesmal wenn ich mit ihm verhandle, läuft alles schief. Ich ziehe immer den kürzeren, und nie behandelt er mich fair.«

Sagen Sie lieber:

»Manchmal hat meine Verhandlungstaktik nicht das gewünschte positive Ergebnis gebracht. Das nächste Mal werde ich einen anderen Ansatz wählen.«

VIII Power Talker beachten die Grundregeln

Robert Fulghams phänomenaler Erfolg mit seinem Bestseller *Alles, was du wirklich wissen mußt, hast du schon als Kind gelernt. Ungewöhnliche Betrachtungen über gewöhnliche Dinge* hat mich fasziniert. Es stimmt. Winston Churchill hatte recht, als er sagte: »Alle großen Dinge sind einfach . . .«

Bis hierher vorgedrungen, haben Sie sich sicher manchmal gedacht: »Diese Techniken sind im Grunde so einfach!« Richtig, sie sind einfach. Power Talker sind nicht sonderlich begabt darin, die Dinge zu verkomplizieren; sie bedienen sich nicht irgendwelcher hochtrabender Tricks. Sie achten auf eine positive Sprache, übernehmen Verantwortung, sind kooperativ und optimistisch, sagen genau das, was sie meinen, und sagen die Wahrheit.

Mehr ist an der Sache nicht dran, außer drei grundlegenden Dingen noch: *Achten Sie darauf, daß Sie sich Namen richtig merken, sagen Sie »bitte« und »danke«, und wenn sie im Unrecht sind, dann entschuldigen Sie sich.*

Dieser letzte Abschnitt hat im Grunde keine Einleitung nötig. Selbst wenn Sie nicht alle der vorher beschriebenen 46 Techniken ganz ernst genommen haben, sollten Sie wenigstens die drei nun folgenden beherzigen, um einen Vorsprung vor den meisten Mitmenschen zu haben. Power Talker merken sich diese grundlegenden Dinge.

47. Das Namensspiel

Sie warten in einem Restaurant darauf, daß der Kellner Sie an einen Tisch führt, als Sie einen Gast bemerken, den Sie von irgendwoher kennen. Er steht von seinem Tisch auf, geht auf Sie zu, aber Ihnen will der Name nicht einfallen.
Sagen Sie sich laut vor:
»Es tut mir furchtbar leid. Eigentlich müßte ich Ihren Namen kennen, aber ich komme im Augenblick nicht drauf.«
Und jetzt sagen Sie folgendes:
»Wie nett, Sie hier zu treffen. Ich bin ...«
Welche Version ist die für den mitmenschlichen Umgang im Alltag angemessenere? Welche Äußerung klingt selbstsicher und welche eher schwach?

Kürzlich war ich in einem großen Geschäft für Bürobedarf und probierte verschiedene Filzstifte aus, als eine flüchtige Bekannte plötzlich neben mir stand und sagte: »Guten Tag, ich wußte doch, ich kenne Sie von irgendwoher.«
Früher fühlte ich mich immer peinlich berührt, wenn ich mich nicht an einen Namen erinnern konnte. Ich ließ dann meist die übliche Entschuldigungsfloskel los: »Ich möchte Sie nicht verletzen, aber ...«, die man immer vorbringt. Realistisch betrachtet, können sich jedoch auch Menschen mit einem Elefantengedächtnis nicht jeden Namen merken. Ich jedenfalls nicht, und Sie wahrscheinlich auch nicht. Wenn Sie also irgendeinen Namen vergessen haben, reden Sie nicht drum herum, vermeiden Sie es, sich klein zu machen, und sagen Sie immer die Wahrheit.
Mir war klar, daß mir der Name der Frau in dem Geschäft nicht mehr einfallen würde. Als ich gerade zu sprechen ansetzte, mich anschickte zu sagen:
»Bitte, wie war doch noch Ihr Name?«,
fiel sie mir ins Wort und meinte:

»George, ich bin Sandy Wilson, aus unserem Landesverband. Nett, daß wir uns hier mal treffen.«
Natürlich! Jetzt fiel es mir wieder ein, ich hatte ein paarmal mit ihr telefoniert und auf Versammlungen unserer Organisation mit ihr gesprochen. Sie setzte mich nicht der peinlichen Situation aus, ihr erklären zu müssen, daß ich ihren Namen vergessen hatte.
Wir übersprangen das allgemein übliche Gerede über die Vergeßlichkeit, was Namen betrifft, und erneuerten unsere Bekanntschaft. Ich war ihr dankbar und wußte es zu schätzen, daß sie die Initiative übernommen hatte.

Im Umgang mit Menschen sind Namen wichtig. Bei Konferenzen oder Tagungen tragen die Teilnehmer oder Delegierten für gewöhnlich Namensschilder. Man kann einen diskreten Blick darauf werfen, wie es der jeweils andere auch macht, und seinem Gedächtnis auf die Sprünge helfen, oder sogar so tun, als wäre man von selbst auf den Namen gekommen. Im wirklichen Leben jedoch muß man nach dem Namen fragen.
Ein Schlüsselelement für die Kontaktaufnahme mit seinen Mitmenschen liegt in der Kenntnis und Benutzung ihrer Namen. Es war Dale Carnegie, der schon vor langer Zeit behauptet hat, daß der Klang des eigenen Namens für jeden Menschen der süßeste Klang auf Erden sei, und das gelte für alle Sprachen. Wir alle haben die Erfahrung gemacht, daß die Fähigkeit, Namen im Gedächtnis zu behalten und richtig auszusprechen, einen ungeheuren Vorteil im Geschäftsleben bedeuten kann.
Es ist jedoch nicht schwer, in den drei am häufigsten auftretenden Situationen, in denen es um Namen geht, zu glänzen: Wenn Sie den Namen des anderen vergessen haben; wenn der andere Ihren Namen vergessen hat; wenn Sie beide sich zum erstenmal sehen – und den Namen noch nicht vergessen konnten.

1. Nicht das Gesicht wegen eines vergessenen Namens verlieren:
Die beste Methode, damit umzugehen, wenn einem ein Name einmal entfallen ist: Akzeptieren Sie es einfach! Sie haben einen Namen vergessen – na und? Warum sich deswegen Gedanken machen? Der andere hat Ihren Namen womöglich auch vergessen und ganz sicher die vieler anderer Personen.
Das nächste Mal, wenn Sie auf einer Party einen Bekannten treffen, am Flughafen einem ehemaligen Kollegen oder alten Kunden über den Weg laufen oder an einer Ampel neben ihrem neuen Nachbarn stehen, den sie erst vor kurzem kennengelernt haben, dann sagen Sie ganz einfach:
»Bitte, wie war noch mal Ihr Name?«
Mehr nicht!
Es ist direkt, höflich und positiv. Es vermeidet die übliche, schwerfällige, duckmäuserische Erklärung: »Oh, es tut mir furchtbar leid, aber ich komm' jetzt einfach nicht auf Ihren Namen, obwohl er mir auf der Zunge liegt.« Ersparen Sie sich diese Peinlichkeit. Es ist keine Schande dabei. Sie haben den Namen vergessen, und Sie möchten ihn noch mal gesagt bekommen. Punkt. Aus.

2. Sie vermuten, daß der andere Ihren Namen vergessen hat:
Selbstsichere, zuversichtliche, starke Menschen sagen ihren Namen gleich, wenn sie auf Sie zukommen. Selbst wenn die Wahrscheinlichkeit groß ist, daß Sie sich an den Namen erinnern, machen selbstbewußte Menschen es Ihnen leicht. Sie fangen eine Unterhaltung an, indem sie Ihnen die Hand reichen und beim Schütteln sagen:
»Guten Tag, ich bin ..., schön Sie mal wiederzusehen.«
Dieser Ansatz beinhaltet einen eingebauten Bonus: Sehr wahrscheinlich reagiert der andere, indem er seinen eigenen Namen sagt, so daß Sie aus dem Schneider sind, falls Sie ihn vergessen haben.

3. Benutzen Sie Namen gleich, wenn Sie sie zum erstenmal hören:

Die meisten vergessen einen Namen nicht so schnell, den sie sich einmal gemerkt haben; sie vergessen lediglich, ihn sich gleich beim erstenmal zu merken. Da Namen entscheidend für die Herstellung von Kontakten und die Festigung von Beziehungen sind, lohnt es sich, ein paar einfache Lernschritte zu befolgen, um das Namensgedächtnis zu trainieren. Das einfachste ist, Sie benutzen den Namen *sofort,* wenn Sie ihn zum erstenmal hören.

Ein vom Erfolg nicht gerade verwöhnter Vertreter erzählte mir mal:

»Ja, George, ich habe einige Verkaufserfolge zu verzeichnen. Und wissen Sie, George, eigentlich ist es gar nicht so schwierig, den wirklich ganz großen Erfolg zu landen, wenn man erst einmal die Grundregeln beherrscht. Ich versuche zum Beispiel immer, den Kunden während des Gesprächs mit Namen anzureden. Und ich sage Ihnen, George, am Telefon ist das besonders wichtig. Man ist sich sofort der ganzen Aufmerksamkeit des anderen sicher. Aber, George, ich sage immer, man kann's nicht allen recht machen. Neulich gerade unterhielt ich mich mit einem Kollegen aus Iowa, und was soll ich sagen, George, weißt du, was der meinte: ›Klingt schleimig, wenn Sie meinen Namen so oft benutzen.‹ Kein Witz, George . . .«

Schauerlich! Bei mir krampfte sich alles zusammen, als würde jemand mit den Fingernägeln über eine Schiefertafel kratzen. Ich ertappte mich beim Zählen, wie oft er meinen Namen erwähnte, und war drauf und dran, ihm ins Wort zu fallen: »Idiot! Warum hast du nicht auf deinen Kollegen gehört!«

Hier ein schlichter Hinweis: Reden Sie Ihren Gesprächspartner dreimal mit Namen an. Das erste Mal, wenn er sich vorgestellt hat. Das zweite Mal irgendwann im Laufe des Gesprächs und das dritte Mal zum Schluß.

Was Sie sofort tun können:
Benutzen Sie während eines Gesprächs mit jemandem seinen Namen absichtlich dreimal. Haben Sie sich gerade erst bekannt gemacht, benutzen Sie seinen Namen sofort, und merken Sie ihn sich. Stoßen Sie dagegen auf einen Bekannten, der Ihren Namen womöglich vergessen hat, bringen Sie ihn nicht in Verlegenheit, und sagen Sie ihm Ihren Namen. Sollten Sie seinen vergessen haben, bitten Sie ihn noch einmal um seinen Namen.
Anstatt zu sagen:
»Entschuldigen Sie, es liegt mir auf der Zunge, aber mir fällt im Augenblick Ihr Name nicht ein.«
Sagen Sie lieber:
»Bitte, wie war noch mal Ihr Name?«
Anstatt zu sagen:
»Wahrscheinlich erinnern Sie sich nicht mehr an meinen Namen, aber . . .«
Sagen Sie lieber:
»Wie schön, Sie mal wiederzutreffen, ich bin . . .«
Anstatt zu sagen:
»Oje, es tut mir leid, aber ich kann mich nicht an Ihren Namen erinnern.«
Sagen Sie lieber:
»Guten Tag auch. Ich bin . . . Wie war noch mal Ihr Name?«

48. Wie lautet das Zauberwort?

Freitag nachmittag, und Ihre Sekretärin hat wieder einmal die Mittagspause durchgearbeitet, damit die Unterlagen für Ihre Präsentation am Montag morgen auch rechtzeitig bereitliegen.
Sagen Sie sich laut vor:
»Ich weiß nicht, was ich ohne Christina anfangen würde. Ich wünschte, das übrige Büropersonal würde sich halb so gewissenhaft an Abgabetermine halten wie sie.«
Und jetzt sagen Sie folgendes:
»Christina, ich schätze Sie wirklich sehr. Vielen Dank für Ihre ausgezeichnete Arbeit und dafür, daß Sie wegen der Unterlagen Ihre Mittagspause geopfert haben. Ich bin Ihnen sehr verbunden für Ihre Einsatzbereitschaft, und ich arbeite gerne mit Ihnen zusammen.«
Welche Version garantiert, daß Christina auch in Zukunft gute Arbeit leistet?

Eine Rentnerin in unserer Nachbarschaft verwendet viel Zeit darauf, Spenden für die Krebshilfe einzutreiben. Sie ist unermüdlich beschäftigt und hat großartige Sammelergebnisse erzielt, die vielen schwerkranken Patienten zugute kommen.
Kürzlich rief sie meine Frau in heller Aufregung an:
»Julie, ich sitze furchtbar in der Klemme. Unsere größte alljährliche Benefizveranstaltung steht vor der Tür, und wir haben die Flugtickets noch nicht, die wir in unserer Werbeschrift für die Versteigerung angekündigt haben. Kennen Sie vielleicht jemanden, der eine große Spende überweisen könnte? Ein oder zwei Flugtickets wären ideal.«
Meine Mutter ist an Krebs gestorben, ich habe also ein gewissermaßen persönliches Interesse daran, dazu beizutragen, daß die Krankheit besiegt wird. Ein guter Freund der Fami-

lie, Kevyn Leiner, war damals Verkaufsleiter bei der Fluggesellschaft USAir. Er ist ein wirklicher Freund und sehr großzügig, und wir erklärten ihn zu unserem »Zielobjekt«. Alles mußte sehr schnell gehen. Die Nachbarin übergab uns einen Brief, in dem erklärt wurde, was es mit dieser Auktion auf sich hatte, und wir schickten ihn per Fax umgehend an USAir. Innerhalb von 48 Stunden hatte Kevyn zwei Freitikkets besorgt für einen Linienflug eigener Wahl auf einer der Flugrouten von USAir; Wert: 3000 Dollar.

Als die Auktion stattfand, waren Julie und ich gerade auf Vortragsreise in England. Wir kamen nach Hause und hatten eigentlich erwartet, ein Dankesschreiben der Krebshilfe mit den Kopien ähnlicher Schreiben an USAir und Kevyn vorzufinden. Nichts dergleichen.

Obwohl wir die Nachbarin ab und zu noch trafen, haben wir uns nie mit ihr darüber unterhalten. Ich war etwas verstimmt darüber, daß sie sich nicht bei Julie bedankt hatte, die immerhin den Kontakt zu USAir hergestellt hatte und deren freundliche Überredungskünste Kevyn veranlaßten, die Freitickets zur Verfügung zu stellen.

Monate später traf ich Kevyn:

»Übrigens, die Frau von der Krebshilfe hatte nicht mal den Anstand, sich bei Julie dafür zu bedanken, daß sie Kontakt mit dir wegen der Spende aufgenommen hat.«

Kevyns Antwort:

»Bei mir hat sie sich auch nicht bedankt. Das kommt immer wieder vor. Du wärst überrascht, wieviel Wohltätigkeitsvereine uns um Spenden angehen, und es dabei nicht einmal für nötig halten, ›bitte schön‹ zu sagen, und dann, wenn man was getan hat: keinerlei Reaktion.«

Worauf es mir bei dieser Geschichte ankommt? Es ist töricht, dumm und unwürdig, schlichte Regeln der Höflichkeit zu mißachten, zum Beispiel bitte zu sagen oder seinen Dank auszudrücken. Trotz der vielen Mühe, die sich unsere Nachbarin macht, ist der bleibende Eindruck bei uns und bei den Ver-

kaufsleitern der USAir negativ. Ich vermute mal, daß die beiden Tickets eine satte Summe eingebracht haben und daß die amerikanische Krebshilfe davon profitiert. Bei uns jedenfalls und bei USAir wird die Nachbarin nur auf kühle Resonanz stoßen, wenn sie nächstes Jahr wieder ankommt.
Es war keine böse Absicht, bestimmt nicht. Sie hat nur einfach eine der Grundregeln nicht beachtet. Durch eine kleine Gedankenlosigkeit hat sie zugelassen, daß ein Schatten auf ihre ehrenamtliche Arbeit fällt.

Es ist so einfach – und kommt doch so selten vor –, sich aufrichtig liebenswürdig Menschen gegenüber zu verhalten, die einem viel bedeuten, besonders Kunden. Der Lohn aber ist phänomenal. Eine Faustregel bei Verkaufsprofis besagt, daß es mindestens fünfmal soviel kostet, einen Auftrag von einem neuen Kunden zu bekommen als von einem Stammkunden. Nach meiner Erfahrung ist diese Zahl viel zu niedrig angesetzt. Unternehmen, die sich die Mühe gemacht haben, einmal genauer nachzurechnen, sind zu dem Ergebnis gekommen, daß es mindestens zehnmal so teuer ist, mit einem neuen Kunden ins Geschäft zu kommen als mit einem Stammkunden.
Wenn ich von Marketingorganisationen als Berater eingeladen werde, lautet meine erste Frage oft:
»Was unternehmen Sie, um Ihrer Stammkundschaft zu zeigen, daß Sie ihre Treue zu schätzen wissen?«
Die Antwort darauf ist fast immer aufschlußreich und peinlich.
Verkaufsabteilungen tätigen riesige Investitionen von Zeit, Geld und personellem Einsatz für die Jagd nach neuen Kunden – und kümmern sich anschließend nicht mehr um sie.
Eines meiner beliebtesten Vortragsthemen behandelt die Frage, wie man »Kundenüberschuß« reduziert. Ich verwende dazu gern das Bild eines Fließbandes. Stellen Sie sich ein langes Fließband vor, etwa einen Meter breit, das sich mit steti-

ger Geschwindigkeit bewegt. Sie stehen an einem Ende des Bandes, neben einem Verkäufer, und das Band bewegt sich, von Ihrer Position aus gesehen, weg, in die Ferne. In meinem Vortrag zeige ich drei Dias, die besagtes Fließband darstellen.

Das erste Dia zeigt den übereifrigen, begeisterten Verkäufer, der seine ganze Aufmerksamkeit einem neuen Kunden schenkt – nennen wir ihn Harry – und ihm beim Besteigen des Fließbandes behilflich ist. Das Bild entspricht der wohl häufigsten, aber auch teuersten Aufgabe jeder Marketingorganisation: *Neue Kunden gewinnen.* Mit einer Vielzahl von Mitteln, Werbung, Handelsmessen, Postwurfsendungen, Telemarketing und nicht selten dem direkten Verkaufsgespräch machen wir uns daran, potentielle Kunden dazu zu bringen, uns etwas abzukaufen, damit sie »auf das Fließband kommen«.

Mein zweites Dia zeigt dieselbe Szene mit dem Fließband. Diesmal schmiert der Verkäufer einem anderen potentiellen Kunden Honig ums Maul in der Hoffnung, ihn zu einem »gläubigen« Kunden zu bekehren. Harry hat derweil »Fortschritte« gemacht als Kunde – er schreitet auf dem Fließband fort. Vielleicht hat er sogar einige Anschlußkäufe getätigt bei demselben Verkäufer. Dieser jedoch konzentriert sich auf den neuen Kandidaten, darauf erpicht, ihn ebenfalls auf das Band zu hieven und ihn als Kunden zu gewinnen. Harry wirft zwischenzeitlich einen Blick auf die Uhr und denkt sich: »Schon eine Weile her, daß mich der Verkäufer so zuvorkommend behandelt hat. Ich war mal eine wichtige Person für ihn – vor meinem ersten Kauf –, und jetzt habe ich das Gefühl, er betrachtet mich als selbstverständliches Inventar.«

Der Verkäufer ist sich natürlich nicht bewußt, daß Harry sich vernachlässigt fühlt. Er ist zu sehr damit beschäftigt, neue Kunden an Land zu ziehen, um sich ausreichend der zweiten großen Marketingaufgabe zu widmen: *Kunden auf dem Fließband halten.*

Auf dem dritten Dia schließlich sehen wir wieder denselben Verkäufer. Und tatsächlich, er ist dabei, einen dritten Kandidaten geschickt dazu zu überreden, Kunde zu werden und sich auf das Band zu begeben. Andere Kunden, die auch erst kürzlich Beziehung zu dem Unternehmen aufgenommen haben, sehen wir auf dem Band in die Ferne abdriften, so wie Harry. Da ist er ja, ganz hinten, bereit zum Sprung – auf das Band eines Konkurrenten. Der verleiht ihm nämlich erneut das Gefühl von Wichtigkeit und Wertschätzung.

Die meisten Verkäufer vernachlässigen die dritte Marketingaufgabe: *Herausfinden, warum Kunden von Ihrem Band abspringen.*

Die »Kundenüberschußrate« eines Unternehmens bezieht sich auf die Prozentzahl neuer Kunden, die nach relativ kurzer Dauer ernüchtert sind und wieder abspringen vom Fließband. In allen Branchen läßt sich jede Kundenbeziehung auch als absehbarer, zukünftiger Bargeldfluß sehen. Das gilt vor allem für solche Unternehmen, die auf Mitgliedschaften und Subskriptionen angewiesen sind. Es kostet vor allem sie eine Unmenge, einen neuen Kunden zu gewinnen. Nehmen wir nur die Kabelfernsehgesellschaften. Wenn ein Kunde den Vertrag mit der Kabelgesellschaft unterzeichnet und nur wenige Monate später wieder kündigt, macht die Gesellschaft ein Minus. Kündigt solch ein Kunde den Kabelservice, und die Gesellschaft ist gezwungen, Ersatz zu finden, haben wir es mit »Kundenüberschuß« zu tun.

Eine hohe »Kundenüberschußrate« wiederum kann extrem teuer werden. Überlegen Sie nur mal, was passiert, wenn Sie Ihren Kabelanschluß kündigen: Mehrere Angestellte sind mit der Aufhebung Ihres Kontos beschäftigt und verursachen eine Menge Papierkram, um die Sache zum Abschluß zu bringen. Ein Mitarbeiter des Kundendienstes kommt zu Ihnen nach Hause und kappt die Leitung. Die Computer werden neu programmiert, um Ihr Konto zu löschen. Und das sind nur die direkten Kosten.

Wir müssen zudem überlegen, was es kostet, einen neuen Kunden zu gewinnen – ihn auf das Fließband zu hieven –, um den versiegenden Geldfluß zu ersetzen, der durch den unzufriedenen, abgesprungenen Kunden entstanden ist. Für eine Kabelgesellschaft bedeutet das mehr Werbung, Postsendungen, Telemarketing, Kundenanreize und – auch das – Klinkenputzen.

Eine der am häufigsten zitierten Statistiken in den Seminarzirkeln Ende der 80er Jahre stammte von der Vereinigung der Restaurantbesitzer von Wisconsin. Die Studie legte dar, daß Gäste, nach dem Wechsel ihres Stammlokals befragt, folgende Gründe angeben:

- 1% war ohnehin gestorben,
- 2% waren umgezogen,
- 5% waren anderweitige persönliche Beziehungen eingegangen,
- 9% waren zur Konkurrenz übergelaufen,
- 14% waren mit dem Produkt (also den Mahlzeiten) nicht mehr zufrieden,
- 68% fühlten sich vernachlässigt oder gleichgültig behandelt.

Mit ist keine breit angelegte, landesweite Untersuchung bekannt, die der Frage nachgeht, warum Kunden abspringen, aber die oben genannten Prozentzahlen scheinen mir recht zutreffend zu sein. Eine ganze Reihe von meinen Klienten hat kostspielige Studien dazu in Auftrag gegeben. An erster Stelle stand immer ein und derselbe Grund: Die Kunden haben das Gefühl, *ihre Treue werde als Selbstverständlichkeit* betrachtet.

Hat die Marketingabteilung eines Unternehmens erst einmal die wahren Kosten für Kundenüberschuß ermittelt, will sie natürlich auch die effektivste Methode zur Reduzierung wissen – wie man Kunden »bei Laune«, sprich: auf dem Band hält. Die Methode ist verblüffend einfach: Denken Sie immer daran, *bitte* und *danke* zu sagen.

Es ist leicht – und einträglich –, Kundenpflege zu verbessern, egal in welcher Branche. Sie brauchen keine teuren Werbegeschenke zu verschicken oder sich komplizierte, exklusive Kundenwerbeaktionen auszudenken. Ein einfaches, ehrlich gemeintes, persönliches Wort des Dankes reicht.
Private Beziehungen unterscheiden sich manchmal nicht sehr von Geschäftsbeziehungen. Freundschaften und Ehen verblassen häufig durch die beiderseitige Tendenz, allgemeine Regeln der Höflichkeit zu vernachlässigen. Das »Fließbandprinzip« läßt sich ohne weiteres auch auf Ihre nichtgeschäftlichen Beziehungen anwenden. Ihr Erfolg bei Aufbau und Erhalt von Beziehungen jedweder Art hängt von denselben drei Fähigkeiten ab: *Initiative, Pflege und Wiedergewinnung.* Ob in Ihrer Ehe, einer engen Freundschaft oder einer Zufallsbeziehung zu Ihrem Nachbarn – denken Sie in den Kategorien: Wie bringe ich sie aufs Fließband, wie sorge ich dafür, daß sie darauf bleiben, und was ist schiefgelaufen, wenn sie abspringen.
Power Talker vergessen nie die Grundregeln. Sie versäumen nie, danke und bitte zu sagen, wenn es die Höflichkeit gebietet. Sie warten nicht erst ab, bis sie dazu aufgefordert werden. Ab und zu schicken sie eine Postkarte, melden sich bei einem Kunden oder schauen kurz bei einem Nachbarn vorbei, um sich persönlich zu bedanken.
Eltern, die ihren Kindern beibringen, daß bitte und danke *Zauberworte* sind, übertreiben keineswegs.

Lektion

Was Sie sofort tun können:
Halten Sie sich an die Regeln allgemeiner Höflichkeit im Umgang mit anderen Menschen, besonders mit Menschen, die Ihnen quasi »selbstverständlich« geworden sind. Geizen Sie nicht mit den Worten »bitte« und »danke«.
Anstatt zu sagen:

»Die Frauen in der Reinigung leisten wirklich tolle Arbeit.«

Sagen Sie lieber:

»Danke, daß Sie mich immer so zuvorkommend bedienen und sich meiner Wäsche annehmen. Ich weiß Ihren exzellenten Service zu schätzen.«

Anstatt zu sagen:

»Wir müssen alles in Bewegung setzen, um in diesem Quartal tausend neue Kunden zu gewinnen.«

Sagen Sie lieber:

»Ich werde unbedingt dafür sorgen, daß unsere Stammkunden erfahren, wie sehr wir ihre langjährige Treue zu schätzen wissen.«

Anstatt zu sagen:

»Meine Frau? Ja, die ist toll. Füttert die Kleine, kocht gut, hält den Haushalt in Ordnung und schuftet hart. Tja, ich bin ein Glückspilz.«

Sagen Sie lieber:

»Liebling, ich bin dir ja so dankbar. Dieses Wochenende werde ich irgendwas Besonderes unternehmen, damit du weißt, wie ehrlich ich das meine, wenn ich danke schön sage.«

Anstatt zu sagen:

»Die merken schon, daß ich sie zu schätzen weiß.«

Sagen Sie lieber:

»Danke schön.«

49. Es tut mir leid

Nach einer Überprüfung Ihres Spesenkontos ruft die Abteilungsleiterin Sie zu sich ins Büro und präsentiert Ihnen die Rechnung eines Restaurantbesuchs, der offenbar nicht beruflich bedingt war. Und tatsächlich, es stellt sich heraus, daß Sie vor drei Monaten ein Essen mit der Familie mit der Kreditkarte Ihres Arbeitgebers bezahlt haben.
Sagen Sie sich laut vor:
»Bei dem ganzen Papierkram, den wir hier zu bewältigen haben, bin ich erstaunt, daß mir nur eine unkorrekte Abrechnung passiert ist. Ich wette, jedem hier rutschen mal ab und zu ein bis zwei Privatessen dazwischen. Sie können mir nicht die Schuld geben, wenn mir hin und wieder mal ein Fehler unterläuft.«
Und jetzt sagen Sie folgendes:
»Sie haben völlig recht, das war ein privates Essen, und ich hätte damit nicht mein Spesenkonto belasten dürfen. Es tut mir leid, daß es mir nicht selbst aufgefallen ist, und in Zukunft werde ich genauer hinschauen. Es ist mir ein Fehler unterlaufen, und ich entschuldige mich.«
Wer hört sich vertrauenswürdiger an? Wessen Reaktion würden Sie eher respektieren?

Als Student in Santa Barbara hatte ich mir einen Traumjob an Land gezogen. Ich war Agent der Trans World Airlines auf dem Campus. Die Bezahlung war nicht gerade üppig, die Sachleistungen dagegen wogen alles auf! Als 20jähriger, mit einem unbegrenzten Flugticket in der Tasche, stand ich jeden Freitag vor der Entscheidung:
»Soll ich das Wochenende auf dem Campus verbringen, ein paar Dollar fürs Kino ausgeben, dann noch Geld fürs Essen und mich beim Billardspielen langweilen? Oder soll ich die Linienmaschine nach London nehmen, über den Pol fliegen,

zwei Filme auf dem Hinflug und zwei auf dem Rückflug sehen, vier Mahlzeiten an Bord gereicht bekommen, ein paar Stunden in London rumkurven und absolut null Dollar ausgeben?«

Ich verbrachte kaum ein Wochenende auf dem Campus.

Als Verkaufsvertreter einer Fluggesellschaft haben Sie unwillkürlich auch Kontakt mit Kunden, die gerade einen Horrorflug mit Ihrer Linie hinter sich haben. Ich erinnere mich noch, wie mich einmal der Leiter des studentischen Männerchors wortreich runterputzte, nachdem er mit seinen Jungs von einer Europatournee zurückgekehrt war. Ich hatte sie bis Frankfurt begleitet, mich dann von der Gruppe verabschiedet, die weiterflog, um vor irgendeiner österreichischen Gräfin zu singen und in verschiedenen Städten Europas aufzutreten. Ich machte vor meinem Rückflug noch einen Abstecher nach Berlin, um einen Freund zu besuchen.

Zwei Wochen später, wieder heimgekehrt, fuhr mich der Chorleiter an:

»Ich fliege nie wieder mit TWA! Das gesamte Gepäck der Gruppe ging zwischen Rom und Paris verloren. Dann haben sie unseren Flug von Madrid nach Los Angeles gestrichen, und wir mußten von Lissabon aus fliegen, mit Zwischenlandungen in Philadelphia und Kansas City. Was sagen Sie dazu?«

Mein Chef und Mentor bei TWA war Paul Oglesby, ein ungeschlachter Riese, ehemaliger Footballprofi, bevor eine Verletzung ihn zwang, auszusteigen. Eine der wichtigsten Lehren, die er mir auf den Weg gab, lautete:

»Wenn Sie im Unrecht sind, reden Sie nicht drum herum. Sagen Sie ehrlich und aufrichtig: ›Sie haben absolut recht, und ich verüble es Ihnen nicht, daß Sie wütend sind. Es tut mir leid, daß wir das vermasselt haben.‹«

Als die Schimpfkanonade des Chorleiters anschwoll, folgte ich Pauls Rat und entschuldigte mich förmlich, ohne auch nur zu versuchen, mich zu rechtfertigen. Im nächsten Jahr flog der Männerchor prompt wieder mit TWA auf Europatournee.

Als die Chrysler Corporation beschuldigt wurde, die Kilometerzähler von Firmenwagen, nachdem leitende Angestellte sie zu Privatzwecken benutzt hatten, wieder auf Null zu stellen und sie als Neuwagen zu verkaufen – was machte da Lee Iacocca? Er gab alles zu, fing gar nicht erst an, sich zu rechtfertigen, ja, sagte sogar, es sei blöd von Chrysler gewesen, das zu machen, entschuldigte sich im Namen des Unternehmens und bot den betroffenen Kunden, deren Wagen eigentlich keine Neuwagen waren, Schadenersatz an. Die Unehrlichkeit kostete den Autohersteller mindestens 45 Millionen Dollar an Bußgeldern und Entschädigungen. Allein die Geldstrafen hätten sich jedoch auf über 100 Millionen Dollar belaufen, wenn der Vorstandsvorsitzende nicht von sich aus freimütig alles offengelegt hätte. Er sagte die Wahrheit, und als Ergebnis blieb die Leistungsbilanz des Unternehmens stark, und das angesichts einer potentiell vernichtenden Publicity. Und der große Vorsitzende selbst konnte sein angesehenes Image als geradliniger Aufsteiger sogar noch verbessern.

Befolgen Sie Paul Oglesbys Ratschlag: Wenn Sie persönlich im Unrecht sind oder das Unternehmen, das Sie vertreten, einen Kunden unfair behandelt hat, dann ist es immer das beste, man gibt den Fehler zu, übernimmt die Verantwortung, entschuldigt sich, verspricht, alles zu tun, um die Sache auszubügeln, und leitet alles Notwendige gleich in die Wege.

Lektion

Was Sie sofort tun können:

Immer wenn Ihnen ein Fehler unterläuft, gestehen Sie ihn ein, und sagen Sie, daß es Ihnen leid tut. Entschärfen Sie mögliche emotionale Ausbrüche, vermeiden Sie Konfrontationen, und handeln Sie sich Respekt bei anderen ein, indem

Sie auch *unangenehmen Tatsachen ins Auge sehen, die Wahrheit sagen und sich entschuldigen.*

Anstatt zu sagen:

»Bei den vielen Menschen, die hier Rotwein trinken, wird er wohl nicht herausfinden, daß ich derjenige war, der einen Fleck auf sein neues Sofa gemacht hat. Wahrscheinlich fällt er ihm überhaupt erst morgen früh auf.«

Sagen Sie lieber:

»Michael, es tut mir leid, aber ich habe etwas Wein auf deinem Sofa verschüttet. Gib mir doch bitte den Fleckenentferner oder Mineralwasser, bevor er über Nacht eintrocknet.«

Anstatt zu sagen:

»Mir brauchst du die Schuld nicht zu geben, wenn die Kundenkartei durcheinander ist. Es sind auch noch andere da, die sie benutzen.«

Sagen Sie lieber:

»Tut mir leid, daß du Probleme hattest, die richtige Kundenkarte zu finden. Ich gehe mal bis Freitag die gesamte Kartei durch und bringe wieder Ordnung rein.«

Anstatt zu sagen:

»Jetzt hör mal, es ist nun mal passiert. Mir brauchst du die Schuld nicht zu geben. Ich konnte nichts dafür.«

Sagen Sie lieber:

»Es tut mir leid. Es war mein Fehler.«

IX Power Talker teilen ihren Stolz

Ein aufrechter Power Talker gibt sich nicht damit zufrieden, sein eigenes Image und seine Selbsteinschätzung aufzupolieren, er sorgt ebenso dafür, daß auch *andere* durch ihn bereichert werden.

Ich habe dieses Buch mit einer unterschwelligen Mission zu schreiben begonnen. Mein Antrieb entspringt einem Gefühl der Unzulänglichkeit, das ich am eigenen Leib erfahren habe. Zurückblickend wird mir jetzt klar, daß viele Entscheidungen, die ich in meinem Leben getroffen habe, von einem einzigen, weitverbreiteten Wunsch motiviert waren: *dem Bedürfnis, anerkannt zu werden, Zustimmung zu finden.* Ich habe festgestellt, daß ich damit nicht allein auf der Welt bin.

Dieses letzte Kapitel ist meine wichtigste Botschaft an Sie.

50. Das liebliche Geräusch eines applaudierenden Menschen

Sie haben soeben den Entwurf eines langfristig angelegten Strategieplans für Ihr Unternehmen zu Ende gelesen, den ein interdisziplinäres Projektteam verfaßt hat, das Sie selbst zusammengestellt haben. Das Konzept ist hervorragend!
Sagen Sie sich laut vor:
»Chef, hier ist der Strategieentwurf, den mein Projektteam verfaßt hat. Sie haben wirklich gute Arbeit geleistet, es ist der beste Entwurf, den wir hier seit langem vorgelegt bekommen. Man kann damit eigentlich nur ganz zufrieden sein.«
Und jetzt sagen Sie folgendes:
»Team, ich bin stolz auf jeden einzelnen von euch, der an diesem Projekt mitgearbeitet hat. Ihr habt hervorragende Arbeit geleistet, und ihr könnt euch darauf verlassen, ich werde dem Chef beibringen, wie stolz ich auf euch bin. Danke.«
Wer hört sich wie ein Teamleiter an, dessen Mitarbeiter das Gefühl haben werden, daß ihre Arbeit wirklich geschätzt wird? Wer macht einen großen Fehler, wenn er meint, das Team fühle sich ohnehin genug bestätigt?

Mein Vater wurde 1908 geboren und wuchs in Sacramento, Kalifornien, auf. Seine Familie – fünf Geschwister, von denen mein Vater der jüngste war – besaß nicht viel Geld. Mein Vater hatte einen Hang und auch das notwendige Talent zum Baseball. Er war sogar ziemlich bekannt in der regionalen Liga und muß offensichtlich ein phantastischer erster Baseman gewesen sein. Sogar so gut, daß ein Talentsucher aus Detroit ihn aufstöberte, und überredete, Profispieler zu werden. Mein Vater denkt immer noch an den Nachmittag, als der Mann das Haus seiner Eltern betrat, wie an ein quasi religiöses Erlebnis zurück. Es war sein Traum, in den Oberligen zu spielen, und er stellte sich vor, wie stolz seine Familie auf ihn sein würde, wenn er ein berühmter Baseballstar werden würde.

In dem Wohnzimmer sitzend, das mein Großvater John in einer umgebauten Scheune eingerichtet hatte, bat der Talentsucher um die Erlaubnis, Merle mit nach Detroit nehmen zu dürfen, damit er in dem dortigen Team mitspielen könne. Mein Vater erinnert sich noch heute daran, was sein Vater damals sagte:

»Mir ist da so einiges zu Ohren gekommen. Diese Baseballspieler trinken und rauchen und sind hinter Frauen her. Und nach ein paar Jahren ist ihre Karriere vorbei. Ich will davon nichts wissen. Mein Sohn geht aufs College.«

Mein Vater war untröstlich. Aber mein Großvater ließ nicht mit sich reden. Schließlich war er deutscher Abstammung, der »Haushaltsvorstand«, und ein Nein aus seinem Mund war unwiderruflich. Ich bin sicher, mein Vater hat seinem Vater diese Entscheidung sein ganzes Leben lang übelgenommen. Er wollte nichts sehnlicher als Baseball spielen.

Mein Vater ging tatsächlich aufs College und studierte recht erfolgreich Elektrotechnik. Er bekam einen guten Job bei der Pacific Telephone and Telegraph Company und spezialisierte sich auf Höchstfrequenzübertragungen. Als der Zweite Weltkrieg ausbrach, meldete er sich freiwillig bei der Marine und wurde als Radaroffizier auf einer Zerstörerflotte im Pazifik eingesetzt. Bestimmt spielte er viel Baseball in den Mannschaften der Marine, wenn sie mal an Land waren.

Nach dem Krieg kam ich auf die Welt. Und was, meinen Sie, verlangte mein Vater von mir? Richtig geraten: Ich sollte Baseball spielen!

Ich erinnere mich, daß mein Vater mit mir als Kind andauernd Ballfangen in unserem Vorgarten übte. Mir machte es keinen Spaß, es war eine Qual. Aber Vater setzte mir hart zu, damit aus mir der Baseballstar wurde, den sein Vater ihn nicht hatte werden lassen wollen. Er zwang mich, in die Jugendliga einzutreten.

Ich zeigte schon früh Verkaufstalente. Nachbarn und Freunde der Familie meinten alle, ich hätte ein flottes Mundwerk. Ich verkaufte immer die meisten Scout-O-Rama-Karten und startete eine ganze Reihe von Deals in der Nachbarschaft, bei der ich mit allem möglichen hausieren ging: Grußkarten, Kaminholz, Verlängerungsschnüre, Untersetzer, gebrauchte Comichefte und Selbstgebackenes. Ich konnte alles verhökern. Baseball störte nur meine Verkaufsaktivitäten.

Ich kann mich nicht erinnern, daß Vater mir jemals zu meinen tollen Erfolgen als kleiner Geschäftsmann gratuliert hätte. Er vergaß dagegen nie hervorzuheben, was für ein enttäuschender Ballspieler sein Sohn sei.

Schließlich nahm ich meinen ganzen Mut zusammen und sagte Vater, ich würde in der nächsten Spielsaison nicht mehr in der Jugendliga mitmachen.

Also trat er ihr bei, als erster Schiedsrichter. Armer Vater! Er muß sich schrecklich geschämt haben, wenn die anderen Schiedsrichter ihn fragten, warum *sein* Sohn nicht in einer der Mannschaften mitspielte.

Während meiner gesamten Schulzeit blieb Vater ehrenamtlicher Schiedsrichter. Ich ging jedem Mannschaftssport weiterhin aus dem Weg. Ich war aktiv im Junior Achievment Programme unserer Schule, gewann Verkaufswettbewerbe und wurde von meinen Klassenkameraden zum Direktor unseres Modellunternehmens gewählt. Vater nahm meinen Geschäftssinn nicht zur Kenntnis, er wollte bloß, daß ich Baseball spiele.

Bei meinem Schulabgang von der High School erhielt ich viele höchste akademische Auszeichnungen, doch keine für Sport. Auch das hob Vater hervor.

Auf der Universität studierte ich im Hauptfach Rhetorik und schloß mit *summa cum laude* ab. Vater sagte nicht etwa, er sei stolz, bloß, daß er sich gewünscht hätte, daß ich es mal mit dem College-Baseballteam hätte versuchen sollen.

Während meines weiterführenden Studiums rief ich Vater an,

um ihm zu sagen, wie gut ich in meinem Fach (Betriebswirtschaft) vorankäme, und er erzählte mir, daß die San Francisco Giants schon wieder aufgestiegen seien. Schließlich ließ er es bleiben und meinte: »Natürlich machst du dir nicht die Bohne aus Baseball, hast du ja nie gemacht. Du bist eine Null in Sport.«

Jahre später, als ich mein erstes Buch, *Phone Power,* fertiggestellt hatte, fiel mir auf, daß ich mich von allen Themen, über die ich hätte schreiben können, ausgerechnet für Telefone entschieden hatte. Mein Vater, mittlerweile pensioniert, hatte über 40 Jahre seines Berufslebens bei einer Telefongesellschaft gearbeitet. Scheinbar tat ich alles, nur um seine Anerkennung zu gewinnen – außer Baseball spielen.

Als der Verleger mir mein erstes Belegexemplar schickte, frisch aus der Druckerpresse, schrieb ich eine Widmung an meinen Vater rein und schickte es ihm.

»Vater, wahrscheinlich ist Dir nie klargeworden, wie sehr mein beruflicher Erfolg das Ergebnis meiner Mühen ist, Dich stolz auf mich zu machen.«

Die Arbeit an meinem zweiten Buch, das Sie gerade lesen, nähert sich dem Ende, aber mein Vater hat *Phone Power* immer noch nicht gelesen, und er hat sich auch nie zu meiner Widmung geäußert.

Vor ein paar Jahren hielt ich einen Vortrag in San Francisco und lud meinen Vater ein, als mein Ehrengast im Publikum Platz zu nehmen. Es hätte schon vorher viele Möglichkeiten für ihn gegeben, seinen Sohn zu sehen, aber er war nie erschienen. Auch jetzt, als pensionierter, einsamer alter Mann (meine Mutter war vor ein paar Jahren gestorben), sagte er, er könne wahrscheinlich nicht zu meinem Vortrag kommen. Obwohl er bei bester Gesundheit war und der Konferenzsaal des Hotels nicht mal eine halbe Stunde von seiner Wohnung entfernt lag, jammerte er:

»Es ist unmöglich, einen Parkplatz in San Francisco zu finden. Und ich sehe überhaupt nicht ein, warum ich irgend so

einem hergelaufenen Parkplatzsucher drei, vier Dollar zahlen solle, nur damit er meinen Wagen unterbringt.«
Was soll ich sagen: Vater kam trotzdem. Und ich war in Topform. Zum Schluß meiner Präsentation erhob sich Vater von seinem Sitz und fing an, Beifall zu klatschen. Ich sah, wie er sich auf die Unterlippe biß. Ich habe schon des öfteren wundervollen Applaus genießen dürfen, aber keiner klang so süß in meinen Ohren wie dieses Geräusch eines einzelnen Menschen, der in die Hände klatscht.
Meine Augen werden noch jetzt, beim Tippen dieser Zeilen, ganz feucht, wenn ich daran denke, wie ich mich fühlte, als Vater die Worte sagte, nach denen ich mich mein ganzes Leben lang gesehnt hatte:
»Mein Junge, ich bin stolz auf dich.«

Immer wenn ich diese Geschichte meinen Zuhörern erzähle, kommen nach Beendigung des Programms ein paar Leute auf die Bühne zu mir und gestehen:
»Meine Mutter/mein Vater war genauso. Sie/Er hat auch nie zu mir gesagt: ›Ich bin stolz auf dich‹, obwohl ich es so gerne gehört hätte. Was macht es unseren Eltern so schwer, das zu sagen?«
Habe ich mich erst einmal geöffnet, tun meine Mitmenschen es auch. Und es stellt sich heraus, daß wir uns alle ziemlich ähnlich sind. Wenn ich die Geschichte mit meinem Vater erzähle und dessen Wunsch, aus mir etwas zu machen, was ich nicht bin, dann sehe ich viele unten im Publikum, die emotional reagieren. Statt nach dem Beifall zu mir auf die Bühne zu kommen, sähe ich es lieber, sie würden sich direkt zum nächsten öffentlichen Telefon in die Lobby des Hotels begeben und die Menschen anrufen, auf die sie stolz sind.
Es ist erstaunlich, wie verbreitet dieses Streben nach Anerkennung ist. In seiner Autobiographie *Weg zum Ruhm* führt Kirk Douglas das meiste, was er in seinem Leben erreicht hat, auf sein Ringen zurück, von seinem Vater wahrgenom-

men und anerkannt zu werden. Er hat dieses befriedigende Gefühl, von seinem Vater gesagt zu bekommen, er sei stolz auf ihn, leider nie erlebt.
Nach zehnjähriger Moderatorentätigkeit bei ABC's »Good Morning America« ließ Joan Lunden für einen Artikel in *Parade* ihr Leben und ihre Karriere Revue passieren. Ihr Vater starb durch einen Unfall am Steuer seines eigenen kleinen Flugzeugs, als sie acht Jahre alt war.
»Bis dahin führte ich ein recht angenehmes Leben. Doch dann verlor ich urplötzlich den Boden unter den Füßen, und meine ganze Sicherheit war dahin. Ich glaube, da habe ich entschieden, mich lieber immer auf meine eigene Energie zu verlassen und mein Leben in die eigene Hand zu nehmen.«
Der Interviewer schloß mit der Frage, ob sie zufrieden sei mit ihrer guten Ehe, ihrem ausgefüllten Leben, ihren drei wunderbaren Töchtern und dem 10-Millionen-Dollar-Job.
Sie schwieg einen Moment, schaute zu ihrem Mann hinüber, der im Garten mit einem der drei Kinder spielte, und sagte: »Der größte Schmerz in meinem Leben ist der, daß mein Vater meinen Erfolg nicht mehr erlebt hat. Wenn er jetzt irgendwo da oben zuschaut, bin ich sicher, daß er ziemlich stolz ist auf das, was ich mache. Und damit meine ich jetzt nicht nur meine Arbeit. Ich meine, ich habe eine nette Familie, und ich lebe nach den Werten, die er für mich angestrebt hat.«

Nach über zehn Jahren einer spannungsreichen Beziehung kamen mein Vater und ich endlich wieder zusammen. Der Vortrag in San Francisco, als er am Ende sagte: »Ich bin stolz auf dich«, war ein Meilenstein in unserer Beziehung. Als ich ihm gestand, wie sehr ich mir gewünscht hatte, daß er stolz auf mich sei, war seine verblüffende Antwort:
»Soll das ein Witz sein? Seit dem Tag deiner Geburt erzähle ich allen Freunden, wie stolz ich auf dich bin. Hast du das nicht gewußt?«

Jetzt weiß ich es. Und es ist ein gutes Gefühl.
Ich war immer der Ansicht, daß meine Berufswahl ziemlich aufschlußreich ist. Ich stehe auf der Bühne, vor Hunderten oder Tausenden von Zuhörern, und rackere mich ab, um ihre Anerkennung zu gewinnen. Jahrelang hat mir ihr Applaus das Versäumnis meines Vaters, mir zu sagen, er sei stolz auf mich, kompensieren geholfen.
Wie William James schon sagte: »Das vorherrschende Lebensprinzip in der menschlichen Natur ist die *Sehnsucht nach Anerkennung.«*
Sie können sicher sein, daß die meisten Menschen, denen Sie in Ihrem Leben begegnen, um die Aufmerksamkeit und den Beifall ihrer Mitmenschen gieren. Es ist ein natürlicher Instinkt, ein Wunsch, der für viele unerfüllt bleibt. Die Menschen, mit denen Sie in Ihrem Bekanntenkreis oder am Arbeitsplatz verkehren, sind *süchtig* nach Anerkennung. Gut möglich, daß sie von denen, die sie lieben, nicht genug bekommen.
Und wenn Sie das als einziges nach der Lektüre dieses Buches gelernt haben: Bitte rufen Sie die Personen an, die Ihnen lieb sind, und sagen Sie ihnen, warum Sie stolz auf sie sind. Am besten sofort.

Lektion

Was Sie sofort tun können:
Lassen Sie die Personen, auf die Sie stolz sind, das auch wissen.
Anstatt zu sagen:
»Meine Tochter ist eine gelehrige Schülerin. Alle mögen sie. Und sie ist so hübsch. Ich bin stolz auf sie.«
Sagen Sie lieber:
»Mein liebes Kind, ich bin stolz auf dich. Du bist eine gute Schülerin, du hast dir einen netten Freundeskreis gesucht, du bist einfach toll.«

Anstatt zu sagen:
»Gordon hat die besten Zukunftsaussichten bei uns. Er leistet gute Arbeit in meiner Abteilung, und ich tippe mal, daß er in ein, zwei Jahren in die Zentrale versetzt wird. Er kann wirklich stolz auf sich sein.«
Sagen Sie lieber:
»Gordon, Sie nutzen Ihre beruflichen Chancen optimal, und Ihre Arbeit ist für das Unternehmen von großem Wert. Ich weiß, daß Sie beste Zukunftsaussichten bei uns haben. Gordon, ich bin stolz auf Sie.«
Anstatt zu sagen:
»Unsere Verwaltung leistet vorzügliche Arbeit bei der Vorbereitung der Weiterbildungsseminare, die vielen Menschen helfen.«
Sagen Sie lieber:
»Barbara, seitdem Sie Direktorin unseres Verbandes sind, haben wir das beste Leitungsteam, das unser Haus jemals gesehen hat. Ich möchte Ihnen sagen, daß ich stolz darauf bin, Mitglied unseres Verbandes zu sein.«
Anstatt zu sagen:
»Ich bin ganz sicher, er weiß, daß ich stolz auf ihn bin.«
Sagen Sie lieber:
»Ich bin stolz auf dich.«

X Power Talker handeln sofort

Power Talking wirkt sich auf alle Bereiche des Lebens positiv aus – sobald Sie die Techniken in die Tat umsetzen.
Drei entscheidende Schritte sollten Sie beachten, wenn Sie Power Talker werden wollen: (1) Treffen Sie ganz bewußt die Entscheidung, sich zu verändern, (2) schaffen Sie sich ein System der Unterstützung, das Sie auf Trab hält, und (3) verfolgen Sie Ihre Fortschritte genau, um den Antrieb nicht zu verlieren.

1. Entschließen Sie sich, Power Talker zu werden.
Projizieren Sie ein positives Image von sich selbst nach außen; wecken Sie bei anderen den Willen, mit Ihnen zu kooperieren; beschleunigen Sie Ihren beruflichen Aufstieg, und suchen Sie sich mehr positive, erfüllende Beziehungen. Beim Lesen der Beispiele in diesem Buch werden Sie festgestellt haben, daß sie aus dem Leben gegriffen sind. Sie brauchen kein »hohes Tier« in irgendeinem Unternehmen zu sein, um in Ihrem Alltag von Power Talking zu profitieren. Die Methoden funktionieren überall, ob Sie nun Verkäuferin sind, leitender Beamter, jemand, der am Anfang seiner beruflichen Karriere steht, oder ob Sie langjährige Vorsitzende eines Verbandes sind; und Eltern, Freunde, Verbraucher, Kunden und alle anderen profitieren ebenfalls.
Sind die Methoden des Power Talking schwierig zu beherrschen? Sicher nicht. Man braucht keine neuen Wörter zu lernen oder irgendwelche kniffligen Regeln zu beherrschen, um die Prinzipien in die Praxis umzusetzen.

2. Holen Sie sich Unterstützung.

Sich mit einem Partner zusammenzutun ist die beste Hilfe auf dem Weg zum Power Talker. Laden Sie jemanden, mit dem Sie zusammenarbeiten, zusammenwohnen oder mit dem Sie eine enge Freundschaft verbindet, ein, mit Ihnen ein Stück Weges gemeinsam zu gehen und auch Power Talker zu werden. Es gibt nichts Besseres als einen Gefährten an der Seite, der auf derselben Wellenlänge funkt und auf powerlose Begriffe achtet, die Ihnen beiden beim Reden herausrutschen können. Vereinbaren Sie, sich gegenseitig zu unterstützen, indem Sie aufmerksam den Ausdruck des Partners verfolgen. Einigen Sie sich auf einen versteckten Hinweis, ein Augenzwinkern oder ein Räuspern, oder Sie machen im Gegenteil etwas besonders Auffälliges. Es gibt Power Talker, die schreiben die powerlosen Begriffe, die sie besonders schnell loswerden wollen, auf breite Gummibänder und tragen diese am Handgelenk. Wenn ihr Partner sie bei einem Lapsus erwischt – schnapp!

Um beste Ergebnisse zu erzielen, ist es am günstigsten, wenn man mehrere Partnerschaften bildet, die den Privat- und den beruflichen Lebensbereich abdecken. Haben Sie Kinder zu Hause, dann bereiten Sie sie auf das Leben draußen am besten vor, indem Sie sie in das Power Talking mit einbeziehen. Es braucht nur wenig Anreiz, und Sie finden in Ihren Kindern eifrige Unterstützung für das »Ausmisten« Ihres Wortgerümpels. Versprechen Sie ihnen ein paar Groschen, jedesmal, wenn sie Sie bei einem »aber« anstelle eines »und« erwischen. Sie werden sehen, wie schnell Sie mit alten Gewohnheiten brechen können.

Es gibt auch begleitendes Lehrmaterial, Power-Talking-Karteikarten sowie Kassetten und Videofilme.

3. Führen Sie Buch über Ihre Fortschritte.

Sie werden schnell den Unterschied bemerken, den Power Talking in Ihrem Alltag ausmacht, und Sie werden äußerst sensibel für powerlose Sprache um Sie herum. Immer wenn Sie jetzt jemanden sagen hören: »Ich will dir die Wahrheit sagen«, oder: »Ich hatte einfach nur Glück«, oder: »Ich hasse dieses und jenes«, oder: »Ich werd's versuchen«, dann wird Ihnen der negative Eindruck auffallen, den solche Begriffe auf die Zuhörenden machen. Das wiederum dient Ihnen als Mahnung, in Ihren Fortschritten nicht nachzulassen.

Die 50 Power-Talking-Lektionen sind im folgenden Abschnitt noch einmal zusammengefaßt. Wenn Sie wieder einen neuen verinnerlicht haben, achten Sie auf den Erfolg, den Sie damit erzielen, und belohnen Sie sich. Vergessen Sie jedoch nicht, daß PowerTalking nicht das Endziel ist. PowerTalking ist eine immerwährende Reise. Für diese Reise wünsche ich Ihnen alles Gute.

Ich hatte viel Spaß während der Arbeit an diesem Buch, und mir all die Beispiele anzuhören und sie zu übertragen in Prinzipien des PowerTalking hat mir enorm geholfen. Danke, daß Sie mein Buch gelesen haben.

Viel Erfolg beim PowerTalking.
Ihr George R. Walther

Zusammenfassung aller fünfzig Lektionen

I. Power Talker haben eine positive Erwartungshaltung

1. Ich möchte gern

Jedesmal wenn Sie einen Satz mit »Ich muß« beginnen wollen, ersetzen Sie ihn durch einen anderen Satz, der zum Ausdruck bringt, daß Sie es gerne tun. Achten Sie auf den Unterschied, den das in Ihrer Stimmung hervorruft, und in der Bereitschaft anderer, mit Ihnen zusammenzuarbeiten.
Anstatt zu sagen :
»Ich muß . . .«
Sagen Sie lieber:
»Ich möchte gerne . . .«

2. Wollen Sie es nur versuchen, oder wollen Sie es wirklich tun?

Sagen Sie sich selbst und anderen, was Sie tun werden, nicht, was Sie versuchen zu tun.
Anstatt zu sagen:
»Ich werd's versuchen.«
Sagen Sie lieber:
»Ich werd's tun.«

3. Sagen Sie, was Sie tun wollen

Benutzen Sie »Ich will . . . dieses und jenes erreichen«, um die positiven Resultate zu beschreiben, die Sie sich vorgestellt haben, statt zu sagen, was Sie »nur ungern . . .« als Ergebnis sähen.
Anstatt zu sagen:
»Ich möchte Ihnen nur ungern eine falsche Auskunft geben.«
Sagen Sie lieber:
»Ich möchte Ihnen helfen, damit Sie die richtige Auskunft bekommen.«

4. »Ich habe noch nicht« vs. »Ich kann«

Wenn Sie Ihre Talente beschreiben, vor sich selbst oder jemand anderem, dann streichen Sie den Ausdruck »Ich kann nicht« aus Ihrem Vokabular.
Anstatt zu sagen:
»Ich kann das nicht.«
Sagen Sie lieber:
»Ich habe das noch nicht gemacht, und ich kann es.«

5. Nicht hilflos dastehen

Wenn Sie sich krank fühlen, dann ergänzen Sie die umsichtige ärztliche Behandlung durch eigene Maßnahmen. Benutzen Sie Ihre Sprache, um eine positive Haltung zu fördern, und stärken Sie so die natürlichen Widerstandskräfte Ihres Körpers.
Anstatt zu sagen:
»Mein Zustand ist hoffnungslos, daran kann ich nichts ändern.«
Sagen Sie lieber:
»Ich kann meine Lebensqualität verbessern.«

6. Lieber »wenn« als »ob«

Ertappen Sie sich dabei, wie Sie eine Konditionalfrage mit einem »Ob ...« einleiten, dann formulieren Sie die Frage um, damit auch Ihre positiven Erwartungen rauszuhören sind.
Anstatt zu sagen:
»Ich möchte gerne wissen, ob sie vielleicht ...«
Sagen Sie lieber:
»Wann werden Sie ...«

7. Kein Problem!

Ersetzen Sie »Problem« durch »Gelegenheit« oder »Herausforderung«, und konzentrieren Sie sich auf die Suche nach Lösungen.
Anstatt zu sagen:
»Ich fürchte, das wird sich zu einem Problem ausweiten.«
Sagen Sie lieber:
»Das hört sich ganz nach einer herausfordernden, einmaligen Gelegenheit an.«

8. Die sich selbst erfüllenden Prophezeiungen

Ersetzen Sie zur Gewohnheit gewordene, liebgewonnene Phrasen der Selbstbeschränkung durch starke Behauptungen.
Anstatt zu sagen:
»Da bin ich nicht gut drin.«
Sagen Sie lieber:
»Ich mache Fortschritte.«

9. Investitionen durch Gewinne wieder hereinholen

Benutzen Sie das Wort investieren, wenn davon die Rede ist, wie Sie Ihre Zeit verbringen, wofür Sie Ihr Geld ausgeben oder Ihre Energie verwenden.
Anstatt zu sagen:
»Die Abendschule kostet mich Zeit und Geld.«
Sagen Sie lieber:
»Ich investiere Zeit und Geld in die Abendschule, um in meinem Beruf bessere Aufstiegschancen zu haben.«

10. Nichts ist unmöglich

Verbannen Sie das Wort »unmöglich« aus Ihrem Vokabular. Ersetzen Sie es durch einen genaueren und positiveren Begriff.
Anstatt zu sagen:
»Das ist unmöglich.«
Sagen Sie lieber:
»Es wird einige besondere Anstrengungen erfordern, und es läßt sich machen.«

11. Kinder sind ganz Ohr

Achten Sie besonders in der Gegenwart von Kindern und Jugendlichen auf Power Talking. Gehen Sie mit gutem Beispiel voran und helfen Sie Kindern dabei, ihre Zukunft zu gestalten, indem Sie sich einer positiven Sprache bedienen, wenn Sie mit ihnen und über sie reden.
Anstatt zu sagen:
»Du bist ein ungezogenes Kind, immer gibt es Ärger mit dir.«
Sagen Sie lieber:
»Du bist ein braves Kind, und dein Verhalten von eben ist nicht tragbar.«

II. Power Talker erkennen Leistungen – eigene wie fremde – an

12. Wie lautet Ihre Entschuldigung?

Hören Sie auf, sich zu rechtfertigen oder für irgendeine eingebildete Schwäche zu entschuldigen.
Anstatt zu sagen:
»Sie müssen meinen Wagen / meine Unordnung / meine Frisur / mein Haus entschuldigen.«
Sagen Sie lieber:
gar nichts.

13. Ich sag' nur meine Meinung

Sie sind nicht »bloß« oder »nur« . . . irgendwas. Beschreiben Sie sich selbst, Ihre Meinung und Ihre Leistungen und Verdienste mit positiven Worten und seien Sie stolz auf sich.
Anstatt zu sagen:
»Ich bin hier nur . . .«
Sagen Sie lieber:
»Ich bin . . .«

14. Machen Sie das Glück für die Früchte Ihrer harten Arbeit verantwortlich?

Wenn Sie Erfolg haben, dann sollten Sie Ihre eigene Rolle bei dieser Leistung anerkennen, vor sich selbst und vor anderen.
Anstatt zu sagen:
»Ich hatte Glück . . .«
Sagen Sie lieber:
»Ich habe richtig geplant und hart gearbeitet.«

15. Was man nicht weiß, macht auch nicht heiß

Vermutlich gehen Sie selbst viel härter ins Gericht mit sich, als andere je mit Ihnen gehen würden. Fangen Sie einfach an, und widmen Sie sich einer Sache so gut Sie können.
Anstatt zu sagen:
»Ich bin da wirklich nicht gut drin.«
Legen Sie einfach los und geben Sie Ihr Bestes – ohne sich erst zu entschuldigen.

16. Ken und Spencer hatten recht!

Machen Sie sich die Mühe, Komplimente zu verteilen und denjenigen, die ihre Arbeit gut machen, Anerkennung auszusprechen, besonders wenn es nicht erwartet wird.
Anstatt zu sagen:
»Meine Tochter ist wirklich eine große Hilfe im Haus.«
Sagen Sie lieber:
»Liebes, du bist eine große Hilfe im Haus, und das weiß ich zu schätzen.«

17. Sie sind so alt, wie Sie sich fühlen

Verwenden Sie neutrale Begriffe, wenn von Älterwerden die Rede ist. Verschleißen Sie nicht Ihren eigenen Lebensschwung, indem Sie negativ übers Altern reden.
Anstatt zu sagen:
»Ich fühle mich immer schlechter. Ich werde alt.«
Sagen Sie lieber:
»Ich fühle mich gut.«

III. Power Talker kommen immer wieder auf die Beine

18. Wiederholt sich Ihre Lebensgeschichte?

Stehen Sie vor einem »Mißerfolg«, dann fragen Sie sich, welche Lehre Sie daraus ziehen können und gehen Sie gestärkt aus der Erfahrung hervor.
Anstatt zu sagen:
»Ich habe versagt.«
Sagen Sie lieber:
»Das habe ich daraus gelernt.«

19. Halb leer oder halb voll?

Formulieren Sie negative Reaktionen auf unerwartete Veränderungen um und sagen Sie: »Das ist ja eine tolle Nachricht. Es bedeutet ...«, und halten Sie dann nach den positiven Ergebnissen Ausschau, die sich möglicherweise einstellen.
Anstatt zu sagen:
»Ich sehe einige schwerwiegende negative Konsequenzen, die sich aus dieser Wendung der Ereignisse ergeben.«
Sagen Sie lieber:
»Ich sehe sehr positive Konsequenzen, die sich aus der Wendung dieser Ereignisse ergeben.«

20. Hätte ich doch bloß ...

Richten Sie Ihre Aufmerksamkeit darauf, was Sie positiv zur Gestaltung Ihrer Zukunft beitragen können, und stellen Sie Ihre Wortwahl darauf ein. Vertun Sie keine Zeit mit einer ohnehin nicht mehr rückgängig zu machenden Vergangenheit, indem Sie darüber reden, was Sie hätten sein können.
Anstatt zu sagen:
»Hätte ich doch bloß ...«

Sagen Sie lieber:
»Angefangen mit dem heutigen Tag, werde ich . . .«

21. Den Tiefpunkt erreichen

Sind Sie an einem Tiefpunkt angelangt, dann schreiben Sie sich Ihre Vorsätze auf. Verwenden Sie positive Begriffe und lesen Sie sie sich anschließend laut vor. Bleiben Sie nicht bei den Vorsätzen, setzen Sie sie in die Tat um.
Anstatt vor sich hin zu grübeln:
»Ich bin ein Versager.«
Sagen Sie lieber:
»Ich bin ein Gewinner.«

22. Sich wieder fangen

Wenn Sie sich dabei ertappen, wie Sie einen Rückschlag als das endgültige »Aus« beschreiben, dann formulieren Sie den Satz um, damit man raushört, daß Sie wieder auf die Beine und weiterkommen werden.
Anstatt zu sagen:
»Hilfe, ich gehe unter.«
Sagen Sie lieber:
»Ich komme schon wieder auf die Beine.«

23. Aus und vorbei

Wenn sich abzeichnet, daß etwas in eine Katastrophe mündet, halten Sie inne und fragen Sie sich: Was ist das Schlimmste, das mir passieren kann? Akzeptieren Sie das Schlimmstmögliche als wäre es schon eingetreten und sagen Sie: »Okay, das war's. Aus und vorbei.« Setzen Sie anschließend alles daran, Ihre Energie darauf zu verwenden, ein positives Resultat zu erzielen.
Anstatt zu sagen:

»Das ist ja schrecklich. Es könnte nicht schlimmer kommen.«
Sagen Sie lieber:
»Selbst wenn das Schlimmste eintritt – damit könnte ich leben. Warum sich also aufregen? Das wär's dann. Aus und vorbei. Und jetzt mache ich mich daran, meine Lage zu verbessern.«

IV. Power Talker übernehmen Verantwortung

24. Paß auf, wo du damit hinzeigst

Vorsicht mit Ihrem Zeigefinger! Immer wenn Sie sich dabei ertappen, wie Sie die Schuld oder die Verantwortung auf etwas oder jemand anders schieben, schauen Sie sich die drei anderen Finger an, die in die entgegengesetzte Richtung zeigen – auf Sie.
Anstatt zu sagen:
»Sie bringen mich ganz aus der Fassung, wenn . . .«
Sagen Sie lieber:
»Es bringt mich ganz aus der Fassung, wenn . . .«

25. Nutzen Sie Ihre Zeit

Reinigen Sie Ihre Sprache von Phrasen, die nahelegen, Sie hätten keine Kontrolle über Ihre Zeit, Sie hätten nicht genug Zeit. Übernehmen Sie die Verantwortung für Ihre Wortwahl.
Anstatt zu sagen:
»Es gelingt mir nicht, auf dem laufenden zu bleiben. Ich habe einfach nicht genug Zeit.«
Sagen Sie lieber:
»Ich bleibe auf dem laufenden, wenn ich mir meine Zeit einteile und alle Projekte niedriger Priorität aufgebe.«

26. Es kommt nicht darauf an, was Ihnen widerfährt, sondern was Sie daraus machen

Übernehmen Sie persönlich die Verantwortung für Ihre augenblickliche Situation, und fassen Sie den Entschluß, nach vorne zu schauen, statt Energie damit zu vergeuden, Ihren momentanen Zustand Umständen zuzuschreiben, die in der Vergangenheit wurzeln.
Anstatt zu sagen:
»Ich kann es nicht ändern; es ist nicht meine Schuld.«
Sagen Sie lieber:
»Ich bin dafür verantwortlich, daß sich das ändert.«

27. Sie können sich auf mich verlassen

Auch wenn Sie nicht derjenige sind, der den gewünschten Auftrag am Ende erledigt, übernehmen Sie die persönliche Verantwortung, wenn Sie jemandem Ihre Hilfe anbieten.
Anstatt zu sagen:
»Ich bin dafür nicht zuständig. Sie müssen sich an jemand anders wenden, der Ihnen weiterhelfen kann.«
Sagen Sie lieber:
»Ich helfe Ihnen gern und leite Ihre Nachricht an die richtige Abteilung weiter.«

28. Wollen Sie zu den Verlierern gehören?

Vermeiden Sie die »Opfersprache«; übernehmen Sie Ihre Verantwortung, indem Sie von »Wahl treffen« oder »entscheiden« reden. Wenn Sie unzufrieden mit Ihrer Situation sind, dann entscheiden Sie sich, sie zu verändern.
Anstatt zu sagen:
»Ich kann daran nichts ändern. Ich habe mich nicht freiwillig in diese festgefahrene Situation gebracht.«
Sagen Sie lieber:
»Ich habe beschlossen, das Beste aus der Situation zu machen.«

V. Power Talker fördern Zusammenarbeit und bauen Konflikte ab

29. Kein Aber!

Treffen Sie bewußt die Entscheidung, »aber« durch »und« zu ersetzen, wenn Sie mit sich selbst und anderen reden. Spüren Sie, wie sich Ihr Denken erweitert, wenn zwei Ideen koexistieren statt aufeinanderzuprallen.
Anstatt zu sagen:
»Ich sehe ein, daß es ein Qualitätsprodukt ist, aber es ist teuer.«
Sagen Sie lieber:
»Ich sehe ein, daß es ein Qualitätsprodukt ist, und es ist teuer.«

30. Fangen wir an!

Immer wenn Sie auf Ideen und Vorschläge anderer aus sind, regen Sie einen ungehemmten Gedankenfluß an, egal wie verrückt die Lösungen zunächst scheinen.
Anstatt zu sagen:
»Das funktioniert nicht. Sowas klappt nie.«
Sagen Sie lieber:
»Ein ungewöhnlicher Ansatz. Greifen wir ihn auf und sehen wir, wohin er führt.«

31. Und was springt für mich dabei raus?

Wenn Sie auf die Kooperation eines anderen angewiesen sind, dann finden Sie zunächst heraus, warum seine Mithilfe *ihm* nützt, nicht Ihnen. Unterstreichen Sie die Vorteile, die er genießen wird, wenn er Ihrem Vorschlag folgt.
Anstatt zu sagen:
»Können Sie mir einen Gefallen tun?«
Sagen Sie lieber:
»Es bringt Ihnen was ein, wenn Sie das und das tun.«

32. Sie bekommen immer nur das, wonach Sie fragen

Machen Sie es sich zur Gewohnheit, sich mindestens einmal täglich zu fragen, wie eine bestimmte Beziehung verbessert werden kann.
Anstatt zu sagen:
»War alles zufriedenstellend?«
Sagen Sie lieber:
»Wie können wir Ihre Erwartungen noch besser erfüllen?«

33. Also, was *können* Sie tun?

Immer wenn Sie dazu ansetzen, jemandem zu sagen, was Sie nicht tun können, verändern Sie den Blickwinkel und wählen Sie statt dessen eine Äußerung, in der zum Ausdruck kommt, was Sie tun können.
Anstatt zu sagen:
»Ich kann nicht...«
Sagen Sie lieber:
»Ich kann...«

34. Sprachbarrieren durchbrechen

Wenn Sie in Konflikt mit jemandem stehen, dann drücken Sie sich ihm gegenüber so aus, daß Ihre Absicht deutlich wird, mit ihm zusammenzuarbeiten, nicht gegen ihn zu arbeiten. Machen Sie deutlich, daß Sie auf derselben Seite stehen.
Anstatt zu sagen:
»Ich verstehe, was Sie da verlangen. Aber ich muß mich an meine Richtlinien halten.«
Sagen Sie lieber:
»Wir haben beide gemeinsame Ziele. Wollen wir doch mal sehen, wie wir zusammenarbeiten können.«

35. Teilnahme erwünscht

Wenn Sie andere dazu bewegen wollen, Ihnen entgegenzukommen, »laden Sie sie dazu ein«, und lassen Sie ihnen die Wahl, frei zu entscheiden, was sie tun wollen.
Anstatt zu sagen:
»Folgendes müssen Sie tun.«
Sagen Sie lieber:
»Ich lade Sie ein, dasjenige zu wählen, was Ihnen am besten zusagt.«

36. Ich empfehle Ihnen . . .

Immer wenn Sie etwas verkaufen wollen, eine Idee, einen Service oder ein Produkt, dann konzentrieren Sie sich auf die möglichen Vorteile für den Kunden, und benutzen Sie das Wort empfehlen, um den Handel zum Abschluß zu bringen.
Anstatt zu sagen:
»Was Sie vielleicht in Betracht ziehen sollten . . .«
Sagen Sie lieber:
»Ich empfehle Ihnen . . .«

37. Was ist Ihrer Ansicht nach fair?

Immer wenn Sie das Gefühl haben, jemand ist drauf und dran, Sie ungerecht zu behandeln, dann appellieren Sie an seinen Sinn für Fairneß. In den wenigen Fällen, wo er sich weiter unfair Ihnen gegenüber verhält, vergessen Sie die Sache ganz einfach.
Anstatt zu sagen:
»Ich kenne meine Rechte, und ich verlange, daß Sie die Sache so in Ordnung bringen, wie ich das will.«
Sagen Sie lieber:
»Unter Berücksichtigung aller Fakten – was wäre eher eine faire Lösung für Sie und für mich?«

38. Mal von einem anderen Standpunkt ausgehen

Anstatt zu unterstellen, daß die Meinung eines anderen weniger Gültigkeit hat als die Ihre, akzeptieren Sie neue Ideen, und lassen Sie sie neben Ihren eigenen bestehen. Klopfen Sie beide auf ihre Vorzüge hin ab, und warten Sie anschließend mit einer noch schlagkräftigeren Alternative auf.
Anstatt zu sagen:
»Ich bin nicht einverstanden mit Ihnen.«
Sagen Sie lieber:
»Ich verstehe, und ich möchte noch ein paar andere Ansichten dazu hören.«

VI. Power Talker zeigen Entschlossenheit

39. Sollten Sie? Oder: *Wollen* Sie?

Legen Sie sich auf einen bestimmten Termin, einen bestimmten Zeitpunkt und eine bestimmte Menge fest. Das Wort »müßte« oder »könnte« läuft einer Zusage zuwider und ist unpräzise.
Anstatt zu sagen:
»Wir müßten es dann und dann fertig haben.«
Sagen Sie lieber:
»Wir sind dann und dann damit fertig.«

40. Geben Sie Ihr Wort – und übertreffen Sie sich dann selbst

Fügen Sie ein »Sicherheitspolster« ein, wenn Sie eine Verpflichtung eingehen. Und überraschen Sie dann den anderen damit, indem Sie alles daran setzen, die geweckten Erwartungen zu übertreffen.

Anstatt zu sagen:
»Es kann sein, daß ich so gegen zwei, drei Uhr dazu komme.«
Sagen Sie lieber:
»Ich komme vor fünf Uhr dazu.«

41. Ich glaube, ich weiß, was Sie sagen wollten

Nehmen Sie sich die Zeit, um sich bestätigen zu lassen, daß Sie – bei einem Telefonat zum Beispiel – alles richtig verstanden haben. Machen Sie dabei deutlich, daß Sie verantwortlich für die korrekte Übermittlung der Information sind.
Anstatt zu sagen:
»Ich glaube, das wäre damit erledigt. Ich denke, wir haben uns verstanden.«
Sagen Sie lieber:
»Lassen Sie uns noch einmal klarstellen, daß wir beide vollkommen übereinstimmen, indem wir die Argumente kurz rekapitulieren.«

42. Geben Sie sich nicht mit einem schlichten Ja oder Nein als Antwort zufrieden

Immer wenn Sie jemandem eine Frage stellen wollen, fragen Sie sich zuerst selbst: Ist das eine Entscheidungsfrage? Wenn ja, formulieren Sie Ihre Frage um zu einer Multiple-choice- oder Ergänzungsfrage.
Anstatt zu sagen:
»Haben Sie noch weitere Fragen?«
Sagen Sie lieber:
»Welche Fragen haben Sie noch?«

43. Sagen Sie, was Sie zu sagen haben!

Überlegen Sie sich vorher, was Sie sagen wollen, und sagen Sie es dann geradeheraus!
Anstatt zu sagen:
»Also, ganz allgemein neige ich doch eher zu der Annahme, daß ...«
Sagen Sie lieber:
»Ich meine ...«

VII. Power Talker sagen die Wahrheit

44. Ich will ehrlich mit Ihnen sein

Wenn alles, was Sie sagen, absolut wahrhaftig ist, dann brauchen Sie niemanden »vorzuwarnen«, daß Sie gleich die Wahrheit sagen werden. Streichen Sie alle integritätsmindernden Redewendungen aus Ihrem Wortschatz, die nur suggerieren, Sie seien nicht immer aufrichtig und ehrlich.
Anstatt zu sagen:
»Um Ihnen die Wahrheit zu sagen, ...«
Sagen sie IMMER die Wahrheit.

45. Neinsagen kann man lernen

Bevor Sie sich auf etwas einlassen, bei dem Sie nicht ganz sicher sind, ob Sie es überhaupt wollen, bitten Sie sich eine Bedenkzeit aus. Überlegen Sie sich, ob Sie bei einem angebotenen Projekt gute Arbeit leisten können, Freude daran haben und es zum Abschluß bringen können, ohne Ihre anderen, wichtigeren Projekte zu vernachlässigen. Wenn Sie zu dem Schluß kommen, daß Sie dazu eigentlich keine Lust haben, dann sagen Sie ab.
Anstatt zu sagen:

»Eigentlich habe ich keine Lust, aber ich sage mal ja.«
Sagen Sie lieber:
»Nein, ich kann nicht. Trotzdem danke, daß Sie mich fragen.«

46. Sagen Sie niemals »immer« (oder: nie, alles, nichts)

Vorsicht bei Allgemeinbegriffen! Streichen Sie solche Worte wie »immer«, »nie«, »alles« und »nichts« aus Ihrem Wortschatz – vor allem, wenn Sie damit Ihr eigenes Verhalten oder das eines anderen kritisch beschreiben wollen.
Anstatt zu sagen:
»Jedesmal wenn ich mit ihm verhandle, läuft alles schief. Ich ziehe immer den kürzeren, und nie behandelt er mich fair.«
Sagen Sie lieber:
»Manchmal hat meine Verhandlungstaktik nicht das gewünschte positive Ergebnis gebracht. Das nächste Mal werde ich einen anderen Ansatz wählen.«

VIII. Power Talker beachten die Grundregeln

47. Das Namensspiel

Benutzen Sie während eines Gesprächs mit jemandem seinen Namen absichtlich dreimal. Haben Sie sich gerade erst bekannt gemacht, benutzen Sie seinen Namen sofort und merken Sie ihn sich. Stoßen Sie dagegen auf einen Bekannten, der Ihren Namen womöglich vergessen hat, bringen Sie ihn nicht in Verlegenheit und sagen Sie ihm Ihren Namen. Sollten Sie seinen vergessen haben, bitten Sie ihn noch einmal um seinen Namen.
Anstatt zu sagen:
»Oje, es tut mir leid, aber ich kann mich nicht an Ihren Namen erinnern.«

Sagen Sie lieber:
»Guten Tag auch. Ich bin ... Wie war doch gleich Ihr Name?«

48. Wie lautet das Zauberwort?

Halten Sie sich an die Regeln allgemeiner Höflichkeit im Umgang mit anderen Menschen, besonders mit Menschen, die Ihnen quasi »selbstverständlich« geworden sind. Geizen Sie nicht mit den Worten »Bitte« und »Danke«.
Anstatt zu sagen:
»Die merken schon, daß ich sie zu schätzen weiß.«
Sagen Sie lieber:
»Danke schön.«

49. Es tut mir leid

Immer wenn Ihnen ein Fehler unterläuft, gestehen Sie ihn ein und sagen Sie, daß es Ihnen leid tut. Entschärfen Sie mögliche emotionale Ausbrüche, vermeiden Sie Konfrontationen, und handeln Sie sich Respekt bei anderen ein, indem Sie auch unangenehmen Tatsachen ins Auge sehen, die Wahrheit sagen und sich entschuldigen.
Anstatt zu sagen:
»Jetzt hör' mal, es ist nun mal passiert. Mir brauchst du die Schuld nicht zu geben. Ich konnte nichts dafür.«
Sagen Sie lieber:
»Es tut mir leid. Es war mein Fehler.«

IX. Power Talker teilen Ihren Stolz

50. Das liebliche Geräusch eines applaudierenden Menschen

Lassen Sie die Personen, auf die Sie stolz sind, das auch wissen.
Anstatt zu sagen:
»Ich bin ganz sicher, er weiß, daß ich stolz auf ihn bin.«
Sagen Sie lieber:
»Ich bin stolz auf dich.«

Danksagung

Dieses Buch ist das direkte Resultat der begeisterten Zustimmung meiner Käufer und Leser, sowohl der Bücher als auch der Audio- und Videokassetten von »Phone Power«.
Es ist ein langer Weg von der Idee zum fertigen Buch. Adrienne Ingrum trug wesentlich dazu bei, daß ich endlich den Mut fand, mit der Arbeit zu beginnen. Arthur und Richard Pine nahmen mir die Mühe der Vertragsverhandlungen ab. Laurie Larsen wiederum war mir eine unersetzliche Hilfe beim Niederschreiben dieses Manuskriptes.
Mein besonderer Dank gilt meinen Lektoren bei Putnam: Rena Wolner und Christine Pepe, die diesem Text die endgültige Fassung gaben.
Für wertvolle Anregungen danke ich auch meinen Kollegen von der »National Speakers Association«.
Kein Autor hat jemals eine bessere »Heimmannschaft« gehabt. Danke, Julie, für all Deine Ideen und für die Zeit, die Du dieser Arbeit geopfert hast. Ich bewundere an Dir diese seltene Kombination von intellektueller Schärfe und dem Gespür für Allgemeinverständlichkeit. Vor allem aber danke ich Dir dafür, daß Du so eine großartige Mutter meiner Kinder bist.

Weiterführende Literatur

Blanchard, Kenneth/Peale, Norman Vincent: *Positiv führen: ohne krumme Touren.* Zürich, 1990

Carnegie, Dale: *Freu dich des Lebens! Die Kunst, beliebt, erfolgreich und glücklich zu werden. Ausgewählte Kapitel aus den Welterfolgen: Sorge dich nicht – lebe!* und *Wie man Freunde gewinnt.* Stuttgart, 1990

Davis, Wynn: *The Best of Success: A Treasury of Success Ideas.* Lombard: Great Quotations, Inc., 1988

Dyer, Wayne W.: *Das Glück der positiven Erziehung: So werden Kinder frei, kreativ und selbständig.* Landsberg am Lech, 1986

Hill, Napoleon: *Denke nach und werde reich.* Genf, 1988

Mackay, Harvey: *Hüte dich vor dem nackten Mann, der dir sein Hemd verkaufen will: Die Kunst, besser zu sein. Bestimme deine Ziele selbst und halte mehr als du versprichst.* München, 1990

ders.: *Schwimm mit den Haien, ohne gefressen zu werden.* München, 1988

Mandino, Og: *Der beste Verkäufer der Welt. Die Erfolgsgeschichten des Kaufmanns Hafid; mit den 10 Stufen zu mehr persönlichem und beruflichem Erfolg.* Bonn, 1990

Martorano, Joseph T./Kildhal, John P.: *Beyond Negative Thinking,* New York, 1989

Murphy, Joseph: *Die Macht Ihres Unterbewußtseins.* Genf, 1985

Peale, Norman Vincent: *Aufforderung zum Glücklichsein: Wie sich alles zum Guten wendet.* Genf, 1984

ders.: *Die Kraft positiven Denkens.* Zürich, 1989

ders.: *Trotzdem positiv: Die Kraft Ihrer Gedanken.* München, 1989

Schwartz, David Joseph: *Die Wunderwirkung großzügigen Denkens: Wie Sie wagen können, »groß« zu denken und zu handeln.* Genf, 1983

Seligson, Tom: *I Decided to Always Rely on My Own Strength.* (Profile of Joan Lunden), Parade, 9. September, 1990

Walther, George: *Phone Power. Das Telefon als effektives Erfolgsinstrument.* Düsseldorf, 1989

Ziglar, Zig: *Raising Positive Kids in a Negative World.* New York, 1989.